大旗出版
BANNER PUBLISHING

大旗出版
BANNER PUBLISHING

歷代皇朝風雲實錄

為寵廝殺

前言

在漫長的歷史發展過程中，逐漸形成了這樣一個群體，他們大致由宦官、后妃、外戚組成。對平民百姓而言，他們是達官顯貴，是高不可攀的上層；對天子而言，他們又是奴、是婢、是臣。由於他們生活在天子周圍，所以具有特殊的地位。一方面，皇權決定著他們的生死榮辱，另一方面，他們的存在及活動又對皇權有著極大的影響，甚至在不同程度上對其起著左右、制約的作用。

這批人物或高或低、或大或小、或重或輕，都像寄生蟹一樣仰仗著皇權，一朝受皇寵，便為人上人。因此，他們之間愈演愈烈地演繹著一場場無情的廝殺，在他們相互之間的明爭暗鬥中或沉或浮，或勝或敗。勝者專權亂政，禍國殃民；敗者或囚或殺，死無葬身之地。

寵位之哄，加劇了中國專制政體的畸形發展，而這種畸形發展的社會制度，又加速了這一群體的膨脹。因此，寵位的興衰是中國宮廷鬥爭乃至政治鬥爭的重要組成部分，也是中國社會歷史發展的一個重要層面。

自有人類社會以來，除了母權制度下，人類在最原始的需求中維持了一個時期的平等之外，一旦進入階級社會，便出現了明顯的等級差別。這種高低貴賤之分使人類的生存條件、社會地位形成了天壤之別。最高權力的頂峰是君主，是天子，這一位置就像埃及金字塔尖一樣高不可攀。皇帝被尊為神，而非人。誰受到皇帝那光芒四射的神秘靈光的恩澤，誰擁有了的寵愛與信任，誰就擁有了財富，擁有了權勢，可以享受那耀眼的榮光，甚至可以操縱天子，代行職權，窺視帝位……。因而，不顧一切地爭得天子的寵變就成為一切生活在天子周圍的人們最高目標。不同類型的人用著不同的手段、方法，目的卻都是一樣。

宦官爭寵，是寵位之哄的重要群體之一。

中國的宦官制度由來已久，早在《詩經》當中就可看到記載。《詩經．小雅》將太監稱作「寺人」，《詩經．大雅》中稱作「閹人」。所謂「閹人」，就是將原本正常、健康的男人，經過粗糙的手術，使其喪失性機能，並由此改變了所有男性的特徵，歷史上將這種刑罰叫做「宮刑」。中國素有「不孝有三，無後為大」的古訓，被施以宮刑，實乃奇恥大辱，無異於死。去了「根」的人，自然被視為下賤之輩，遭人鄙視。這些人嚴格說來，已經不能稱其為人，他們不僅失去了做人的生理特徵，失去了做人的資格，也失去了做人的尊嚴。他們是封建帝王為了維護夫權而製造出的殘人。這些人之所以還被留在宮中，是因為他們是典型的奴才，更因為他們既能保證其主子的妻妾們的貞潔，又能完成女奴隸們力所不及的勞作。

太監初期並不干預政事，而只是做些看門掃院、侍奉男女主人生活起居等粗活。不過他們身居內宮，諸事繁雜，職責各異，所以逐漸也有了太監們的官職，「奄稱士者，異其賢也」（鄭玄《周禮》注）。「閹人」之間的等級差別隨著官爵的高低升降而越來越大。一些上層宦官為了擴大自己的職權，開始干政。帝王因其整日侍奉左右，深諳宮中之事，又因其沒有子嗣、親眷之嫌，而不斷對其委以重任。及至西周時期，一些太監已獲高官厚祿，從東漢始，逐漸形成一種特殊的政治勢力，且日甚一日，導致嚴重干預國家的政治生活。

宦官干政一經有了開端，便一發不可收拾。憑著帝王的寵信，很多宦官開始飛黃騰達，不可小視。他們政治上顯赫，經濟上暴富，不僅照置田產，建造豪華宅邸，而且收養子、認同鄉，生活奢侈、作風腐敗，雖為殘缺之身，卻也妻妾婢女成群，舉手投足，無不威風凜凜，權勢甚者，可在一人之下，萬人之上。明代的大太監魏忠賢，當時已被尊為「九千九百歲」，朝廷上下，一片阿諛奉承之聲，百官宵小，甘願拜其名下，以做他乾兒子為榮。難怪儘管「淨身」是那麼殘酷和痛苦，自願「淨身」者卻越來越多，以至於統治者要一再頒布法令來禁止常人「自宮」。十八世紀法國思想家孟德斯鳩在《論法的精神》中說：「中國歷史上，我們看到許多剝奪太監一切文武官職的法律，但太監們卻老是又回到這些職務上去。東方的太監似乎是一種不可避免的禍患。」

既然中國的封建制度賦予了太監們可以爭到如此顯赫地位的機會，那麼，這些男不男、女不女、心理變態的閹人們，爭寵作亂也就成其必然。爭寵是因為他們都是在皇帝的羽翼下，仰仗皇帝的鼻息而生存。誰得到了皇寵，誰就會使夢想變為現實，誰就會得到無盡的榮耀。受寵者必有權，有權者必得利，太監們非常清楚這一點，為達目的他們不擇手段，乃至手中國數千年來不乏宦禍。

當然，宦官中也有對社會頗有貢獻的功臣，如東漢的蔡倫、明代的鄭和等等，更有多數太監終生默默無聞地做著下賤之人，掙扎在恥辱和痛苦之中。但總體說來，這些人長期生活在宮闈之中，已習慣察顏觀色，見機行事。他們陰險、狡詐，善於阿諛奉承、玩弄權術，其負面作用越來越大，輕者撥弄是非，陷害忠良，重者干預朝政，專權亂國，致使中國的政治鬥爭愈發複雜，社會制度愈發腐敗。

后妃爭寵，是寵位之哄的又一群體，又具有特殊性。

后妃，應該是女性中的佼佼者。她們個個聰明美麗，多才多藝，是封建皇帝萬中擇一、精選出來的尤物。她們不論原來的地位如何，一朝入宮，即可錦衣玉食，身價百倍，令社會上的民女豔羨不已。

但是，后妃們的命運卻不如她們的花容月貌那樣美好，因為她們是中國一夫多妻制度真正的犧牲品。中國歷代帝王的內廷制度多沿用《周禮》，除正宮皇后外，還有所謂三夫人、九嬪、二十七世婦、八十一女御等名目。秦始皇統一中國後，將其他六國的宮女全都用來充實後宮，他將後宮的品級爵位分成八等；到漢武帝時，在皇后之下，又設昭儀、婕妤、娥、榕華、充依等等，後宮品級增加到十四等；晉武帝統一南北朝後，再次大肆擴充後宮，極盡享樂，傳說當時晉武帝后宮的宮女，人數多達近萬人。晉武帝實在愛不過來，便想出一個辦法，他自己經常坐在一個羊拉的車裡，任憑羊隨意將他拉到哪個宮女的門前，他就到哪個宮女那裡留宿。宮女們紛紛採來竹葉，插在門前，並在地上灑上鹽水，以此吸引羊來吃竹葉，好能得到受寵幸的機會。這只不過是帝王生活的一個小小例子而已。

帝王可以極盡聲色，而對后妃，卻採取了嚴格的約束。中國自古要求婦女要以女德為重。其中包括婦德、婦言、婦容、婦功等等，對於宮中的后妃，除了這些倫理道德，更有一

為寵廝殺

套特定的清規戒律。后妃們終日深居簡出，生活起居，全無自由，動輒得咎，對於那些桎梏般的禮法，稍有踰越，便會招致橫禍。可憐這些美貌女子，白白在深宮耗盡青春，很難享受人生的真正幸福與樂趣。

由此說來，入宮實乃一大不幸，被選中的女子雖貴為后妃，但卻沒有支配自己命運的權利。在以男性為中心的社會制度下，女子只是男人的玩物和工具。在龐大的后妃隊伍中，唯有一人在操縱著這些美麗而又可憐的生靈，那就是皇帝。后妃們得寵時宛若明珠，失寵時不及糞土，於是乎眾人的目標只有一個——得到天子的寵幸，只有這樣，她們才能擁有真正的美麗，才能成為真正的女人。得到寵幸的女人又盼望得到皇子，因為母以子貴，她們要以此來固寵。這一具有著相同命運的群體，為了爭寵奪愛，竟然也以纖纖弱手，殺個血雨腥風，其手段之殘酷，後果之悲慘，實是令人髮指。

從另一方面來說，帝王身邊的后妃，對帝王功德的影響，又是任何一個群體所不能代替的。大凡帝王無論怎樣德才兼備，一旦沉於女色，便會對愛妃言聽計從，而受寵者往往又都追求享樂，貪戀權勢，利用帝王的寵愛圖謀私利，助紂為虐，致使國將不國。周幽王烽火戲諸侯招致亡國之禍；唐明皇寵楊貴妃禍起蕭牆；如此等等，不勝枚舉。

除此而外，宮庭還是權力的中心，后妃接近權力，耳濡目染，必將成為參與者。而一旦涉及這種權力之爭，又往往愈擴愈大，無法遏止。在中國歷史上，后妃們參與權力之爭的人無以計數。然而，在男尊女卑的社會制度下，除了極少數的女性取得成功之外，后妃們的命運總是悲劇性的。

外戚爭寵，也是寵位之哄群體中的又一重要組成部分。

外戚是憑著自己的親屬進宮當了后妃並且受寵而雞犬升天的貴族。他們有些本來並無太深的根基，但由於他們與皇帝有著特殊的關係，又與宮中的后妃一唱一和，形成了一種新的政治勢力，在朝廷內外興風作浪，甚至駕空皇帝，干預朝政，我行我素，搞得內鬨迭起，國無寧日。

自秦始皇統一後，外戚干政之事便不絕於史。西漢時期的呂氏家族，令劉氏天下搖搖欲墜，最終被王氏家族所取代；東漢時期，帝王頻繁更替，幼主事國太后臨朝不斷，外戚勢力不可一世；唐朝的武氏、韋氏、楊氏家族權傾天下，皇帝亦不能左右。如此歷朝歷代，莫不有外戚干政之事發生。

儘管外戚作為統治集團，左右朝廷大政，影響國勢興衰，但是中國封建制度卻決定了真正主宰外戚命運的並非是他們自己。不論他們的政治勢力如何強大，歸根結柢還是皇權所賦。外戚要仰仗皇權、仰仗皇帝對他們的寵信。因而，外戚的一切政治活動，都離不開寵位之爭，只有得到皇寵，才能保持不敗之地，這是外戚們進行一切政治活動的根本所在。

作為封建帝王，他們對於宦官、后妃、外戚之間的爭鬥所帶來的禍患並非沒有察覺，甚至制定出種種法令，嚴加防範。但皇帝又離不開這些具有特殊地位的人們對他的支持，創業的帝王一般還比較清正廉明，業績卓著，相應的，宦官、后妃、外戚干政之事也未能主宰朝政。但是，後世守成的皇帝，卻往往忘記祖上創業之艱難，驕縱享樂、腐敗墮落。有的輕信讒言，有的乾脆不理朝政，從而導致宮廷內外，猜疑相嫉，爭寵奪位，最終是失德亂行，促成國家敗亡。中國封建社會皇權高於一切、任人唯親、裙帶關係的政治制度，派生出宦官制度、后妃制度、外戚制度等一系列毒瘤，為寵位之哄提供了滋生的土壤。皇帝與這些具有特殊地位的人們相互利用又相互制約，致使封建專制制度的積弊越來越深。因此，封建專制制度是寵位之哄的根源，在某種程度上說，封建皇帝對寵位之哄應當負有相當的責任。

不過，無論這些爭寵、弄寵者曾經有過怎樣的囂張，甚至是不可一世，但除了武則天等少數成功者之外，絕大多數人的命運都是悲劇性的。中國的皇帝言出法隨，隨心所欲地占有和支配社會上的一切，殺人如碾蟻，加之其主觀好惡的隨意性、偶然性及其喜新厭舊的本性，致使這群生活在皇帝身邊的人如履薄冰。受寵者也罷，遭貶者也罷，伴君如伴虎，整日都在提心吊膽中生存。今朝也許是心腹重臣、掌上明珠，明天也許就是屈死之鬼、階下之囚。其生死榮辱全都被皇帝把玩於股掌之上。這就決定了寵位之哄的矛盾之尖銳性，鬥爭之殘酷性，千刀萬剮、「人彘」、剁手、分屍……這些慘絕人寰的殘害手段，均在爭寵、固寵、弄寵的鬥爭中被使用。爭寵者們根本不顧國家社稷，一味尋求個人私慾的滿足。有的殘害忠良，將皇帝引入歧途，害國擾民；有的令皇帝沉迷聲色、不思朝政；有的為掃清奪權之路，不惜濫殺無辜、草菅人命……總而言之，寵位之哄帶給國家和百姓的是無盡的禍患和災難。

然而，歷代爭寵奪位、鮮血淋淋地傾軋無一能擺脫皇權這條鐵的鎖鍊，其結局是爭鬥者們或者兩敗俱傷，或者舊寵換新寵，壞了朝政，亂了國家，敗了風氣，害了百姓，此乃我國封建政體的一大弊端。正因為這種腐敗的政體，使寵位之哄絕不會因其廝殺的慘烈、結局的悲哀而停止，相反，爭寵者野心越來越大，手段越來越毒。

歷史在不斷向前發展，在諸多的歷史教訓中，寵位之哄留給後世的教訓更是深刻、沉痛的。通過這一側面，人們可以進一步瞭解封建制度的糟粕，這也就是本書的立意所在。

本書以有限的篇幅，從浩繁的歷史記載中選出若干較有代表性或典型性的爭寵的實例，將歷史上一些為爭寵、弄寵、固寵而不擇手段的史實介紹給讀者，力圖透過這種方式，來揭示封建制度下宮廷鬥爭的複雜性和殘酷性，以及這些鬥爭給國家、社會帶來的無盡災難。目的是以史為鑑，以響後人。讓人們，尤其是青少年們從不同的角度、不同的側面去更深刻、更廣泛地瞭解歷史、總結歷史的經驗和教訓。

本書力求生動詳實，通俗易懂，讓讀者在閱讀的過程中，擁有較多的思考空間，得出應有的結論。

張國慶
蔣瑋

目錄

酒池肉林　妹喜亡夏

夏朝，是中國奴隸社會第一個王朝，它曾經雄踞天下。但到了夏朝末期，由於奴隸主階級的腐敗，加重了對勞動人民的剝削，階級矛盾不斷激化，正如《史記．夏本紀》所言：當時的統治者「內作色荒，外作禽荒」，「好方鬼神，事淫亂，夏后氏德衰，諸侯叛之」。夏王朝由盛至衰，最終走向了滅亡。不能否認，夏朝的滅亡具有各方面的原因，而夏朝最後一代國王——夏桀的荒淫無道，是加速這一滅亡的重要原因。

夏桀的淫慾暴虐生活中，有一個人物，發揮了推波助瀾作用，她就是妹喜。妹喜是得到夏桀萬分寵幸的王后，她以投其所好博得夏桀的歡心，又以百般迎合保住寵位，她與夏桀如痴如狂，縱慾無度，終於成為中國歷史上第一個亡國之后。

當年，夏桀是個異常驍勇善戰的強者，他率兵四處征討，所向披靡，聲威遠颺。一次，夏桀率兵征討有施氏，這是一個貧弱的小國，不堪夏桀一擊。為防滅頂之災，有施氏想出一計。他早已聽說夏部落的桀非常好色，所到之處擄美女無數。為了討好夏桀，他決定將全國最美的女子獻給夏桀。夏桀一聽如此，果然大喜，端坐著等待那美女出來晉見。

不一會兒，臣下領出一女子，款款而至，夏桀細看這女子，眼如秋水，面若桃花，楊柳細腰，顧盼生輝，真是萬種風情，看得夏桀眼都直了，隨之是令其伴隨左右，形影不離。

妹喜不僅絕色美豔，而且能言善語，妖冶嫵媚，令夏桀神魂顛倒，視之如掌上明珠，不僅專寵妹喜，而且還將她尊為王后。

自從得到了妹喜，夏桀的全部心思幾乎都花在了她的身上，妹喜也由於得到君王的寵幸，而越來越放縱，慾壑難填。

一天，夏桀見妹喜悶悶不樂，皺著眉坐在那裡若有所思，趕緊湊過去問她：「何事讓王后這樣悶悶不樂？」妹喜沒有做聲，把臉扭向一邊。夏桀急得拉住妹喜的手：「王后心裡有事，何必放在心裡，但說無妨，我一定照辦即是。」妹喜這才撇著小嘴，嬌聲說道：「君王貴為一國之主，竟然住這樣的宮殿……」話未說完，夏桀早已明白其意，忙說：「王后不必多言，我自知該如何去做！」

夏桀立即下令打開國庫，傾其所有，建造一座新的宮殿，宮亭台榭，極盡奢華。為了這一浩繁的工程，無數民工前後出了七年苦役。刮盡了民脂民膏，最終建成了一座幾乎是用百姓的血汗堆砌而成的宮殿。《竹書紀年》中有這樣的記載，說「築傾宮，飾瑤台，作瓊室，立玉門」，以此來形容這座宮殿華麗無比。之所以叫傾宮，是因為它太高，從地面仰起頭往上看，似有要傾倒的感覺。殿前還修了一個玉石的高台，為的是讓妹喜站到上面遠眺，將遠近美景盡收眼底。夏桀為了滿足妹喜的願望，真是用心良苦。

妹喜受此厚愛，自然更加得意，她住進這座瓊瑤美玉的宮殿，過著極盡奢侈的生活。夏桀不惜耗費巨大的財力、人力、物力，只為討美人歡心，而他自己則以妹喜之樂為樂，在與妹喜的淫樂中，滿足自己的私慾，至於國家社稷、百姓疾苦，早已拋到九霄雲外。

在傾宮住了一段時間之後，妹喜又覺得膩煩了，夏桀百般哄勸，妹喜仍不開心。她是覺得該有的都有了，該玩的都玩了，實在是缺少新的樂趣，於是又呆坐不動了。一天，一名宮女不小心將裙子

為寵廝殺

刮破了，那「嘶——」的聲音，竟使妹喜露出笑容。幾天來見妹喜愁眉不展正無計可施的夏桀一下子又找到了新的辦法。他下令讓人每天進獻一百匹帛，讓宮女輪番在妹喜面前一條一條地將帛撕碎，以那「嘶——嘶——」的聲音當做音樂，來取悅於妹喜。妹喜見夏桀在自己身上如此投入，不免心中歡喜，反過來又以百般的媚態去迷惑夏桀。

夏桀作為一代君王整日沉迷於聲色，滿心想的只有如何玩得開心，哪裡還有政績可言！而妹喜則更是風情萬種，玩樂有術，只顧讓夏桀圍在自己身邊。她清楚，只要讓夏桀開心，就能保住寵位，只要保住寵位，自己就能得到一切，至於夏桀的治國大業，根本不放在她的心上。二人一唱一和，隨心所欲，想出了一個又一個殘酷而又下流的縱慾方式。

可以想像得出，傾宮是座何等美麗的宮殿，只可惜這種美麗儘管可以賞心悅目，但卻無法滿足夏桀與妹喜的貪婪，不久，他們就把這種美麗給破壞掉了。

徵集了大批民工和奴隸，在傾宮內要修築一個豪華的大池子。民工們從很遠的地方運來玉石，又一塊塊地砌起來，汗流浹背，終日苦幹。連朝臣們也不知夏桀修築這個大池子用意何在。

幾個月的時間過去了，民工們日以繼夜地苦幹，耗費了無數的財力，一座前所未有的漂亮大水池呈現在人們眼前，其豪華和美觀足以令人驚嘆。夏桀高興得手舞足蹈，他命令民工將大桶大桶的美酒抬到池邊，倒進池子。池子裡的酒一點點地增加，直到灌滿為止。在場的人個個目瞪口呆，難道夏桀修這麼大的池子，只是為了裝酒嗎？他們無論如何也想像不到，夏桀修的這個酒池，決非是為儲存之用。

此時妹喜款款而來，在池邊對夏桀指手畫腳地說了一番，夏桀連連點頭。於是夏桀又找來諸多能工巧匠，製造了一批五顏六色、精美絕倫的小船，一隻隻地放到池中。酒池中微波蕩漾，波光粼粼，酒香飄飄，數里之外都能聞到。一群打扮得花枝招展的歌女坐於船頭，彈琴賦歌，池邊是載歌載舞的青年男女，他們一邊歌舞，一邊飲著池中之酒玩鬧嬉戲，酒醉之後，醜態百出。夏桀、妹喜在宮娥綵女的伴從下，觀賞取樂，開懷暢飲。他們經常是通宵達旦，樂此不疲。

一天，夏桀又在觀賞歌舞遊戲，妹喜忽然對夏桀說：「大王整日觀看這些人舞來舞去，難道不乏味嗎？」夏桀說：「王后又有什麼新的招法，讓你我玩得開心？」妹喜說：「我倒有一想法，不知大王是否贊同？」夏桀說：「王后但說無妨。」妹喜湊到夏桀耳邊，如此這般地說了一番，夏桀的臉上漸露喜色，不等妹喜說完，二人便淫蕩地大笑起來。夏桀下令，按妹喜的意思辦理。

只見宮人一趟一趟地忙碌著，他們一筐筐地抬來煮熟的肉，掛在林中的樹上，肉被風吹得漸成肉乾。樹上掛著肉乾，遠遠望去，就像樹上結的果子。掛肉者按旨意，讓人站在樹下能一抬頭就咬到肉乾，就這樣，一片樹林就變成了肉林。

夏桀又下令，將一大群宮女全都召集到林中，命她們脫光衣服，集合待命。夏桀對宮女們交待了一番後，便與妹喜雙雙登上玉石砌成的高台，指揮這場遊戲。夏桀讓人在他面前放了一面大鼓，按照事先的約定，要求宮女們聽到鼓聲便做各種表演，不得有違。一切就緒，夏桀與妹喜相視而笑，夏桀拿起鼓槌，「咚、咚……」發出號令，只見一絲不掛的宮女們發瘋般地奔跑起來。她們亂哄哄地跑到酒池邊上，把頭伸進池中去飲酒，凡是蹲、跪者一律受罰，其醜態可想而知了。夏桀、妹喜見狀哈哈大笑。不等宮女們飲完酒喘口氣，夏桀的鼓槌又開始敲響，宮女們又一窩蜂地跑向肉林，要求每棵樹下一個人，仰起頭去咬掛著的肉。這種淫蕩的遊戲幾乎到了無恥的地步。

幾番折騰之後，宮女們早已個個汗流浹背、氣喘吁吁，但是鼓聲未停，她們還是要奔來跑去，做著那些不堪入目的姿勢和動作，供夏桀和妹喜觀賞。

爲寵廝殺

妹喜淫慾無度，鬼主意一個接一個。她拉著夏桀，指著傾宮，嬌嗔地對他說：「既造了傾宮，何不再造一個夜宮，難道君王不想玩得更開心嗎？」夏桀未解其意，於是妹喜又為他做了一番解釋，夏桀一聽，拍案叫絕。他再一次召集了大批民工，在院子裡挖了起來。

這一次，夏桀是要按妹喜的意圖修建一座與傾宮同樣豪華的地下宮殿。當然這座宮殿要比傾宮花費的財力還要高。國庫力所不支，夏桀便下令四處搜刮，百姓們本來已經是衣不蔽體、食不果腹，但卻仍要擔負沉重的賦稅和徭役，夏桀這一國之君是何等地昏庸、暴虐。

又一座富麗堂皇的夜宮在百姓們的血汗中建造起來了。這座宮殿果然要比傾宮還華麗。宮中燈火輝煌，香煙裊裊，歌舞婆娑。夏桀、妹喜在此飲酒作樂，忘記了一切。他們竟讓宮中的男男女女全都脫光衣服，雜處在一起。看到他們的各種醜態，夏桀和妹喜覺得非常刺激，於是他們下令指揮著這群瘋狂的男女做出各式各樣的姿態，好滿足自己的慾望。

誠然，那個時期社會剛剛從原始氏族的胚胎中脫生出來，宮廷內外，男女雜亂，應該說有一定的歷史淵源。但是，作為一國之主，竟然帶領宮廷上下，一味地淫亂取樂，實在是理所難容。

寵嬖禍國。夏桀不久便自食其果。朝中大臣對夏桀與妹喜的胡作非為早已看在眼裡，氣在心上。先是幾個重臣上諫，但夏桀往往是一二個月也不上朝，或是聽不到，或是對上諫者嚴加斥責。但是朝臣們實在忍無可忍，紛紛上書勸諫，希望夏桀能以國事為重。

朝臣們的所作所為應該說是對國家負責的行為，但是昏庸無道的夏桀卻勃然大怒，下令將勸諫的大臣統統殺掉。

此時的夏朝，早已是民不聊生，國亂四起，眾諸侯一見夏桀無望，紛紛叛逃。在諸侯中，有一位叫湯，此人精明強幹，很有謀略，而且賢明豁達，叛逃者多是去投奔了湯。夏桀得知此事，暴跳如雷，將湯抓來囚禁於夏宮。但是夏桀並沒有覺察出湯的存在對他的威脅，他狂妄自大，沒有把任何人放在眼裡。眾人為湯紛紛說情，夏桀又將湯放回原地。

湯回到封地以後，迅速組織隊伍，並親率各族諸侯起兵討桀。大禍臨頭，夏桀才知事態嚴重，他再也顧不得妹喜，獨自出逃，在鳴條這個地方被湯抓獲，就此夏朝滅亡，被商代替。

自中國歷史進入奴隸社會，女性在社會上的地位便一落千丈。她們不僅喪失了母權制時期的一切特權，而且一步步淪為男性的附庸和玩物。雖然在帝王身邊的女子貴為后妃，但也只能以寵為榮。爭寵是她們生活中最主要的活動，而受寵的后妃則又往往令天子沉迷聲色，進而禍國殃民，妹喜就是首例。夏朝的滅亡，除了階級與社會原因外，主要是因為夏桀的荒淫無道、暴虐殘酷所致。但是妹喜固得夏桀之寵而助桀為虐，作為一代亡國之后，其禍國之責難以推卸。

妲己之惑　鹿台焚身

殷商是中國奴隸制社會的第二個王朝，是一個比較發達的奴隸制社會，由湯滅夏至紂亡國，歷六百餘年。有商一代，以青銅器、甲骨文為代表的奴隸制文化迅速發展。但到了商朝末期，尤其是到最後一代商王紂執政時，由於奴隸主殘酷剝削壓榨奴隸及對奴隸任意打罵屠殺，導致奴隸與奴隸主這一奴隸社會的主要矛盾尖銳對立，不可調和並不斷激化，《禮記．表記》所云「其民之敝，蕩而不靜」，即反映了這一事實。因而當時奴隸逃亡、暴動之事時有發生。殷商王朝已處於風雨飄搖之中。然而，殷商王朝的最高統治者紂卻不思民困，不慮國危，在他的寵后妲己的慫恿下，一味地荒淫殘暴，聲色犬馬，把殷商王朝進一步推向了滅亡的邊緣。

妲己，姓己，商末某部落首領有蘇氏之女。這一年，商朝國君紂（又名受或帝辛）帶兵征討有蘇氏部落，有蘇氏兵敗，便把自己的女兒妲己進獻給紂王為妾妃。

紂王十分好色，後宮雖有無數佳麗，但無法令他滿意。如今，見到美若天仙、傾國傾城的妲己，便立刻被征服了。妲己不僅貌美，還天生的善媚，很快便得到了紂王的專寵，封為美人（妃），寵冠後宮，並對她言聽計從。紂王自從納妲己之後，在壽仙宮中朝朝宴樂，夜夜歡娛，很長時間不再上朝聽政。因為紂王十分迷戀妲己，所以世人便傳說妲己是妖狐轉世。紂王為討妲己喜歡，命樂師師涓作新淫聲、北里之舞及靡靡之樂，終日懷擁麗寵沉湎於酒色歌舞中。

妲己入宮得寵，整日纏著紂王在壽仙宮內飲宴歌舞，尋歡作樂，致使紂王不僅荒朝疏政，而且對其他嬪妃也愈加冷落，不再臨幸。這便惹惱了紂王的原配妻子姜王后。一場奪寵、固寵的殘酷流血鬥爭開始了。

一天，姜后聞聽紂王正在妲己宮中飲宴淫樂，便帶上宮女，乘輦前往壽仙宮，想對紂王做一番「規勸」。

姜后到了壽仙宮，正遇妲己為紂王歌舞。只見妲己霓裳擺動，繡帶飄揚，腰肢裊娜，歌韻輕柔，紂王早已看呆了。

妲己見姜后駕到，只得停止了歌舞。紂王正在興頭上，忽被姜后所攪，老大不高興，便問姜后來此何事？姜后向紂王諫道：「妾聞人君有道，賤貨而貴德，去讒而遠色，此人君自省之寶也。若所謂天有寶，日月星辰；地有寶，五穀園林；國有寶，忠臣良將；家有寶，孝子賢孫。此四者，乃天地國家所有之寶也。如陛下荒淫酒色，征歌逐技，窮奢極欲，聽讒信佞，殘殺忠良，驅逐正士，播棄犁老，昵比罪人，惟以婦言是用，此『牝雞司晨，惟家之索』以此為寶，乃傾家喪國之寶也。妾願大王改過弗吝，聿修厥德，親師保，遠女寺，立綱持紀，毋事宴遊，毋沉酗於酒，毋怠荒於色；日勤政事，弗自滿假，庶幾天心可回，百姓可安，天下可望太平矣。」說完，姜后又冷冷地掃了妲己一眼，便帶上宮女還宮了。

姜后的一番勸諫，紂王不僅不想採納，還藉著酒勁恨恨地罵道：「此賤婦好不識抬舉！我與美人歌舞一回，取樂玩賞，她卻說三道四。若非正宮，非用金瓜擊死，方解我恨！」說完，讓妲己繼續歌舞。妲己便假惺惺地說道：「妾身從今再不敢歌舞。」紂王問為何故？妲己說：「姜后深責妾身，此歌舞乃傾家喪國之物。況王后所見甚正，妾身蒙聖恩寵眷，不敢暫離左右。倘娘娘傳出宮闈，道賤妾

為寵廝殺

蠱惑聖聰，引誘天子，不行仁政，使外廷諸臣將此督責，妾雖拔髮，不足償其罪矣。」說完，淚水還流了下來。紂王聽了妲己之言，愈加痛恨姜后，一邊為妲己拭去臉上的淚珠，一邊說：「美人只管侍朕，明日便廢了那賤人，立你為王后。」妲己這才轉憂為喜，破涕為笑。

此後，妲己便時時盤算著如何除去姜后這個妨礙自己獲得專寵的眼中釘。商宮規定，每月初朔日，各宮嬪妃們都要去正宮朝賀王后。這一天正是朔日，嬪妃們都陸續到了姜后的中宮。妲己也去了。參拜完畢，姜后又針對妲己進行了一番訓責：「天子在壽仙宮，無分晝夜，宣淫作樂，不理朝政，法紀混淆，你並無一言規諫。迷惑天子，朝歌暮舞，沉湎酒色，拒諫殺忠，壞成湯之大典，誤國家之治安，皆是汝之作俑也。從今後，如不悛改，引君當道，仍前肆無忌憚，我遲早以中宮之法處之！」妲己因此時身在姜后宮裡，紂王又不在身邊，內心雖憤恨不已，卻只得忍氣吞聲，點頭稱是。

妲己憤憤地回到壽仙宮，馬上召來心腹宮婢鯀捐商議除姜后之計。鯀捐建議妲己去找紂王的寵臣費仲，請他幫忙出出主意。第二天，恰好紂王游幸御花園，鯀捐便乘機把費仲宣到了壽仙宮。在壽仙宮，費仲為妲己謀劃了一個陷害姜后的毒計。

一天，紂王在壽仙宮飲酒。妲己對他說：「大王顧戀妾身，旬月未登金殿，望大王明日臨朝，不失文武仰望。」紂王對妲己從來都是言聽計從，當下便答應明日昇金殿設早朝。

第二天清晨，紂王出壽仙宮，在眾侍衛的保駕下往大殿走去。當紂王的鑾輿剛過龍德殿，行至分宮樓拐角處時，突然從路旁跳出一名手持利劍的刺客，大吼一聲，舉劍便朝紂王刺來。紂王兩旁持戟衛士急忙阻衛，使刺客未能得手。最後，刺客在眾人的圍攻下，束手就擒。在費仲的審問下，刺客供出他姓姜名環，是姜后之父、東伯侯姜桓楚的家將，今日奉中宮姜后之命，行刺紂王，意在為其父姜桓楚謀奪王位。紂王聽了費仲的奏報，大怒，立即降旨，廢去姜氏王后之位，並讓西宮黃妃嚴加審訊。

姜后無端遭受誣陷，不僅丟了王后之位，還要被審治罪，心中不服，大喊冤枉。妲己欲置姜后於死地，便向紂王提議：如施以重刑，姜氏定能認罪，如再不招，可剜去一目，她懼怕剜目之苦，自然就招認了。紂王採納了妲己的建議，不僅剜掉了姜后的雙眼，而且烙焦了她的雙手。不久，姜氏便死去了。妲己以慘無人道的手段，害死了姜后，不僅鞏固了自己的寵位，還名正言順地入主中宮，當上了王后。

紂王專寵妲己，為討妲己歡心，他要在京都朝歌城中修造一座鹿台，以供他與妲己在台上飲宴享樂。紂王將修造鹿台工程的任務交給了崇侯虎。

鹿台工程浩大，需要大量錢糧和建築材料，還得徵調大批民工，搬運木頭、泥土、磚瓦，「絡繹之苦，不可勝計」。各地軍民，三丁抽二，獨丁赴役。有錢者買閒在家，無錢者任勞累死。一時間，萬民驚恐，日夜不安，男女慌慌，軍民嗟怨，家家閉戶，逃奔四方。崇侯虎還仗勢虐民，可憐老少民工累死不計其數，全都被填埋於鹿台之內。此鹿台一共用了七年時間才修造完成，占地三里，高達千尺，聳入雲端。為造成這座摘星攬月的遊樂所在，為裝修鹿台，紂王不斷向老百姓加徵賦稅，同時又廣選美女歌伎，搜刮奇珍異寶，畜養狗馬玩物。鹿台修造完工後，紂王便經常攜妲己登鹿台歡宴歌舞。

為了滿足與紂王的荒淫奢侈，妲己又建議紂王造酒池肉林。紂王當然滿口答應。於是，紂王便命人在京郊沙丘的王家苑囿內，開鑿酒池，用石砌成，滿貯美酒。池四周山林之中，錦帛纏樹，掛滿烤肉。酒池肉林完工之後，紂王與妲己帶上幸臣美女，泛舟遊樂，命男女於酒池肉林中裸體嬉戲，尋歡作樂。

爲寵廝殺

妲己有著美若天仙的外貌，心卻毒如蛇蠍。她得寵於紂王，並助紂為虐，時間一長，必然要引起一部分正直朝臣的非議和反對。為了嚴厲打擊鎮壓膽敢向紂王進諫和反對她的朝臣，妲己命人造炮烙，挖蠆盆，施以嚴刑酷法。手段之殘酷，令人髮指。如，大臣梅伯向紂王上疏進諫，勸紂王近賢臣，遠小人，廢黜媚主的妲己。此時的紂王已聽不得有人說半句妲己的壞話。梅伯之言惹惱了紂王，他立即命人將梅伯抓起來，用金瓜擊頂！這時，妲己在一旁說了話：「大王，人臣立殿，張眉豎目，詈語侮君，大逆不道，亂倫反常，非一死可贖也。且將梅伯權禁囹圄，妾治一刑，杜狡臣之瀆奏，除邪言之亂正。」紂王聽了很高興，忙問是何刑具？妲己回道：「此刑具約高二丈，圓八尺，上、中、下用三火門，將銅造成，如柱一般。裡邊用炭火燒紅。然後將妖言惑眾、利口侮君、不遵法度、無事妄生諫章、與諸般違法者，跣剝官服，將鐵索纏身，裹圍銅柱之上，炮烙四肢筋骨，不須臾，煙盡骨消，盡成灰燼。此刑名曰『炮烙』。若無此酷刑，奸猾之臣，沽名之輩，盡玩弄法紀，皆不知儆懼。」紂王大喜，立即傳旨，令人照妲己所描述的造「炮烙」刑具，要在短時間內完成。

不幾日，「炮烙」刑具製造完工。紂王命人將高二丈，圓八尺，三層火門，下帶兩隻滾盤的「炮烙」銅柱推到大殿之前。第二天，紂王設早朝，待文武百官齊聚殿內，他又令人將大臣梅伯綁來，對其施以炮烙之刑。行刑者先在銅柱的三層火門裡燒起炭火，不一會兒的工夫，銅柱便被炭火燒得通紅。然後將梅伯的衣服剝光，將其綁在銅柱上。梅伯大罵紂王昏君。旋即，只見銅柱四周冒起一股青煙，梅伯大叫一聲，疼得昏死過去。大殿之上，充斥著難聞的焦臭味，眾人紛紛掩鼻遮目，不忍睹視。

除「炮烙」刑具外，紂王與妲己還命人造了一種名叫「銅格」的刑具。這種刑具是用又窄又細的銅條搭成凌空的網格，於格下燃起炭火。然後強迫「犯人」赤足在燒熱的銅格上走過。「犯人」稍一不慎，便會從銅格上墜至火中燒死。

妲己為懲治不服管束的宮人，還建議紂王造「蠆盆」。據說，妲己害死了姜后後，原中宮的不少宮婢都十分憎恨妲己。一天，紂王攜妲己在摘星樓上飲宴。酒至半酣，妲己起舞，為紂王助樂。三宮六院的宮人都為之喝彩。但其中有幾個宮人不但不喝彩，還眼含淚珠，悶悶不樂。妲己看在眼裡，記在心上。飲宴完畢，妲己派人查問，原來那幾個宮人正是姜后的舊宮人。紂王聽說後，便想將那幾個宮人全都殺死。妲己說：「大王，先不必將這些逆黨之人處死，暫可閉入冷宮。妾有一計，可除宮中大弊。」紂王問是何計？妲己說：「可於摘星樓下挖一方圓二十四丈、深五丈的大坑。然後傳旨，命都城萬民，每一戶納蛇四條，都放於此坑之內。然後將作弊宮人，跣剝乾淨，送入坑中，餵此毒蛇。此刑名曰『蠆盆』。」紂王立即採納，傳下旨意，邊挖坑邊令臣民交納毒蛇。

幾天之後，摘星樓下的大坑內，已堆滿了毒蛇。妲己便令人把那幾名宮女弄到坑邊，剝光衣服，推下坑去。宮女們全都被嚇得昏死過去。很快，她們的身體便被一條條毒蛇纏滿。餓蛇們吞咬她們的肌膚，吸吮她們的血漿，有的蛇還鑽進了宮女們的體內，其狀慘不忍睹。

朝中有位名叫膠鬲的上大夫，聞聽紂王與妲己設此毒刑，殘害無辜，異常氣憤，便上疏勸諫，阻止紂王用此酷刑。紂王不僅不聽，反大罵膠鬲是反臣，令人將他也推進「蠆盆」去餵蛇。膠鬲未待衛士上前行刑，便一頭從摘星樓上栽下來，頭觸地腦漿迸流而身亡。

紂王與妲己不僅殘害大臣與宮女，而且殺戮無辜百姓如碾草芥。某年冬日，大雪初霽。紂王與妲己登鹿台飲宴。歌舞完畢，紂王挽妲己之手，站在鹿台上，憑欄遠眺。朝歌西門外有一條小河，河中積有融化了的雪水。河上無橋，行人過河均得脫鞋赤足涉水而過。這時，恰好有一老者赤足過河。紂王見那老者在河水中步法穩健，行走自如，絲毫沒有怕涼懼冷的樣子。緊隨老者之後，又有一位十幾歲的少年，也脫了鞋子，光腳下到河水中。可紂王見少年卻有怕冷懼涼的感覺。對此，紂王有些不理解，便對身旁的妲己說：「怪哉！怪哉！有這等異事，你看那老者渡水，反不怕冷，行步且快；這年少的反卻怕冷，行走甚難，這不是反其事了？」妲己聽了，微微一笑，隨之發表了一通「高論」：「大王有所不知，老者不甚怕冷，乃是少年父母，精血正旺之時交媾成胎，所秉甚厚，故精血充滿，骨髓皆盈，雖至末年，遇寒氣猶不甚畏怯也。至於少年怕冷，乃是末年父母，氣血已衰，偶爾媾精成孕，所秉甚薄，精血既虧，髓皆不滿，雖是少年，形同老邁，故遇寒冷而先畏怯也。」紂王聽了，搖頭大笑，表示不信。妲己說：「大王若是不信，可差人將此二人捉來，當場驗看，便可一見分曉。」

紂王立即命人去捉剛才渡河的一老一少。當駕官領旨，急忙出西門，把尚未走遠的一老一少二人捉進城來。這兩人突然被捉拿，不知身犯何罪，那老者便問：「吾等奉公守法，不欠錢糧，因何抓我們？」當駕官也不言語，只將這二人押至鹿台交旨。紂王又傳命：「用斧子砍開二人脛骨，取來看驗。」侍衛們不敢怠慢，任憑老少二人乞饒與叫罵，很快便用利斧將他們腿脛骨砍斷，拿到台上，請紂王查看。紂王仔細一瞧，果然如妲己所言，老者髓滿，少者淺。紂王非常高興，大大讚揚了妲己一番，然後命左右將二人屍體拖出掩埋了事。無辜之百姓，竟橫遭此不測，紂王妲己之殘暴，可見一斑。

紂王稱妲己為神人，妲己笑笑說：「妾雖係女流，少得陰符之術，其勘驗陰陽，無不奇中。適纔斷脛驗髓，此猶其易者也。至如婦女懷孕，一見便知她腹內胎兒有幾月，是男還是女，面在腹內，或朝東南西北，無不周知。」紂王聽了，愈感奇異。便又命人到城中尋得孕婦三人，帶進宮來，讓妲己驗看。

過沒多久，奉御官便抓來三名孕婦。紂王命將三人推上鹿台，請妲己驗看孕婦腹中胎兒。妲己指一婦人腹說：「腹中是男，面朝左肋。」又指另一婦人說：「此腹中也是男，面朝右肋。」又指最後一婦人說：「此人腹中是女，面朝後背。」紂王為驗證真假，便命侍衛用刀剖開三人之腹。可憐三個無辜婦女，就這樣慘死在暴君蕩婦手中。

紂王為討妲己高興，還不顧時令，經常出城郊會獵。六月盛夏，正是禾苗生長旺季。老百姓辛苦勞作半年，眼見豐收在望，可紂王卻突然傳布旨令，會獵西郊。老百姓不忍禾苗被踐踏，派代表進朝上疏勸諫：「六月正是莊稼生長季節，發動民眾驅逐禽獸，必然要踐踏禾苗，一旦毀苗，百日無食。天子失道，不是福兆。」紂王不但不聽，反誣為妖言惑眾，誅殺了上疏者。一場大規模的行圍射獵開始了，興師動眾不說，西郊的田苗被嚴重踐踏，所剩無幾，給老百姓造成了深重的災難。紂王為寵一人，為博一人高興，竟毀萬民之田禾，民心已失，殷商王朝滅亡的日子已不遠了。

殷商時代，除中央王國之外，四周還有很多諸侯部落與部族，它們大都屬於商王朝的「地方機構」，但卻有很大的獨立性。按規定，諸侯們要服從王命，定期朝貢述職，同時，還得負擔軍賦與服役的義務。由於諸侯王獨霸一方，掌有當地的軍政及經濟大權，因而都頗具實力，因此，也常常有諸侯王不服天朝管束而起兵造反的事發生。殷商末年，由於紂王殘暴無行，寵信妲己，作惡多端，各種矛盾不斷激化，已經危及商王朝的統治。紂王為了嚴格控制四方諸侯，嚴防勢力大的諸侯叛商造反，便徵調西伯侯姬昌及九侯、鄂侯等諸侯王入朝，封為三公，實際上是將他們當做人質軟禁起來了。

紂王淫蕩好色，他聽說九侯的女兒美貌無比，便將她強行徵入宮中。九侯之女端莊沉靜，不喜淫蕩，不滿紂王的荒淫，紂王便在妲己的讒言慫恿下，殺了九侯之女，還藉口把九侯剁成了肉醬。鄂侯聽說後，嚴厲指責紂王殘忍無道，也被紂王殺死，暴屍示眾，多日後竟然晾成了肉乾。

西伯侯姬昌是周部落的首領，寬仁禮士，頗有王者之風度。姬昌在朝中，見紂王殘暴無行，已接

為寵廝殺

連誅殺了九侯和鄂侯兩位諸侯王，擔心災禍馬上就要降臨在自己頭上，暗自嘆息。這時，紂王的寵臣崇侯虎便向紂王告發，說姬昌收買人心，諸侯如擁戴周部落，於朝廷不利。紂王於是便下令囚禁西伯侯姬昌於羑里（今中國河南湯陰北）。姬昌長子伯邑考為救父親，向紂王貢獻珍寶，並願為人質，為紂王駕車服役。伯邑考善於彈琴，且年少貌美。妲己為伯邑考的美貌與琴藝所吸引，欲以色勾引。但伯邑考並不為之所動。妲己又羞又惱，便設計讓紂王殺死了伯邑考，烹為肉羹，並賜給姬昌吃。姬昌為行韜晦之計，忍痛吃下兒子的肉。紂王知道後，說：「誰言西伯是聖人，他吃了自己的兒子肉還不知道呢！」從此，紂王便放鬆了對西伯侯姬昌的戒心。周部落的臣民們為救姬昌早日出獄，逃離虎口，便用珍寶重金賄賂妲己及紂王身邊的親信，同時又送給紂王不少美女、奇珍和寶馬，被紂王拘禁了七年的姬昌才被釋放。

姬昌出獄後，為矇蔽紂王，一方面富國強兵，發展經濟，同時又以重金賄賂紂王的寵臣費仲，使紂王對他已深信不疑，並賜給他弓矢斧鉞，授命他有征伐諸侯之權。姬昌打著為殷商天子效命的旗號，征伐四方，收服了虞、芮兩國，攻滅黎、邘、崇等國。不久，便建豐邑為周的都城，自稱周文王，宣告不再臣服商紂，並將勢力一直向東發展。

周的崛起，引起了商朝一些頭腦清醒的大臣們的警覺。但作為一國之君的商紂王，卻不以為然，仍是整日裡與妲己飲宴歌舞，過著醉生夢死的腐朽生活。大臣們紛紛上疏進諫，請求紂王停止奢靡，整頓朝綱，抵禦入侵的諸侯。可昏庸殘暴的紂王在寵后妲己的慫恿下，不僅拒諫不納，還將不少上疏中言辭激烈者或處死，或趕出朝廷。

比如，大臣祖伊曾直言勸諫紂王：「天下之大事已危急得很。蒼天不保佑，商朝大運將終矣。並非祖宗不能庇佑後代，只因大王荒淫暴虐，成了不肖之子孫。不遵天命，不振朝綱，不恤民心，天下百姓都會盼你早日滅亡！人民企望上天降威懲罰惡人，盼望真命之主出世治理亂政。大王要趕快改弦更張才是！」紂王聽了，毫不在意，昂然答道：「我命在天，誰奈何得我！」祖伊見勸諫無用，只得退出，仰天長嘆道：「罷了！紂王一意孤行，勸諫也是沒有用的了！」便頭也不回地出城，離開了朝歌。

紂王的叔父比干不忍百姓困苦，坐視國家敗亡，認為「身為大臣，不得不以死爭」，遂冒死強諫，要求紂王誅妲己、遠女色、近賢臣、去奸佞、戒奢侈、恤黎庶。紂王大怒，說道：「人言叔父為聖人，又說聖人之心有七竅，今日我倒要見識一下。」說完，便命衛士將比干剖心殺害。

大臣箕子，對紂王受妲己妖惑，斷脛髓剖孕腹，殘害百姓，不事朝政，深惡痛絕，拚死勸諫：「臣聞人秉天地之靈氣以生，分別五官，為天地宣猷贊化，作民父母，未聞荼毒生靈，稱為民父母者也。且人死不能復生，誰不愛此血軀而輕棄從死耶？今大王不敬上天，不修德政，天怒民怨，人日思亂，大王尚不自省，猶殺此無辜百姓，臣恐八百諸侯屯兵孟津，朝歌已旦夕難保，一旦兵臨城下，又誰為大王守此都城哉？只可惜商家宗裔為他人所擄，宗廟被他人所毀，宮殿為他人所居，百姓為他人之民，府庫為他人之有。大王仍不自悔，聽信妲己之言。敲民骨，剖孕婦，臣恐周軍一到，不用攻城，朝歌之民，自然獻之矣！」紂王聽了大罵道：「老匹夫！焉敢覿面侮君，以亡國視朕，不敬孰大於此？」遂命武士將箕子推下以亂棍擊斃。箕子面無懼色，仍大聲喊道：「臣死不足惜，只可惜你昏君敗國，遺譏萬世，縱孝子慈孫不能改也！」

紂王欲殺箕子，急壞了微子等人。微子流著眼淚，為箕子求情免死。微子說：「箕子忠良，有功社稷。今日之諫，雖有過激之處，然皆是為國之言，大王幸察之！大王昔日剖比干之心，今日又誅忠諫之口，社稷危在旦夕，而大王不知悟，臣恐百姓怨憤，禍將來臨也。願大王憐赦箕子，褒忠諫之名，庶幾人心可挽，天意可回耳！」隨微子之後，又有幾位大臣跪倒，替箕子求情，請赦免箕子死罪。紂王見狀，怕激起眾怒，最後只得改口，宣布將箕子廢為庶民，趕出朝歌。這時，妲己從後殿走出來，說；「大王不可！箕子當面辱君，已無人臣之禮。今若放之外面，遲早必生怨望。倘與諸侯勾結，豈不是禍亂？那時表裡受敵，為患不小。依臣妾之見，且將箕子剃髮，囚禁為奴，以示國法，使民人不敢妄為，臣下亦不敢瀆奏矣。」紂王立即採納了妲己的意見，便將箕子囚為奴隸。微子等人見箕子落得如此之下場，心灰意冷，便與微子啟一起偷偷移走殷商太廟中二十八代神主牌位，連夜逃出朝歌，到外地隱姓埋名，躲藏起來。

除箕子、微子之外，還有幾位大臣亦因勸諫紂王而被廢黜。如，大臣商容因進諫被貶官，趕出朝廷。大夫辛甲置生死於度外，七十五次勸諫，紂王就是不聽，辛甲遂絕望地投奔西周。還有內史向摯、太師、少師等不願眼見商亡後文化與禮樂傳統遭湮滅，便紛紛攜帶圖冊、祭器、樂譜等投奔周地。

周文王姬昌死後，其子姬發即位，是為周武王。武王繼續東征，在孟津大會諸侯，叛商從周的諸侯計幾百個，他們一致擁護周武王，出兵討伐商紂。

諸侯大軍日日向商都逼近，紂王也急了，便匆匆忙忙征發七十萬奴隸為軍（當時商軍主力正與東夷交戰），與諸侯聯軍會戰於京郊牧野（今中國河南淇縣西南）。

甲子日，兩軍列陣交鋒。很快，商軍大部便臨陣倒戈，與周武王的諸侯聯軍一道殺向商都朝歌。紂王兵敗，見大勢已去，便逃到鹿台之上。紂王在鹿台上四下一望，只見朝歌都城內外，烽煙四起，諸侯軍已將鹿台團團圍住。紂王知道大勢已去，死到臨頭了。他不願當俘虜，害怕人們向他討還血債，便決計自殺。他將所有珍寶玉衣都穿戴起來，然後命人舉火將鹿台焚燒掉。霎時間，烈焰四起，火光衝天，這個只知寵愛妲己、殘暴作惡的暴君，連同他的鹿台一齊化成了灰燼。

大火熄滅後，周武王在鹿台廢墟旁向已經燒焦的紂王屍體連射三箭，命人斬下紂王焦爛的頭顱，懸掛於白旗之上，以洩民憤。同時，又殺死了媚主取寵、禍國殃民的妲己，為天下人報仇雪恨。

商紂亡國，除了當時奴隸與奴隸主兩大階級矛盾激化及奴隸主階級內部矛盾尖銳對立不可調和等原因外，還有他的荒淫殘暴，信讒拒諫。但妲己以媚取寵及「助紂為虐」，也有了推波助瀾的作用。所以，殷商之亡，妲己亦難脫其咎。綜觀商紂統治時期，紂王的種種暴虐行徑，有許多都是在妲己的「幫助」下得以實施的。最終的結果是，君逼臣反，禍起岐山；牧野一戰，商兵倒戈，成湯所立數百年之殷商王朝終於敗亡在暴君與蕩婦手中。王朝更替，歷史使然。歷史不容假設，但，如果妲己不恃寵「助紂為虐」，反而是紂王的「賢內助」，紂王的暴虐行為是否會少一些？殷商王朝是否會滅亡得遲些？我們儘管不贊同「牝雞之晨，惟家是索」的「女禍」論調，但我們應承認：妲己的所作所為，的確加速殷商奴隸制政權的瓦解。

美人一笑 傾國傾城

武王滅商，西周便成了中國奴隸制社會的第三個王朝。西周時期的國土疆域，遠比夏商時遼闊，社會經濟文化也更為發達進步。分封諸侯，頒行典制，開劃井田……無不反映出當時奴隸制社會的蓬勃景象。然而，隨著奴隸制的發展，西周社會矛盾也日益激化，到了西周後期，由於階級矛盾的激化，西周的統治逐步地走向衰落。由於奴隸的反抗逃亡，使社會生產遭受了嚴重破壞。西元前八四一年，終於爆發了平民反對周厲王的「國人暴動」。厲王嚇得逃至彘地（今中國山西霍縣）藏了起來。

厲王的兒子宣王死後，周幽王即位。幽王當政後，信讒拒諫，重用佞臣，寵信褒姒，燃烽火，戲諸侯，葬送了西周王朝。西周之亡，幽王的寵后褒姒難脫其咎。

褒姒，關於她的身世，有兩種傳說。

第一個傳說是早在夏王朝的末年，一天，有兩條又大又長的神龍，駕祥雲降落到夏朝王宮的大殿門口。神龍站在殿門前，開口說了話：「我們是褒國的兩個國君，快請你們的國君出來見駕！」神龍說話的聲音大極了，直震得大殿嗡嗡作響。夏國國君和一班大臣們被神龍的喊叫聲嚇壞了，瑟瑟發抖。

夏王趕忙叫來太卜，令他取出龜殼和筮草，將龜殼用火燒裂，把筮草用刀割斷，然後向天帝問卜：「這兩個怪物，是殺掉還是留下來？」第一次兆象顯示不吉，又進行了第二次卜問：「是不是將此二物所留下的唾液收藏起來？」這一次顯示的是吉兆之象。隨後，夏王率群臣一齊來到大殿外，擺上祭祀用的牲畜，虔誠地禱告兩條神龍吐出一些唾液。神龍被感動了，真的張開嘴，吐了一堆又黏又腥的唾液。然後便駕起祥雲飛走了。夏王趕忙吩咐人將神龍的唾液用一個精緻的小盒子收集起來，藏於殿後。不久，夏朝滅亡了，這只小盒子又傳到了商朝。商紂之後，小盒子又傳到了周朝。

在殷商及西周漫長的歲月裡，沒有一個國君敢打開這個神祕的小盒子。可到了周厲王執政時期，這位天不怕地不怕的魯莽天子，出於好奇心，非要把小盒子打開看看不可。一天，厲王坐在御座上，讓侍臣取來那個神祕的小盒，並當他的面打開了盒蓋。

就在盒蓋被揭開的一剎那，一股腥臭的液體從盒子裡噴濺而出，很快就流滿了宮殿。厲王一邊用手捂著鼻子往宮外跑，一邊命人把盒子蓋住、扔掉。隨後，宮人們用盡各種清洗方法，也難以除去遍地的黏液。荒唐的厲王想到了「以穢治穢」，命令宮女們脫光衣服，在大殿裡邊跑邊叫。不一會兒，那些唾液漸漸凝聚起來，變成了一隻大烏龜，並一直朝著厲王的後宮跑去。恰巧被後宮中一個才換牙的七歲小宮女撞上。怪事發生了。又過了十多年，那小宮女長成了大姑娘，並且腹部一天天地隆了起來。不久，便生下個女孩。此宮女未婚而孕，害怕國君知道後要治罪，便在一個漆黑的夜晚，悄悄出宮，把女嬰扔到了路旁。女嬰命大不該死，恰巧有一對賣桑木弓和箭囊的老夫婦正趕夜路從此經過，他們聽見路旁有嬰兒啼哭之聲，遂產生了憐惜之情，便用一件衣服裹起女嬰，連夜趕回了褒國。小女孩在褒國老夫婦的家裡一天天長大，出落得天姿國色，美麗異常。整個褒國都知道這對老夫婦家裡有位漂亮的姑娘。這時，周朝已是幽王當政。褒國是周的諸侯國，褒國國君犯了罪，為了向周王贖罪，褒君便派人把老夫婦的養女召進宮來，取名褒姒，送給了周幽王做妃子……。

第二種說法比較可信。西周末年，周幽王即位後，不思治理國家，不理朝政，更不顧人民的死

為寵廝殺

活，整日在宮中飲酒取樂。大臣們都很著急，便紛紛進言勸諫。周幽王對大臣們的諫言非常反感，就下令關閉宮門，不許大臣進殿。有一位名叫褒珦的大臣，剛直不阿，他見幽王拒諫，並關閉了宮門，又急又氣，就不顧守門衛士的阻攔，用力叩擊宮門。幽王正在宮中飲著美酒，聽著音樂，看宮女們跳舞。一陣陣急促的敲門聲，傳進大殿，傳進了幽王的耳朵裡，破壞了他享樂的雅興，便大怒，氣急敗壞地令官人打開宮門，將叩門者抓進來。

眾宮人及衛士擁著褒珦來到內殿，幽王見是褒珦，氣便不打一處來，心想，怎麼又是他？於是，便以犯上之罪，將褒珦投進了監獄。一關就是三年。褒珦的家人非常著急，四處託人想辦法營救。可人們都知道幽王昏庸殘暴，很難使他回心轉意。突然，有一個人對褒家人說：「周幽王荒淫好色，喜好美女，你們不如買一名美女，送進宮去，幽王高興了，說不定會放主人回來呢。」褒珦的妻子和兒子聽了，覺得可行。這時，旁邊又有人說：「前幾天我上山去打獵，路過一個小村子，見到一位姑娘，長得異常美麗，你何不妨去找找看。」褒珦的兒子救父心切，第二天便帶人去那小村尋訪美女。果然，他們找到了那姑娘。褒珦的兒子便用三百匹綢緞，將姑娘買了回來。

姑娘到了褒家，褒家人以禮相待，給她吃好的，穿漂亮的，還教她跳舞唱歌，熟悉宮中禮儀。還給她取了個好聽的名字叫褒姒。褒姒天生麗質，經過一段時間的訓練打扮，就更加楚楚動人了。

經過一段時間後，褒珦的兒子派人把美女褒姒送進京城，並告之以重金賄賂幽王身邊的大臣，求他表奏幽王：「罪臣褒珦，罪該萬死。但他的兒子為抵償父親罪過，今尋得一美女，獻給大王，請大王赦免他的父親。」好色的周幽王，聽說有美女，便急不可耐地要召見。侍臣把褒姒領到幽王面前，幽王一看，果然是天仙一般的美女。他頓時心花怒放，立即讓宮人將褒姒領入後宮，並降旨，放褒珦出獄，並官復原職。

褒姒入宮，立刻得到了幽王的專寵。那幽王雖然後宮中佳麗無數，可與褒姒一比較，均大為遜色。幽王寵愛褒姒，每天於宮中想盡辦法，逗她高興。朝政更加荒疏。

褒姒入宮之後，雖然衣必羅綺，食必珍饈，富貴無比，可她並不高興，臉上從來沒有露出過一絲笑容。幽王找來宮中最優秀的樂師與舞女，為她奏樂歌舞，她仍無笑意。幽王見愛妃褒姒一直悶悶不樂，不知何故，便問道：「愛妃在宮中過得不愉快嗎？聽聽動聽的音樂，觀賞優美的舞蹈，這可是神仙過的日子。」褒姒不僅不領情，還把頭一扭，賭氣地說：「什麼狗屁音樂，還不如撕布的聲音好聽呢！」說者無意，聽者有心。幽王聽褒姒說撕布的聲音好聽，就急忙讓宮人抬來整匹的絹布，擺放在大殿內，又找來幾個身高力大的宮女，專門撕布給褒姒聽。褒姒本來說的是一句氣話，撕布聲不僅沒使她高興，同時見撕了一地碎布，亂糟糟的，更不耐煩了，眉頭緊緊地鎖在了一起。幽王沒辦法，把撕布的人統統趕了出去。

褒姒悶悶不樂，一晃三年過去了。這期間，褒姒為幽王生了個兒子，取名伯服。幽王因寵愛褒姒，「愛屋及烏」，對伯服視若掌上明珠，備加喜愛。幽王的王后申氏，是諸侯國申國國君的妹妹。申后早生一子，名宜臼，已被立為太子。自打褒姒入宮受了專寵，申后便被冷落一旁，太子也失去了父愛。褒姒生了伯服，便想立自己的兒子為太子，她想當王后。在褒姒的枕邊風吹拂之下，幽王便決定廢掉太子宜臼，改立伯服為太子。但太子宜臼敦厚仁德，幽王一時找不到廢黜的理由。於是，在褒姒的謀劃下，幽王想出了一個狠毒的辦法，他要害死自己的親生兒子宜臼。

一天，太子宜臼正在後宮御花園內賞花遊玩，猛然間見花叢中伏著一隻斑斕猛虎。太子嚇得大叫起來。原來，是幽王派人趁太子在花園中賞花，便放出了籠中的老虎，想讓老虎吃掉太子。過了一會兒，太子見老虎不但沒有跳起來吃他，反而四肢伏地，渾身瑟瑟發抖，很害怕的樣子。太子這回可來了膽量，他雙手握拳，竟朝老虎打去。老虎哀嚎一聲，一下子躥出花叢，向園外逃去。

太子宜臼回到東宮，才知道是自己的父親與褒姒合謀陷害自己。他怕再遭毒手，便偷偷地溜出了京城，逃到申國舅舅家躲了起來。幽王見太子已出逃申國，便藉機立伯服為太子，廢王后申氏，改立褒姒為王后。

幽王執政時期，天災不斷。他剛即位之初，便連續幾年乾旱少雨，全國很多地方的河水斷流，泉池乾涸，草木枯萎，莊稼顆粒無收，赤地千里。老百姓沒有生路，只好背井離鄉，到別處去謀生。不少人連餓帶累，走著走著，就一頭栽倒路邊，再也站不起來了。「哀鴻遍野，路有餓莩」，是當時真實的寫照。《詩經．大雅．雲漢》曾生動地記述了這次旱災的悲慘情景：「旱即大甚（嚴重旱災解不除），滌滌山川（河湖見底山光禿）。旱魃為虐（妖神旱魃逞暴虐），如惔如焚（燒烤大地寸草無）。我心憚暑（酷熱難熬真可怕），憂心如熏（憂心忡忡如湯煮）。群公先正（祖先有靈可知曉），則不我聞（後世子孫受荼毒）？昊天上帝（老天何時發慈悲），寧俾我遯（解救下民給活路）？」

這場百年不遇的大旱給周王朝帶來的災難還沒有過去，緊接著，首都鎬京和涇水、渭水及洛水流域又發生了強烈地震，真是雪上加霜，給當地黎民百姓的生命財產造成了巨大損失。《詩經．小雅．十月之交》記述了這次地震所造成的嚴重破壞程度：「燁燁震電（十月電閃伴雷鳴），不寧不令（為政不善災異生）。百川沸騰（大小河流水四溢），山冢崒崩（山巒崩倒聲隆隆）。高岸為谷（高岸陷裂為峽谷），深谷為陵（深淵隆起變丘陵）。」當時，有人針對周幽王荒淫疏政，把旱災和地震歸結為是上天有意對周朝的警告和懲罰。

交相發生的旱災和大地震，使周王朝的社會生產受到了嚴重破壞，社會秩序也陷入了一片混亂與動盪之中。昏庸好色的周幽王對此不聞不問，仍然與愛妃們在後宮裡花天酒地，過著奢侈糜爛、醉生夢死的生活。

幽王的寵愛王后褒姒雖然已位主中宮，兒子也成了王儲，但她仍然整天愁眉苦臉，一點都不開心。幽王看在眼裡，痛在心頭。他苦思冥想，就是想不出讓心愛的人發笑高興的辦法。

這一天，幽王傳出旨意：誰能使褒娘娘開口一笑，就賞他黃金千斤。消息傳開，不少人想發財，都想一顯身手。他們被依次宣進王宮，有的給褒姒講笑話，有的扮小丑，各種手段都用盡了，可娘娘仍沒有笑。幽王生氣了，讓人把他們都趕出宮去。

就在這時，有一個叫虢石父的小吏，突發奇想，向幽王獻上一計。他對幽王說：「小臣倒有個主意，可使娘娘一笑。從前，咱們的祖宗為了防禦西戎的進犯，在驪山諸峰上修造了幾十座烽火台，每隔幾里就有一座。每座烽火台內都裝有許多狼糞，備有火把，並有兵士在台下駐守。一有敵情，看守烽火台的士兵白天就燃起狼糞，一縷白煙直衝雲天，很遠的地方都能看見。夜間則燃起火把。第二道關上的士兵見到煙火，也會把自己守衛的烽火點燃。這樣一道接一道地傳點下去，狼煙四起，臨近的諸侯國看見，知有敵來犯，就會踐約發兵來救援。如今天下太平，烽火台也多年沒有點燃過了。大王要真想讓娘娘發笑，不妨帶娘娘到驪山行宮住幾天，點燃狼煙火把。那時，附近的諸侯國必定發來救兵，那種人喊馬嘶、火把通明的景色，娘娘看了一定會大笑不止的。」

幽王聽了，非常高興，很快地他便帶著寵后褒姒和愛子伯服，與一班大臣，啟駕離京，浩浩蕩蕩來到了驪山行宮。這時，幽王的叔父鄭伯友聽說幽王要在沒敵人的情況下點燃烽火，便急忙趕到驪山勸諫。但此時的周幽王已是鐵了心，非用此法逗娘娘發笑不可。他不僅不聽勸諫，還大罵鄭伯友：「你是一個諸侯，是我的臣子，有什麼權力管我？我和娘娘到行宮遊玩，放放烽火，開開心，笑一笑，關你什麼事？休再囉嗦，不然按欺君犯上之罪，處死你！」鄭伯友仍不甘心，又說道：「祖上

為寵廝殺

有規定，烽火不遇敵情，絕不能點燃，這可是關係到國家安危的大事啊！請你三思吧！」幽王不以為然地回道：「現在是太平盛世，哪裡會有什麼敵情？外族都已臣服，哪裡會入侵？烽火已多年不用，我點燃了它，倒可試試諸侯對我是否忠心。我決心已定，你勿再多言，下去吧！」說完，幽王便拂袖進了內室。鄭伯友見勸諫不成，長嘆一聲，悻悻退出，回了京城。

眼看天色變黑，幽王傳旨，命人點燃了驪山上的烽火。一時間，火光衝天，相鄰的烽火台一個接一個地被點燃。遠遠望去，一團團通紅的火柱在漆黑的夜空裡顯得格外耀眼，景色頗為壯觀。同時，幽王又命人擂響大鼓，鼓聲咚咚，驚天動地，幾十里外，都能聽見。

諸侯們看見了烽火齊燃，都以為幽王遇到了危險，有外敵犯京，便都急忙帶領兵馬士卒，前來救駕。諸侯兵馬從四面八方滾滾而來，一路上車擠馬擁，馬嘶人喊，塵土飛揚，旌旗招展，刀光閃爍，熱鬧非凡。各路諸侯大軍齊聚驪山腳下，但並未見外敵一兵一卒，只聽見了幽王行宮中琴聲悠揚，歌聲陣陣。大家互相問著、猜著，誰也不清楚是怎回事。這時，坐在城樓上的幽王才派大臣向各諸侯王宣布：「各位辛苦了！有勞大家跑了一趟，沒有外敵入侵，大家回去吧！」諸侯們在城下聽了，又氣又恨，趕忙掉轉馬頭，各自趕回封國。

褒姒在城樓口上，手扶欄杆，看到山下車來人往，亂鬨哄如無頭蒼蠅，感覺十分有趣，便問幽王發生了什麼事？幽王把實情告訴了她。褒姒聽了，覺得十分開心，禁不住拍著雙手，哈哈大笑起來。

幽王終於見褒姒笑了，心裡非常高興。他認為虢石父有功，便提拔他為卿士，並賜黃金千斤。此後，幽王為使心愛的美人褒姒笑口常開，他又如此點燃了幾次烽火，結果，來的諸侯兵馬一次比一次少，最後，就沒有幾個人理睬了。

周幽王和褒姒一直認為逃到中國的宜臼是他們的一塊心病，害怕早晚有一天，宜臼會聯合諸侯殺回京城，推翻他的統治。有位善於阿諛奉承的臣子，看出了幽王的心思，便為他出謀劃策：「大王不如以召開諸侯大會為由，將來京的申侯扣押起來，然後逼他交出宜臼。如果申侯不敢來京，就可以發兵攻打申國，殺死申侯和宜臼。」幽王覺得此計可行，便派使臣去申國傳布詔旨，命申侯即日起趕到京師，參加諸侯大會。

申侯自妹妹申氏和外甥宜臼來國避難，就一直對幽王懷有戒心。這次見幽王相召，料知其中有詐，便抗旨沒有進京。同時，還做好了幽王出兵進剿的準備。

幽王見申侯果然未到，大怒，立即宣布發兵征討申國。有奸細將此消息報與申侯，申侯先下手為強，很快點齊本國兵馬，並聯合了西戎（犬戎）的軍隊，一齊向鎬京進發。

幽王伐申的大兵還未齊備，便得到了申侯勾結犬戎進攻的消息。幽王慌了手腳，忙命虢石父把所有的烽火都點燃，以召其他諸侯帶兵進京「勤王」。然而，各國諸侯平時被幽王欺騙過，這次仍以為是在戲弄他們，所以都按兵未動。因此，幽王警報雖已發出，但卻不見諸侯一兵一卒前來。

很快，申國和犬戎的聯軍已攻到了京城下，並從四面把京城團團包圍起來。周幽王派鄭伯友出城阻敵，但終因人馬太少，被申國和犬戎軍擊潰，鄭伯友也陣亡了。

申國與犬戎聯軍很快就攻破了京城，幽王帶著太子伯服和褒姒，奪路而逃，剛跑到驪山腳下，就被聯軍追上了。犬戎兵殺死了周幽王和太子伯服，見褒姒頗有姿色，便掠擄而去，獻給了他們的首領。繁華的鎬京經過這次兵燹洗劫，變得殘破不堪，幽王宮內的大量珍寶，也被席捲而空。不久，大臣和諸侯又擁立宜臼為周王，是為周平王。平王為防西戎的攻擾，便把京都從鎬京東遷至洛邑。西周結束，東周（春秋）開始了。

西周亡國，既是各種社會矛盾，包括階級矛盾、民族矛盾及宗主國與諸侯國之間矛盾交織、尖銳和激化的結果，同時也與周幽王寵信褒姒有直接關係。褒姒入宮後，以美色贏得了寵位，擊敗了申后，廢掉了太子，這便埋下了幽王與廢太子父子之間及西周中央王朝與附屬諸侯國（申侯）之間仇恨的種子。此外，褒姒入宮後不露笑容，致使幽王敢違祖制，冒天下之大不韙，「烽火戲諸侯」，既傷了大臣的心，也失去了諸侯的信任，一旦真的「狼來了」，諸侯們均按兵不動。幽王即悔之亦已晚矣！失妻喪子亡國掉腦袋，也是必然的了。此中之歷史教訓，不謂不深刻！

驪姬施計　弄權亂國

西周滅亡後，中國歷史進入了春秋時期。周平王東遷後，王權衰落，隨著地方經濟的發展，諸侯國實力增長。周王失去了「天下共主」的地位，逐漸成了諸侯的附庸。與周王室衰弱相反，在地方經濟發展的情況下，一些諸侯國的勢力逐漸強大起來。春秋初年共有諸侯國一百四十多個，其中有齊、秦、晉、楚、魯、宋、衛、陳、蔡、鄭、曹、燕、吳、越等十幾個國家，都在不同程度上有所發展。一些大國憑藉著他們的經濟和軍事力量，競相擴張疆土，兼併他國領土，展開了爭霸戰爭。

在春秋爭霸的諸侯強國中，其中有個國家叫做晉。晉始封於唐，在汾水上游，後遷都絳（今中國山西翼城），在汾水下游。西元前七四五年，晉文侯分曲沃與其弟。至西元前六七八年，曲沃武公殺晉侯，納賄周王，得封為諸侯。到晉獻公執政時，晉國力強盛，滅耿（今中國山西河津）、霍（今中國山西霍縣）、魏（今中國山西芮城）、虞（今中國山西平陸）、虢（今中國河南陝縣）等國，打敗驪戎、北狄，「併國十七，服國三十八」，統一了山西南部。晉獻公不失為一代雄主，然而，他寵信夫人驪姬，致使驪姬害死世子申生，逼走公子重耳和夷吾。所以，獻公一死，晉國便發生了內亂，走向了「中衰」。

驪姬，出生於春秋時期的少數民族部落驪戎部（西戎的一支，大約分布在今陝西臨潼一帶）。其父是驪戎部的首領。晉獻公十五年（西元前六二二年），晉獻公率領晉國大軍攻伐驪戎。交戰之後，

為寵廝殺

由於雙方兵力相差懸殊，驪戎軍隊節節敗退。驪戎首領只好遣使求和，條件之一就是把自己的兩個女兒驪姬和少姬送給晉獻公。就這樣，驪姬姊妹二人便來到了晉國的首都絳（今中國山西翼城東南），成了獻公的妾。

早在獻公做世子的時候，他的父親晉武公已為他娶了個名叫賈姬的女子。但賈姬婚後一直沒有生育。後來，武公又為他娶來犬戎部首領的兩個女兒狐姬和小戎允。不久，姐姐狐姬為他生下兒子，取名重耳；妹妹小戎允也生了個兒子，取名夷吾。武公四十年（西元前六七六年），武公去世，獻公即位。武公在世時，有一小妾名齊姜，年紀與獻公相仿，二人早就背著武公而私通。武公一死，屍骨未寒，獻公就急不可待地把繼母齊姜「收繼」過來，二人做了名正言順的夫妻。齊姜為獻公生了一兒一女，兒名申生，女為穆姬。後來，獻公便立申生為世子，成了未來君位的繼承人。

驪戎首領的兩個女兒長得都很漂亮，尤其是姐姐驪姬，貌若仙子，美麗無比，並且聰明詭詐，善於揣摩國君的心理，巧言令色，獻媚邀寵，所以很快便得到了獻公的寵愛。以致於每次吃飯，獻公一定要與驪姬同桌共食。沒有驪姬在身邊，獻公總覺得寢不安席，食不知味，一年之後，驪姬為獻公生了個兒子，取名奚齊。又過了幾年，少姬也生了個兒子，取名卓子。

驪姬雖然受寵，但她僅是獻公的愛妾，獻公的正式夫人是齊姜（相當於後世之皇后）。驪姬決心靠自己的美色與心計，在鞏固寵位的基礎上，繼而爭當獻公的夫人，並使自己的兒子成為君儲。

驪姬頗富心計，她要鞏固寵位，達到預期目的，採取的是步步為營、穩紮穩打的策略，在條件尚未成熟之時，絕不鋒芒畢露。她深知獻公對夫人齊姜一往情深，有濃厚的感情基礎，要想一下子扳倒齊姜，是不那麼容易的。但此時的齊姜，青春已逝，正顯露出色衰病弱之勢。根據齊姜的身體狀況，驪姬知道她的時日已不會太多了。所以，驪姬便極力想表現自己，以便給齊姜和獻公留下美好而賢德的印象，為自己將來位主中宮奠定基礎。於是，驪姬總是裝出非常尊重和「孝敬」齊姜的樣子：獻公如果在自己宮裡連住幾日，驪姬就會勸獻公到齊姜宮中去「歇一天」。這樣，齊姜和獻公都感到驪姬很通情達理，賢德兼備。不久，齊姜便病逝了。

齊姜一死，中宮虛位，獻公便立驪姬為夫人，立少姬為次夫人。驪姬的第一個目的順利達到。此時，她不僅僅獲取了獻公的專寵，而且以她的聰明善斷，還經常參與國政大事，為獻公出謀獻策。獻公對驪姬已是言聽計從了。驪姬有她自己的籌劃，她想透過干政，左右獻公，然後實現自己的第二個目標：謀立自己的兒子為世子，以便日後即國君之位。

驪姬被立為夫人，受寵專權，便在朝廷文武百官中引起紛紛議論。有人說：「晉國快要完蛋了！」理由就是：夏桀寵幸妹喜，夏朝滅亡；商紂寵幸妲己，殷商國破；幽王寵幸褒姒，西周崩潰；如今獻公寵幸驪姬，事事依她而行，晉國國祚焉能長久？事實上，儘管晉國後來並沒有亡在驪姬手裡，但由她而引起的晉國有史以來的政治大動亂，造成了晉國的「中衰」，驪姬也是難脫其咎的。

驪姬要立自己的兒子做君儲，自己想當國母，這種慾望當然也不是生來即有的，而是隨著她的受寵和政治地位的步步升高，而逐漸生成的。縱觀驪姬的一生，她基本上是沿著弭禍——爭寵——爭嗣這三個台階一步步走過來的。具體說來，當初她與妹妹還都是十幾歲不懂事的少女，只因父親兵敗，國（部族）將亡破，在走投無路的情況下，父親才狠心將她姊妹二人當做一種政治交易的籌碼，送給了晉獻公。她沒有想到，作為敗軍之將的女兒，在晉君的王宮中，竟然一舉獲寵。此後，養尊處優的生活條件，頤指氣使的高貴地位，在眾姬妾中鶴立雞群的感覺，使她的慾望一步一步上升。兒子的降生與正宮夫人地位的獲得，又促使她去攀登新的慾念高峰，爭立自己的兒子奚齊為世子。

在中國古代宮廷中，「母以子貴」與「子以母貴」是並存的。驪姬當了正宮夫人，取得了專寵的地位後，獻公便格外喜歡驪姬生的兒子奚齊，經常誇讚他聰明懂事，而對世子申生卻冷淡疏遠起來，還不時流露出申生仁弱怯懦，不配做君嗣的話語來。於是，獻公便打算廢申生而立奚齊為世子。而工於心計的驪姬認為還不到時候，如果馬上廢申生立奚齊，會立即遭到群臣的一致反對。

某天晚上，在驪姬的寢宮，獻公一方面也是想討驪姬的歡心，便對驪姬談了他想廢申生立奚齊的想法。他認為肯定會得到驪姬的贊同。誰知，驪姬的回答，卻大大超出他的意料。驪姬滿臉虔誠的樣子，對獻公說：「這不合適呀！主公的厚愛，臣妾深銘肺腑。可是申生立為世子，諸侯大臣們都知道，他賢能孝順，又無過錯，不能廢他呀！主公若一定要為了妾身母子而另行廢立，妾身只有死在你的面前以明心跡了！」說完，起身便欲向宮柱上撞去。獻公急了，一把抱住驪姬，把她拉回到床榻之上，好言勸慰一番。見驪姬如此深明大義，獻公頗為感動，便不再提及廢立之事，而自此之後，對驪姬也更加寵信。

其實，這是驪姬作戲，在矇騙獻公。她採取的是欲擒故縱的計策。她知道世子申生已冊立多年，羽翼已成，另外兩個公子，重耳與夷吾，亦已長大，頗有威望，而她自己的兒子奚齊還是個孩童，在朝中尚無根基和可立的資本。她認為現在應該做的，是趕緊營私結黨，培植起自己的一派力量。

晉獻公有三個男性佞寵，其中二人是嬖倖的大夫，名叫梁五和東關五，人稱「二五」；另一位是為晉獻公唱戲的伶優，人稱優施。這位優施貌美年少，伶牙俐齒，很受獻公的喜歡，出入宮禁不受攔阻。優施每次為獻公演唱，都有驪姬作陪。時間長了，二人便眉來眼去，漸漸勾搭在一起，成了一對情人。這些，當然都是背著獻公幹的，獻公戴上了「綠帽子」，還渾然不知。獻公對這三人寵信無比，幾乎是言聽計從。所以，驪姬便把這三人視為心腹，進行拉攏勾結。

就在獻公提及廢立的第二天，驪姬便趁獻公上朝處理政務之機，派人找來優施。優施進入後宮，驪姬便屏退宮人。優施見只剩下驪姬一人，上前摟住驪姬，就要寬衣解帶。誰知驪姬卻止住了他：「別急嘛！今天叫你來，是有大事相商。」於是，驪姬就把獻公意欲廢長立幼的事說了一遍隨後二人便密謀了下一步應如何樹立私黨，消除年長公子及世子派大臣們的阻力，一步步把奚齊推上君儲的位置。他們商定，先由優施去串聯梁五和關東五，請他倆幫忙，共同謀劃此事。

夜幕降臨，優施偷偷地溜出了住處，後背斜背一個大布包，裡面裝的是金玉珠寶。他的第一個目標是梁五優施來到梁五家，打開布包，壓低嗓音對梁五說：「君夫人願意結交梁大夫，命我來送上這菲薄之禮物，希望大夫笑納！」梁五看著一大堆在燭光下閃著五彩光芒的奇珍異寶，兩眼發直，嘴都合不攏了，驚奇地發問：「唉呀！夫人如此厚愛，一定有什麼吩咐，你要是不說明白，我可不敢接受啊！」優施先讓梁五把東西收起來，隨後便把驪姬想廢申生而立奚齊的願望說了一遍。梁五聽了，眨了眨眼，說：「這事必須和東關五一齊努力才行。」優施笑了笑說：「那當然，東關大夫那裡，夫人也備有餽贈，和您是一樣的。」梁五起身，倒背著雙手，在屋內來回踱了幾個回合，然後對優施說：「快！事不宜遲，你趕快回去帶上禮物，到東關五家裡等我，我立刻就到！」

夜已經很深了，涼風習習，繁星滿天。在東關五府宅的一間書房內，還閃動著點點燭光。在燭光的背影裡，優施、梁五與東關五三個人的三顆腦袋緊緊地湊在一起，密謀著如何幫助驪姬廢申生立奚齊。陰謀的第一步開始了……。

次日早朝，大夫梁五首先出班奏道：「曲沃之地，乃我晉國最早的封地，先君的宗廟如今還在那裡。蒲城與屈城，緊挨戎狄外族，是邊塞要地。這三個地方都應該派自己人去鎮守。如果能令世子申生去守曲沃，重耳、夷吾去蒲地和屈地，主公居中指揮，晉國的江山定能堅若磐石，固若金湯。」獻公聽後想了想，有些猶豫，便向大臣們詢問道：「世子離開都城合適否？」未待其他大臣回答，大夫東關五搶先一步說道：「世子乃未來的國君，曲沃也算得上是晉國的第二個國都，除了世子，還有誰能有去駐守的資格呢？大王，世子是守曲沃的最佳人選呀！」獻公聽了，覺得也有道理，便點點頭，隨後又問道：「可那蒲屈二城，都是我國邊疆最荒涼的地方，雖說稱『城』，可一直也沒建什麼防禦城壘，他們去了，如何能守得住呢？」梁五說：「大王，此二城可太有守衛的必要了。如今雖沒有城池，是一片荒涼之地，可他們去了，修築了城池，那不就成為堅不可摧的堡壘了嗎？」東關五也隨聲附和著說：「對呀，如果建起兩座城，我們既有了御外的屏障，同時也能以此為據點，對外開拓疆域，如此一來，我們的晉國可就無比強大了！」

這「二五」的一番頗似很有道理的話，使獻公確實動了心。他全然不知這是他的寵夫人驪姬在背後導演的鬧劇。他很興奮地想像晉國那虛幻飄渺的未來美景，也促使他最終下定了決心，在全然不顧其他大臣紛紛議論的情況下，毅然傳旨：令世子申生出守曲沃，由太傅杜原款輔佐；公子重耳去守蒲城，由大臣狐毛跟從；公子夷吾去守屈城，由大臣呂飴甥相隨。還有其他幾位年紀稍大的公子也被分派去守邊地。與此同時，獻公特命大臣士蘇為修築蒲、屈二城工程的總監督。這位修城總監士蘇雖不敢違抗君命，但在監修二城過程中，卻極不認真。他只令士卒在「城」的四周堆一些柴草，再培上一些泥土，就算是「城牆」。對此，有人曾提出過意見，士蘇卻意味深長地笑笑，對提意見者說道：「用不了幾年，這裡就是國君的仇敵了，何必把城修得那麼牢固呢？」說完，他一邊向城外走去，一邊隨口吟出幾句詩：「狐裘蒙茸，一國三公，吾誰適從？」詩意為：像一件華貴的狐裘茸毛亂蓬蓬，一個國家出現三個主公，我將何去何從呢？看起來這位士蘇還是頭腦比較清醒的，已經預料到晉國已面臨著一場重大變故了。

中生等人被趕出京城後，驪姬仍不放心，害怕他們有朝一日會捲土重來，危及她們母子的地位。因而，驪姬不時在獻公耳邊進些讒言，離間獻公與中生等父子間的感情，以達到最終剷而除之的目的。

晉獻公為壯大晉軍的軍威，新編制了上、下二軍。軍隊編制完成，他想試一試軍隊的戰鬥力，便由他自己統帥上軍，讓世子中生統帥著下軍，前往攻打耿、霍、魏三個小國。結果晉軍大獲全勝，順利地吞併了這三個小國。

驪姬見中生獲得了軍功，非常妒忌，她怕獻公仍然重用世子中生而輕視自己的兒子奚齊，便開始精心調教自己的兒子奚齊和妹妹的兒子卓子，讓二子在獻公下朝以後多去陪陪他，以便進一步博得父愛。奚齊與卓子倒也聰明乖巧，很能討獻公的喜歡。時間久了，獻公便把父愛全部轉移到了奚齊與卓子身上，而對遠在外地的中生、重耳及夷吾等諸子，漸漸地便淡忘了。

驪姬趁著獻公對中生等人感情上的疏遠之機，也加快了對他們迫害的步伐。一天傍晚，獻公與驪姬剛剛飲宴完畢，進入寢宮，就要安歇。這時，只見驪姬獨坐床頭，流起淚來。獻公很納悶，剛才一邊飲宴一邊觀看歌舞時，她還有說有笑的，怎麼一轉身的工夫，卻忽然地哭泣起來了呢？獻公上前追問根由，可驪姬就是不肯說。獻公再三追問，她便嚶嚶地哭出聲來，說道：「妾即使說了，主公也不會信的，你就別再問了。」停了停，又說道：「我是在替自己難過，妾可能不會長久地侍奉主公了。」獻公越聽越糊塗，詫異地問道：「大家都好好的，你這是從何說起呢？」

驪姬擦了擦腮邊的淚痕，說：「我最近聽人說，中生這個人表面上仁厚而內心陰狠。他居守曲沃，經常以小恩小惠收買當地百姓的人心，所以，當地的老百姓都願意為他效命。他還時常與旁人講，說主公受妾迷惑，將來一定亡國。妾想，萬一哪一天他若打起『平定國亂』的旗號，造起反來，殺回京師，妾死不足惜，主公可就遭殃了！」獻公聽了，仍是半信半疑，他自言自語道：「中生能對百姓仁厚，難道會對他的父親忤逆不孝嗎？」驪姬馬上回道：「那可說不準。普通之人，以愛親人為仁；當官掌權者，以對國家有利為仁。如果只顧對國家有利，還管什麼親人不親人呢？」可獻公仍不相信自己的兒子中生會是那樣的人。他又說：「中生可是個潔身自好的人，如果那樣做，他難道不怕承擔壞名聲嗎？」驪姬嘆了一口氣說：「我的主公，這可是有前車之鑑的啊！昔日，周幽王不殺太子宜臼，只把他貶到申國去悔過，結果申侯聯絡了犬戎，把幽王殺死在驪山腳下，立宜臼為君，就是東周的始祖周平王。直到如今，那幽王仍臭名昭著，而又有誰拿壞名聲加到周平王的頭上呢？」

驪姬的一番「恰當」比喻，使獻公「茅塞頓開」，認為驪姬分析得確有道理。於是便向驪姬討教「對付」兒子中生的辦法。詭計多端的驪姬眼珠一轉，「獻」出一「策」，「今有赤狄皋落氏，屢屢犯我邊境，主公不妨派申生前去討伐。如果他打了敗仗，就有理由治他的罪；如果打了勝仗，就更證明他獲得了民心，那就再想別的法子對付他！」

獻公終於被驪姬的讒言所打動，第二天，便發下詔旨，命令世子申生由曲沃出發，帶兵攻伐皋落氏。朝中有一位名叫狐突的老臣，是公子重耳的舅父，自從獻公寵幸驪姬後，他一直密切關注著朝中的動態，並派心腹之人四處蒐集信息。狐突聽說獻公令申生去討伐皋落氏，知道又是驪姬的計謀，便偷偷寫了一封密信，派人火速送往曲沃，他在信中說：「違抗君令要犯法，打了勝仗受疑忌，不如離開晉國，暫到別的國家去避禍。」中生讀完密信，仰天長嘆道：「唉！父君令我征伐，是在試探我的態度。抗旨不遵，必是大錯，如幸而戰死於沙場，也許能青史留名！」中生終於奉命出征了。結果，晉軍大獲全勝。按規定，征伐獲勝要到朝中去獻捷。慶功宴會冷冷清清，父子相對無言。會後，中生便被獻公立即打發回了曲沃。中生是個大孝子，他認為只要君父不生氣，不責怪自己，自己也就心安了。

驪姬見獻公已對申生相當冷淡，便琢磨下一步陷害申生的辦法。她對獻公說：「你看，世子果真會用人，官兵民眾都願為他出力賣命，此事主公可絕不能等閒視之呀！」獻公點了點頭，心情沉重地走了。驪姬深知若想扳倒申生，還必須先除去保護世子的「傘蓋」。申生的老師里克，是朝中的一位老臣，德高望重，堅定地支持申生，於是驪姬便派優施到里克府上，軟硬兼施，終於迫使里克答應在世子的廢立上保持中立。

陷害申生，必需要有依據驪姬絞盡腦汁，欲置申生於死地，終於一條毒計又生成了。有一天，驪姬突然像換了個人似的，在獻公面前，屢屢提起申生，並說：「也許是我們以前對申生太疏遠了，才使他產生敵對情緒。如果我們對他好一點，或許他會改變的。主公，我們不妨召他回宮住幾天，敘敘離別之情，況且我也有點想他。他幼年喪母，也怪可憐的。」獻公對驪姬寵信無比，對驪姬的話，他從來都是言聽計從的。獻公同意了，便傳旨令申生回宮。

獻公對申生的不滿，本來都是驪姬挑撥的，如今驪姬轉變了態度，獻公也消除了心中的疑慮。申生奉召回到京城，進了宮，先向父親禮拜問安，獻公很高興，便吩咐申生去後宮拜見繼母驪姬。

申生來到驪姬的宮中，以人子之禮向這位比自己還小幾歲的繼母恭敬如儀地行了大禮。驪姬裝成非常高興的樣子，並設宴款待了申生，酒席宴間，氣氛融洽，驪姬一派母儀風度，與申生聊家常，噓寒問暖，無微不至。

第二天，按禮節申生又去驪姬宮中，感謝繼母頭一天的留宴。驪姬見了申生，很是高興的樣子，再一次擺宴，留申生共進晚餐。從驪姬宮中出來，申生先去父親那裡匯報兩天來與繼母的交流情況。獻公聽了，也很高興，以為兒子與繼母間的「隔閡」已經消彌，從此，一家人又可其樂陶陶了。他哪裡知道，這正是驪姬陷害申生毒計中的一個步驟。

夜深了，處理了一天政務的獻公也累了。他在內侍的引導下，又來到了驪姬的宮中。誰知，獻公一進宮門，驪姬便撲到他的懷裡，哭訴道：「主公，你可要替妾做主哇！妾禮貌地請世子吃飯，是為了消除與他的隔閡，讓他回心轉意，忠心地擁護主公。沒想到，他今晚竟在酒席宴上藉著酒勁，調戲起妾來。說什麼『我父君老了，不中用了，你還當什麼母親呀！我祖父死後，將我母親遺留給我父親，如今我父親又老了，死後一定把你留給我。說完還對我動手動腳的。我怕此事張揚出去太難聽，就強忍著氣說：『世子醉了，請回吧！』派人把他送回了館舍。妾好心好意，全是為了主公，沒想到卻落得如此結局！」說完，還擠出了幾滴淚水。獻公聽了，怒從心頭起：「這還了得！大膽逆子，不僅調戲我妾，還揭我心頭的傷疤！」

可過了一會兒，當獻公稍稍冷靜下來之後，又覺得不大可信，知子莫若父。申生是在自己眼皮子底下長大的，這孩子從小到大，孝友守禮和不好女色是出了名的，怎麼會對繼母無禮呢？驪姬是個察言觀色的能手，她見獻公將信將疑，便又說道：「我也知世子素來謹敬，實在沒有想到他會做出如此的舉動來，也許是一時酒醉失於檢點吧？也不要冤枉了他。要不然，明天我請他同遊御花園，看他敢不敢來。他若不敢來，就是心中有鬼。來了，再看看他的表現，主公可站在宮中高台上暗中觀察。不過，萬一發生了什麼不愉快的事，主公要先沉住氣，莫聲張，以免被人傳為笑柄。以後再做處理。」獻公想了想，說：「好吧！」

第二天一早，申生吃過早飯，正坐在室內回憶這兩天來省親的感受。突然，宮人進來傳話：御花園中百花盛開，娘娘想請世子一同遊園賞花，申生怎敢不去，便隨宮人一同來到花園門口。驪姬正在門口等他，見過禮後，由宮女頭前引路，驪姬便領著申生，一起進了花園，一邊走，驪姬一邊向申生介紹各種名貴花木的名稱、產地及特點。

申生做夢也沒有想到，他身旁這位美麗的、看似賢惠的繼母，正在實施著一條陷害自己的毒計。百花盛開，引來蜂蝶無數。驪姬臨來花園前，偷偷地在自己的頭髮上抹了不少蜂蜜。所以，當她走到繁花盛開處，蜂蝶都被她頭上的蜜味所吸引，紛紛向她頭上落去。驪姬裝成很害怕的樣子，一邊舞動著袖子驅趕，一邊喊道：「世子！快來幫我趕走這些該死的蜜蜂！」這時，宮女們不知為何都走遠了，只有申生在她身後。申生沒法子，只好走上前去，也揮動袖子驅趕驪姬頭上的蜜蜂。可那蜜蜂怎麼也趕不盡，不一會兒，申生就已累得氣喘吁吁了。就在這同時，申生的父親晉獻公，正在遠處的一座高台上偷偷地向花園中張望著。他見申生果然在驪姬身邊撲來舞去，確信是在調戲驪姬，便勃然大怒，氣哼哼地下台回宮去了。

驪姬游完花園回宮，自然也添枝加葉地編造了一套申生如何非禮調戲自己的瞎話。晉獻公要傳旨將申生抓起來治罪。驪姬見獻公已鑽進了自己設計的圈套，心中暗喜。但她似乎認為此罪仍不至於將申生處死。她還要重演一次「欲擒故縱」的把戲。於是，她扶晉獻公坐下，說道：「主公不必生氣，是我把他召進花園賞花，如果殺了世子，大臣們不是要怪罪我，說我害死了他嗎？況且，這類事情一旦張揚出去，我們也丟不起人啊！不如再忍一忍，以後若申生再有不軌之事，可數罪並一，再殺他也不遲。」

晉獻公又一次聽信了驪姬的話，立即傳令，命申生返回曲沃。同時，他又暗中派人監視申生的一舉一動，蒐集申生的過錯。這一切，申生都不知曉，仍然被蒙在鼓裡。儘管申生感到了父親態度的突然轉變，但他自信自己心懷坦蕩，光明磊落，已盡到了為人臣子的職責，就心安理得地回曲沃去了。他哪裡會知道更大的一次陷害他的陰謀，正在等待著他。

爲寵廝殺

晉獻公喜好是從政之暇到郊外狩獵，這一天晉獻公又帶人出了京城，到翟桓去打獵了。驪姬見獻公離宮，又派人把優施叫進宮來，二人廝混親熱了一番之後，又謀劃出了一條置申生於死地的毒計。

驪姬派人到曲沃，告訴申生說：「國君夢見你死去的母親對他說，在地下飢餓無食，你必須馬上祭祀你的母親。」申生聞聽，大為感動，立即照辦，派人宰殺牛羊，祭奠了母親。祭祀完畢，按照當時的禮儀規定，把祭祀用的酒肉要送回京城，向父君「獻胙」。當時因晉獻公出獵在外，酒肉就放在了宮中。

六天後，獻公獵罷還宮，驪姬立刻派人將毒藥撒在肉和酒上，然後將肉烹調成各種菜餚，端給獻公品嚐。獻公先誇讚了驪姬的賢惠與周道，端起酒就要喝。驪姬跪下說：「酒肉是從外面進來的，不能不先試驗一下。」獻公點頭稱是，就把杯中的酒潑在了地上，地上的塵土馬上就飛騰起來，磚石也裂開了一條大縫，這說明酒裡有毒。獻公大吃一驚，急忙派人牽來一條狗，取一塊肉扔給它，狗吃了肉，在地上打幾個滾，馬上就死了。驪姬假裝不相信，又叫來一個小內侍，讓他吃肉喝酒。小內侍不肯，驪姬就命人強行抓住他餵肉灌酒，人們剛塞到他嘴裡一塊肉，灌下一口酒，這個小內侍就七竅流血，倒地斃命而亡。驪姬裝作大驚的樣子，又是哭喊，又是要替晉獻公吃下這些酒肉，代晉獻公去死，同時，還厲聲痛斥申生謀害親生父親的罪行。

晉獻公既傷心又氣憤，當即召集群臣，宣布了申生的罪行。大夫東關五請求讓他帶兵去討伐申生。晉獻公當即應允，便命東關五為主帥，梁五為副帥，率領兵車二百乘，攻伐曲沃，並一再叮囑他們，一定要除惡務盡，不許讓申生逃掉。

一直在家賦閒不上朝的老臣狐突得到「二五」出兵討伐世子申生的消息後，大為吃驚。為救申生，他連夜派家人疾馳曲沃，給世子送去一封密信。申生接到狐突國舅的密信，馬上請來太傅杜原款商議辦法。杜太傅分析後認為，胙肉在宮中放了六天，肯定是宮中人下的毒，然後栽贓於世子。他建議申生拒守曲沃，然後上書獻公，請求調查此案。他們一致認為，此事定是驪姬等人所為。

申生心裡很矛盾。他說：「我若申辯，調查出是驪姬投毒，那麼驪姬必被處死。君父已經老了，失去驪姬，必定不樂。君父不樂，我也不能樂也。」又說：「驪姬欲害者乃我一人也，不如我一死了之，君父認為出了氣，驪姬也沒了心病，他們能相安無事，我也就算盡孝了。」杜太傅聽完流著眼淚說：「你可真是個大孝子！可你還是晉國的儲君啊！這樣吧，我暫時帶你一齊逃出晉國，到齊國去躲躲吧！」申生堅決不肯，怕背上弒君殺父又叛國的罪名。隨後，他望空向京師的方向拜了幾拜，取一條白綾，自縊而亡。

「二五」的兵車剛到曲沃，申生已經自殺。「二五」便把太傅杜原款抓住，打入囚車，押回絳都覆命。

晉獻公聽說申生已死，只抓來了杜原款，便召集百官升朝，當殿審問杜原款，命他揭發申生的罪行。杜原款跪在獻公面前，大聲疾呼：「這可是天大的冤案啊！國人哪個不知世子是大孝子呀！我杜原款之所以沒有隨世子一起自殺，就是想告訴人們，世子是無辜的！大家仔細想一想，胙肉在宮中放了六天，有什麼肉放了毒藥後六天不變樣子？是誰放的毒，難道大家還不清楚嗎？想謀害世子的人，可真是蛇蠍心腸啊！」驪姬一直躲在屏風後面偷聽。聽到這裡，便忍耐不住，大聲喊道：「杜原款教導世子無方，才致使世子弒君犯罪，還不將他快快處死！」晉獻公立刻同意，便令「二五」行刑。他們叫來一名大力士，手執大銅錘，當殿就擊碎了杜太傅的頭顱。

世子申生已除，但公子重耳和夷吾還在。驪姬認為這二人也是妨礙她立自己兒子為儲君的隱患，必須一塊除之。於是，她又令優施去找「二五」，共同研究除掉兩個公子的計畫。

幾天之後，驪姬便向獻公進讒，說重耳和夷吾也參加了謀害國君的行動，並且現在正在訓練軍隊，極有造反的嫌疑。晉獻公似信非信。這時，又有人向獻公報告，說重耳和夷吾二公子昨日來朝覲主公，走至半路，聽說申生自殺，便掉轉馬頭回去了。這下子晉獻公真的相信了驪姬的話，便馬上派兵兩路去蒲城和屈城「討逆」。

老臣狐突聞聽獻公又要加害重耳和夷吾，急派自己的小兒子狐偃連夜趕往蒲城，告訴重耳趕快逃出晉國。狐偃剛剛趕到蒲城，由大將勃鞮率領的官軍也趕到了。勃鞮攻入城中，闖進重耳的住宅，去捉重耳。狐毛和狐偃兄弟二人護著重耳向後院跑去。勃鞮趕來，一把抓住重耳的衣袖。勃鞮一用力，重耳的衣袖便被拉了下來。重耳乘機在毛、偃兄弟的護衛下，赤一隻膊，慌忙逃往城外，往狄國的方向奔去。勃鞮未抓到重耳，只得拿著重耳的一隻衣袖，領兵回京「獻捷」去了。

晉獻公派去討伐夷吾的大將名叫賈華。賈華比較正直，他同情公子們的處境，便故意放慢了進軍的速度，並暗中派人送信給夷吾，讓他趕快逃跑。夷吾見信後，連夜急忙投奔梁國去了。至此，阻礙驪姬立自己兒子為世子的絆腳石都已被搬除。

晉獻公二十六年（西元前六五一年），驪姬生的兒子奚齊被立為世子，成了名正言順的儲君。驪姬又勸說晉獻公讓老臣荀息做奚齊的師傅，以強化自己一派的力量。是年秋天，獻公病重，他把荀息叫到床前，把年僅十一歲的世子奚齊託付給了荀息，然後就死了。驪姬拜荀息為上卿，主持國事，加封「二五」為左右司馬，奚齊即位為國君。

驪姬內心十分高興，自己的兒子當了國君，自己就是國母，靠爭寵和使用陰謀，終於達到了預想的目的。但是，她萬萬沒有料到，所得到的這一切，會如曇花一現，最終落得個害人也害己的可悲下場。

大夫里克昔時在驪姬迫害世子申生的過程中，被迫保持「中立」，最後致世子含冤而死。為此，里克深感悔恨愧疚，今見晉獻公已故，奚齊立為新君，里克便派心腹武士二人，穿上侍衛服裝，混雜在衛隊中，乘奚齊主持獻公喪事之機，將他一刀刺死。當時，優施正在奚齊身邊，曾拔劍來救，卻也被刺死。奚齊死後，驪姬和荀息又扶持九歲的卓子登上了君位。

里克聞聽卓子又被擁立為新君，便聯絡屠岸夷等人，率家兵發動叛亂。他們先殺死了梁五和東關五，隨後率兵殺進宮門，荀息聞兵變，上前抱起卓子，厲聲斥責里克。里克便令屠岸夷從荀息手中奪過卓子，將他摔死在石階上，荀息也被亂軍殺死。這時驪姬已逃進了後花園，眾人將花園團團圍住。驪姬見大勢已去，便從橋上投水而死，里克命人將驪姬的腦袋從屍身上割下來，昭示全國，以正其罪。

不久，公子夷吾被迎立歸國，立為新君，是為晉惠公。

驪姬依著晉獻公的寵愛，以假象矇騙了晉獻公。隨之便拉幫結夥，大搞陰謀詭計，採取「步步為營」和「欲擒故縱」的手段，害死了原定的國君繼承人，使自己的兒子頂替了其位。不幸的是，兒子不僅沒當成國君，反卻母子雙雙被殺死。朝廷內亂，衝突流血，晉雖未因此而亡國，也造成了一段不長不短的「中衰」，影響了社會的發展。驪姬恃寵弄權亂國，害人害己，私心所致也。當然獻公「軟」耳朵根子，對驪姬的話不加辯別，也是「亂國」的原因之一。

指鹿為馬　趙高專權

戰國時代後期，各諸侯國經過多年爭鬥角逐，兼合吞併，最後只剩下齊、楚、燕、韓、趙、魏、秦七個大國，史稱「戰國七雄」。「七雄」之中，又以秦國最為強盛。西元前二四六年，秦王嬴政即位，因年幼，由太后和丞相呂不韋掌政。至西元前二三八年，秦王嬴政開始親政，鎮壓了呂不韋、嫪毒等人的叛亂；又重用李斯、尉繚等人，於西元前二三〇年開始了滅六國的戰爭。到西元前二二一年，秦先後平滅了韓、趙、魏、燕、楚、齊六國。至此，長期分裂的局面，終於由秦統一了，一個大一統的中央集權式封建國家出現了。秦統一後，秦始皇為了確立專制主義的集權統治，採取了一系列加強皇權的措施，比如任用一批懂典制律令的「人才」，幫助他制定大一統王朝的典章制度等等。趙高就是秦始皇啟用的「人才」中的一位。

趙高原是趙國人。生於趙國王族之家。其父與趙國國君同宗。後來，他的父親犯了罪，被處以腐（宮）刑。家人受到株連，他的母親被罰作宮奴婢，趙高和他的幾個兄弟亦被閹割成了太監。西元前二二二年，秦國大軍攻滅趙國，趙高等人亦同被擄至秦國。

趙高生性刁滑，善於阿諛奉承，溜鬚拍馬。他還有一個特點，博聞強記，通曉法律，對秦朝律令凡五刑細目若干條，過目不忘。他在秦宮服役，凡秦始皇批閱案牘，遇有刑律處分，稍涉疑義，一經他在旁參決，無不如律。時間一長，便深得皇帝賞識，漸加寵信。秦始皇為統治之需要，正四下網羅人才，便把趙高由普通宦官提拔為中車府令，專門負責皇帝的車馬。趙高還善於察言觀色。經過在秦宮中的一段時間觀察，他發現小皇子胡亥深得秦始皇的偏愛，認為取悅於胡亥，將是自己進一步取得皇寵、將來能飛黃騰達的極好階梯。於是他便尋找一切機會接近胡亥。很快地便和胡亥混熟了，少年胡亥對訟獄判決很感興趣，趙高便投其所好，經常為他教授法律條文，並徵引實際案例進行講解，以博得胡亥的歡心。這樣，不僅趙高成了胡亥的心腹，秦始皇也視他為忠臣。

秦始皇統一天下之後，便實施了一系列鞏固封建大一統政治的措施。如劃分全國為三十六郡，置郡守等官員進行管理；收繳民間兵器，鑄銅人十二個置於宮中；統一法律、文字和度量衡；遷天下富者十二萬戶於咸陽；北擊胡人，修築萬里長城等等。為威懾和鎮壓六國殘餘勢力，秦始皇自西元前二一九年開始，到全國各地進行巡視。目的是「以示強，威服海內」。同時，又大行「焚書坑儒」之暴行，嚴厲打擊知識和輿論界的異己分子，為求長生不老，他還多次派人去遙遠的海上訪仙求藥。

秦始皇的殘暴統治政策，引起了老百姓的不滿和反抗。秦始皇非常迷信，信天命和神鬼，於是，反對他的人便利用他的這種心理，大造輿論，如西元前二一一年裡的一天，東郡某地忽然從天上掉下一大塊隕石。有一個人便偷偷地在這塊隕石上刻了一句讖語：「始皇死而地分。」秦始皇得知後勃然大怒，立即派御史前往調查，但始終未找到刻字者。秦始皇就下詔把當地的百姓統統殺掉，把隕石燒燬。同年秋天，在華陰縣又發生了一起「山鬼事件」。某一天夜晚，秦始皇的一個使臣從華陰西北六里處的平舒經過，在路旁忽然閃出一個人來，攔住使臣，對他說：「替我告訴滈池君，今年祖龍死。」使臣迷惑不解，追問是什麼意思，那人不再言語，只拋給他一塊璧玉，一閃身就不見了。使臣慌慌張張回到秦宮，將璧玉交與秦始皇，並報告了事情經過。秦始皇聽了，假裝不在乎地說：「此山鬼不過知道一年之內的事情罷了。」過後，秦始皇自言自語地說：「祖龍是說天下第一個皇帝呀。」

為寵廝殺

他意識到「祖龍」指的就是他自己。他又仔細驗看了使臣帶回的那塊璧玉。原來就是他八年前巡視南方時投於長江的那塊。秦始皇很害怕，連忙找人卜了一卦，卦象顯示，要想大吉大利，必須遷民和出遊四方，於是秦始皇先詔令榆林縣內三萬戶居民全部遷往他鄉，接著又決定次年冬十月，第五次外出巡遊，以期望應驗卦辭，弭禍消災。

西元前二一〇年冬十月，秦始皇恰好五十歲，他按原定計畫令右丞相去疾留守京師，處理財務，自己帶著左丞相李斯、中東府令趙高及小兒子胡亥及一班人馬車隊，浩浩蕩蕩出了咸陽城。十一月，始皇一行走到了雲夢澤，在九嶷山下祭奠了舜帝。然後再沿江東下，到了紹興，登會稽山祭祀了大禹，並為自己此次出遊刻石立碑，以示紀念。由於一路勞累過度，在返回途中，走到平原津時，始皇忽覺身體不適，寒熱發作，連飯也吃不下了，日間尚勉強支持，夜裡卻不得安眠，心神恍惚，言語狂譫。隨駕御醫診脈進藥，均不見效，反而逐日加重，生命垂危。左丞相李斯見始皇病篤，很是著急，便急催車馬，快返京師。當行至沙平台（今中國河北平鄉縣）附近時，始皇病情惡化，難以前行。幸好此地尚有原趙國的行宮，始皇暫憩乘輿，在行宮住下。李斯明知始皇臨近死期，應該啟問後事了，但他知道始皇最忌「死」字，怕觸犯忌諱，因而不敢輕易稟陳。這時，始皇也感到自己不行了，便將趙高叫到面前，命他草擬遺詔，命在上郡做監軍的大兒子扶蘇把軍隊交給大將蒙恬，速回咸陽，辦理喪事。

秦始皇死後，陰險詭詐的趙高並沒有立即將詔書送往上郡，他早就預謀趁始皇死後，獨攬朝政大權。公子扶蘇是秦始皇的長子，為人正直，但性情軟弱。他因向秦始皇進諫，惹惱了父皇，便被遣往邊關，與大將軍蒙恬一起防禦匈奴，按照秦始皇的遺詔及慣例，扶蘇應該繼承皇位是毫無疑問的。但趙高想，如果扶蘇當了皇帝，肯定會重用蒙恬，這是趙高所不能容忍的。趙高與蒙恬的弟弟蒙毅是生死冤家。某次趙高因招權納賄，舞文弄法，觸犯了刑律，秦始皇派蒙毅審理此案，蒙毅依律判趙高死罪，秦始皇不忍，不但免了趙高的罪行，還給趙高官復原職，所以趙高對蒙氏兄弟一直懷恨在心，伺機報復，他絕不能讓蒙氏家族掌管大權。但如果立秦始皇的小兒子胡亥當皇帝，情況可就大不相同了。趙高一直擔任胡亥的老師，胡亥對趙高也是言聽計從。再說胡亥年紀尚幼，許多事情還不能獨立處理，到時就會由趙高說了算。

有了這些緣由，趙高便把秦始皇給扶蘇的遺詔和皇帝玉璽都藏在身上，把丞相李斯、胡亥和知道秦始皇去世的幾個宦官都叫到一起，對他們說：「皇帝剛剛去世，其他人都不知道，我想我們要保守祕密，因為皇上是在外頭去世，朝廷還沒有確立太子，搞不好會引起天下大亂，反對朝廷的人也會乘機造反，因此，一定要隱瞞消息。」李斯等人一聽，趙高的話倒也很有道理，也就同意了。

隨後，趙高開始說服胡亥和李斯，意為害死扶蘇，立胡亥為帝。趙高私下對胡亥說：「聖上駕崩，不聞分封諸子，乃獨賜長子書，長子一到，嗣立為帝，如公子等皆無寸土，豈不可慮！」說著，還拿出了秦始皇給扶蘇的信，讓胡亥看。胡亥看完信，回答說：「我聞，知臣莫若君，知子莫若父，父無遺命分封諸子，為子自應遵守，何待妄議？」

趙高聽了，搖了搖頭，又說道：「公子錯了。今天下大權，全在公子與高及丞相之人，願公子早自為謀。須知人為我制，與我為人制，大不相同，怎可錯過？」胡亥有些不高興，說道：「廢兄立弟，便是不義，不奉父詔，便是不孝，自問無才，因人求榮，便是不能，三事統皆背德，如或妄行，必至身殆國危，社稷且不血食了！」

趙高啞然笑道：「臣聞湯武弒主，天下稱義，不為不忠；衛輒拒父，國人皆服，孔子且默許，不為不孝。從來大行不顧小謹，盛德不矜小讓，事貴達權，怎可墨守？及此不圖，後必生悔，願公

為寵廝殺

子聽臣之計，毅然決行，後必有成。」胡亥聽了趙高一番話，也有些動心，沉吟一會兒，又嘆息著問道：「今大行未發，喪禮未終，怎得為了此事，去求丞相？」趙高見胡亥已經聽信了他的主張，便連忙說：「時乎時乎，稍縱即逝！臣自能說動了丞相，不勞公子費心！」

趙高於是就去找左丞相李斯。李斯問趙高道：「聖上的遺書已發出否？」趙高看了看四周，讓李斯屏退左右，便湊到李斯耳邊，低聲說道：「遺書現在還在胡亥手中，高正為了此事，來與君商議。今日聖上崩逝，外人皆未聞知，就是所授遺囑，只有高及君侯，當時預聞，究竟太子屬諸何人，全憑君侯與高口中說出。君侯意中，果屬如何？」李斯聽了，大吃一驚，正色道：「汝言從何處得來？這是亡國胡言，豈人臣所得與議麼？」趙高並不動氣，仍不緊不慢地說：「君侯不必驚慌，高有五事，敢問君侯。」李斯問：「汝且說來。」趙高說：「君侯不必問高，但當自問，才能可及蒙恬否？功績可及蒙恬否？謀略可及蒙恬否？人心無怨，可及蒙恬否？與皇長子的情好，可及蒙恬否？」

趙高一連串的五問，只問得李斯連連搖頭，他沉吟了一下，才答道：「這五事原皆不及蒙恬，敢問君何故責我？」趙高正了正衣襟，兩眼望著窗外，似有所感地說道：「高本為內官廝役，幸得賴知刀筆，入事秦宮二十餘年，未嘗見秦封賞功臣。得傳二世，是將相後嗣，往往誅夷。皇帝有二十餘子，為君侯所深悉，長子剛毅武勇，若得嗣位，必用蒙恬為相，難道君侯尚得保全印綬，榮歸故里麼？高嘗受詔教習胡亥，見他慈仁篤厚，輕財重士，口才似拙，心地卻明，諸公子中，無一能及，何不立為嗣君，共成大功？」

這趙高為扶持胡亥當傀儡皇帝，達到他受寵信得專權的目的，鼓動著如簧之舌，滔滔不絕，對李斯曉之以利，動之以情。真是費盡了心機！但此時的李斯，仍不同意趙高的意見。他站起身來，似有逐客之意，大聲說道：「君毋再言！斯仰受主詔，上聽王命，得失利害，無暇多顧了！」趙高轉動著兩隻三角眼，報定不達目的絕不罷休的信念，一點也沒有要離開的意思，並說道：「君侯所言差矣。安即可危，危即可安，安危不定，怎得稱明？」李斯說：「斯本上蔡布衣，蒙上寵擢，得為丞相，位至通侯，子孫並得食祿，這乃主上特別優待，欲以安危存亡屬斯，斯怎忍相負呢？且忠臣不避死，孝子不憚勞，斯但求自盡職守罷了！願君勿再生異，致斯得罪。」

趙高從李斯的語氣中似乎體會到了些什麼。他知道李斯也是位色厲內荏的人，眼看對方就快要被說服了。於是便再進一步，用脅迫的口吻說：「從來聖上無常道，無非是就變從時，見末知本，現指睹歸。今天下權命，系諸胡亥手中，高已從胡亥意旨，可以得志，惟與君侯相好有年，不敢不真情相告，君侯老成練達，應該曉明利害。從外製中謂之惑，從下制上謂之賊，秋霜降者，草花落，水搖動者，萬物作，勢有必至，理有固然，君侯豈尚未察麼？」李斯又嘆了口氣，說道：「我聞晉易太子，三世不安；齊桓兄弟爭位，身死為戮；紂殺親戚，不聽諫臣，國為丘墟，遂危社稷。總之逆天行事，宇宙且不血食，斯亦猶人，怎好預此逆謀？」趙高假裝生氣，站起身來，說：「君侯若再疑惑，高也無庸多說。惟今尚有數語，作為最後的忠告。大約上下合同，總可長久，中外如一，事無表裡，君侯誠聽高計議，就可長為通侯，世世稱孤，壽若喬松，智如孔墨，倘決意不從，必至禍及子孫，目前就恐難免。高實為君侯寒心，請君侯自擇去取罷！」說完，轉身就要離去。

李斯一想：這事關係甚大，胡亥和趙高，看來早已通同一氣，非我一人所能制止，我若不從，必有大禍。但從了又覺得違心，一時內心很矛盾。禁不住仰天長嘆，流著眼淚說：「我生不辰，偏遭亂世，既不能死，何從托命！主上不負臣，臣卻要負主上了！」說完，便向趙高表示，他同意立胡亥為帝。

趙高說服了李斯後，便樂呵呵地走了。他見到胡亥，就興高采烈地對他說：「臣奉太子明令，往達丞相，丞相斯已願遵從。」

胡亥聽說李斯已同意，樂得將錯就錯，去做那一朝天子。於是，趙高、胡亥和李斯三人共同策劃，把秦始皇寫給扶蘇的原信毀掉，偽造了一道秦始皇在沙平台留給丞相的遺詔。遺詔上寫著應立胡亥為太子；同時，又偽造了一份秦始皇令扶蘇、蒙恬自殺的詔令：「朕巡天下，禱祠名山諸神，以延壽命。今扶蘇與蒙恬，將師數十萬以屯邊，十有餘年矣，不能前而進，士卒多耗，無尺寸之功，乃反數上書，直言誹謗我所為，以不得歸為太子，日夜怨望。扶蘇為子不孝，其賜劍以自裁；恬與扶蘇居外，不能匡正，應與同謀，為人臣不忠，其賜死！以兵屬裨將王離，毋得有違！」趙高還在這封偽造書信上蓋了皇帝的玉璽後封嚴，派一個心腹門客，將信火速送往上郡扶蘇處。

信使晝夜兼程，很快到了上郡，當著扶蘇的面，宣讀了所謂秦始皇的信。扶蘇聽完，痛哭流涕，泣不成聲，回到內宅，拔劍就要自盡。蒙恬感到事出突然，有些懷疑。他趕忙上前勸阻扶蘇道：「主上在外，未立太子，令臣將三十萬眾守邊，公子為監，這是天下重任，非得主上親信，怎肯權授！今但憑一使到此，便欲自殺，安知其中沒有詐謀。不如派人馳赴行在，再行請命，如果屬實，死也未遲！」未待扶蘇回答，使者在門外連聲催叫扶蘇速照皇帝旨意辦理。扶蘇為人忠厚仁義，忙對蒙恬說：「父要子死，不得不死，我死便罷，何必多請。」說完，揮劍往頸上抹去，一股鮮血噴湧而出，扶蘇倒地斃命。蒙恬不肯自殺，使者便把他交給了當地的官吏，將他押在陽周城的監獄裡。

就在信使前往上郡的同時，趙高等人也開始攜始皇屍體離開沙平台，欲取道井陘，過九原，回京師咸陽。此刻，他們仍對外封鎖始皇已死的消息。於是便把秦始皇的屍體裝進棺材，藏在他平時乘坐的車子裡，讓親信太監趕車，到吃飯的時候，照樣送上飯菜；群臣有事，照樣稟報。沿途仍像原來皇帝出巡返駕時一樣，鳴鑼開道，所經之處的文武百官，不知始皇已死，仍跪在車前向「秦始皇」匯報他們的政績，貢獻特產。躲在車裡的一個宦官還假托秦始皇的命令，批准官員們的奏事。

拉秦始皇屍體的車子向咸陽前進，當時雖已入秋，但天氣仍很炎熱，時間一長，始皇的屍體就開始腐爛了，發出陣陣惡臭。趙高為掩住臭味，以免洩漏機密，便假借皇帝之命，偽造一道詔令，令百官車上，都要裝載一些鮑魚。百官不解其意，但聖命難違，只得照辦，鮑魚向有臭氣，各車中都有裝載，直弄得臭氣衝天，人人掩鼻，只知是鮑魚之臭，不再懷疑其他了。

大隊人馬回到咸陽。都中留守馮去疾等百官，按例出郊迎駕。趙高又假傳聖旨，稱皇帝病重，免除朝拜，馮去疾等人也就信以為真，擁著車駕，馳入咸陽宮。正巧這時趙高派往上郡的使臣也趕了回來，向他報告說扶蘇已自刎，蒙恬被投入監獄，趙高聽了大喜，一顆懸著的心一下子落了地。隨後，他們公布了秦始皇的死訊及偽造的定胡亥為太子的遺詔。在辦理秦始皇喪事的同時，胡亥也順利地登基稱帝，史稱秦二世，趙高因陰謀扶立二世皇帝有功，被二世立即封為郎中令。趙高從此成為二世的近臣，寵位有加，經常出入宮禁，侍奉在皇帝左右，而且大權在握，開始了一系列干政篡權、禍國殃民的行動。

趙高首先繼續玩弄他慣用的騙人的伎倆，於二世登基第二年的春天，給胡亥出主意，讓他沿著當年秦始皇東巡的路線出巡天下，並在秦始皇當年立的石碑上刻字紀事，用這些來證明胡亥是位大孝子，的確是秦始皇自己生前選中的，非常合適的皇位繼承人，以此遮掩天下人的耳目。

其次，陰險狡詐的趙高認為對那些對二世皇帝持懷疑態度及反對者，還應採取更為嚴厲的措施，進行澈底打擊乃至剿滅之。一天，趙高又湊到二世面前進讒道：臣聞先帝未崩時，曾欲擇賢嗣立，以陛下為太子，只因蒙恬擅權，屢次諫阻，蒙毅且日短陛下，所以先帝遺命，仍立扶蘇。今扶蘇已死，陛下登基，蒙氏必將為扶蘇復仇，恐陛下終未能安枕。」胡亥聽了，趕忙追問：「依卿之見，該如何

為寵廝殺

處置？」趙高眼珠一轉，詭計便來，說道：「陛下莫慌，臣自有主張。陛下以文難治，必須以武力治之。先可制定嚴刑酷法，清除大臣中心懷不滿者，抄斬滿門，株連九族，不留後患！」胡亥又問：「諸公子尚思與我爭位，如何是好？」趙高用眼角看了看四周，故意拉長聲說道：「所有宗室勳舊，應一體除去。然後，另用一班新進人員，貧使驟富，賤保驟貴，這些人自然感恩圖報，誓死為陛下盡忠，到那時，陛下就可高枕無憂了！」秦二世聽完，非常高興說道：「卿言甚善，朕當照辦！」

秦二世在趙高的慫恿下，開始了一場大屠殺。先由趙高制定出新的律令，然後將朝臣們「對號入座」，一一處置，撤的撤，殺的殺。蒙毅當然是首當其衝了。趙高派御史曲宮齎詔到蒙毅住處，宣詔賜死。未待蒙毅辯解，曲宮已拔出佩劍，一劍將蒙毅頭顱砍落，隨後還宮覆旨。趙高為達到自己的目的，也不放過秦二世的兄弟姐妹們。他以莫須有的罪名，一共逮捕了秦二世的十二個哥哥，十個姊妹下獄。趙高親自審問他們，並施以酷刑。諸公子、公主們被打得死去活來，委屈招供，承認所謂的謀反之罪。最後，這些人全被斬首或車裂。二世另外三個哥哥將閭等人，亦受株連，在關押中被迫自殺身亡。還有一個哥哥怕株連妻小，主動請求自盡。其他因受株連而遭殺戮致死者，亦無計其數。

在趙高指使下的這場大屠殺威懾作用的確不小，滿朝文武，人人自危，黎民百姓雞犬不寧。大臣勸諫被認為是誹謗朝廷，因此諂媚奉承之風盛行，眾大臣以此來保存俸祿。趙高的目的達到了，他非常得意。為了進一步取得二世寵信和干政專權，趙高又對秦二世說：「現在差不多了，大臣們整天提心吊膽，害怕掉了腦袋，已沒有時間和精力去搞別的了。陛下現在可以盡情享樂，一切瑣事由臣下我代勞。陛下不必再費心了。」於是，秦二世在趙高的勸說下，真的不再上朝議政，而只與趙高在禁宮中議事，其他大臣已很難再見到皇上。趙高的權力日益增大。

趙高為爬上最高權力頂峰，取二世而代之，還有一個障礙，那就是丞相李斯。因此，趙高把下一個進攻的目標，就定在了李斯頭上。李斯因在沙平台事件中擁立胡亥有功，胡亥稱帝後，他又阿諛奉承，濫徵租賦，大興土木，以供二世荒淫揮霍，所以保住了官職。但趙高還是將他視為眼中釘，設計好了圈套等他跳。

一天，趙高來到李斯府上，故作憂愁地對李斯說：「關東群盜如毛，警信日至，皇上仍在恣意淫樂，徵調役夫，修築阿房宮，採辦狗馬等無用之物，充斥宮廷，不知自省。君侯位居相位，不比高等服役宮人，人微言輕，怎可坐視不言，忍使國家危亂呢？」李斯回道：「非我不願進諫，實因主上深居宮中，連日不出視朝，叫我如何面奏？」趙高見李斯已經上鉤，暗暗高興，便故作神祕說道：「這有何難，待我探得主上閒暇，即來報知君侯，君侯便好進諫了。」

趙高設圈套、施毒計，目的是害死與他在寵位上有礙的重臣李斯，以便進一步實現他控制傀儡皇帝、獨斷專行乃至取而代之的野心。

現在機會終於來了。某日那昏庸的二世皇帝正在後宮花園中與眾嬪妃宮女玩得高興，趙高趕忙派一小太監前往丞相府，告訴李斯，說皇上此時正閒著沒事，可以前去奏事。李斯聞聽，急急忙忙穿好衣服，匆匆趕到宮門外，請求見皇帝。二世皇帝此刻正玩在興頭上，美女環圍，左擁右抱，守門太監接連通報了三次，說丞相有要事面奏。二世玩興被擾，大不高興，怒氣衝衝地問道：「朕平時閒暇頗多，丞相併不奏事，今日事忙，他卻來敗我興致，莫非丞相小瞧我不成？不見！」李斯被傳旨叱回。此後，趙高又施用同樣計謀，不僅使李斯頻吃閉門羹，而且大大惹惱了秦二世。趙高便乘機進讒，說是沙平台矯詔，李斯實為謀劃者，實際上是想裂地封王，陞官發財，可至今仍是一個丞相，所以他心早就懷有不滿之意了。聽說他的大兒子李由是三川郡郡守，他父子很可能已在私下謀反，近日屢來求見，定有歹意，不可不防。二世聽了，正在考慮此話是真是假，趙高又進一步進讒道：「楚盜陳勝等人，統是丞相老家鄰縣人，為什麼得以橫行三川，未聞李由出擊？這就是真憑實據了。請陛下速拘丞相，毋自貽患？」二世一聽這番話，想到李斯近日連連欲上奏，對趙高的讒言確信不疑。便開始考慮如何處置李斯。但過後再想，感到此案重大，不好草率從事，於是便派人先往三川郡，調查李由與盜賊勾結的事。趙高聽說後，便暗中賄賂使臣，囑他誣陷李斯父子。

這件事傳到了李斯的耳朵裡，李斯急了，他趕忙去找二世申訴喊冤，碰巧二世正在甘泉宮看角抵比賽，不想見他。李斯沒見到皇上，就連夜草書奏本，向二世揭發趙高有不法行為，想謀殺皇帝，篡奪君位，請求皇上盡早殺掉趙高，免除後患。這真是宮中爭寵奪位的廝殺，只可惜李斯在皇帝的心中不能與趙高相提並論。因為趙高整日在皇帝左右，投其所好，令皇帝對他信任有加。二世閱過李斯本章，環顧左右說：「趙高為人，清廉強幹，下知人情，上適朕意，朕不任趙君，將任誰人？丞相自己心虛，還來誣劾趙君，豈不可恨！」說完，即把李斯原奏擲還了李斯。這一擲，也就決定了李斯的命運。李斯見二世不聽，便又去找右丞相馮去疾、將軍馮劫，聯名上書二世皇帝，請求罷修阿房宮，減免四方徭役，並再次彈劾趙高。這下子更加激怒了秦二世。二世憤然作色道：「朕貴為天子，理應肆意極欲，尚刑明法，使臣下不敢為非，然後可制御海內。試看先帝起自侯王，兼併天下，外攘四夷，所以安邊境，內築宮室，所以尊體統，功業煌煌，何人不服。今朕即位二年，群盜並起，丞相等不能禁遏，反欲舉先帝所為，盡行罷去，是上不能報先帝，次又不能為朕盡忠，這等大臣，還要他何用？」趙高在旁，又是一番添油加醋，二世怒然下詔，逮捕李斯，嚴加審問。

趙高領命，先將李斯、馮去疾等三人逮捕下獄。馮去疾不甘受辱，在獄中自殺身亡。趙高對李斯施以嚴刑，逼他承認與子李由謀反，同時，把李斯的親朋好友都關了起來。李斯受刑不過，被迫招供，承認要造反，但這畢竟是委屈之詞。他又在獄中寫信給二世，陳辯自己的冤情，希望皇帝能寬恕他。誰知送信的獄吏卻把信交給了趙高。趙高看過，擔心李斯翻供，便再施毒計，派自己手下之人扮成御史等法官，輪翻提審李斯，逼他承認謀反是實。只要李斯一喊冤，立即用酷刑拷打。秦二世派來的真御史來提審李斯，核實口供，李斯不知，怕再次挨打，未待動刑，就全部「招認」了。御史回宮向二世皇帝報告後，二世很高興，認為趙高是個大忠臣，是他幫助自己除掉了李斯這個叛逆分子。

秦二世二年（西元前二〇八年）七月，趙高在二世的授意下，將李斯處腰斬之刑，並滅其三族。李斯被押赴刑場時，回過頭來對他的二兒子說：「我欲與汝再牽黃犬，出上蔡東門，趕捕狡兔，已不能再得了！」父子二人一起流著淚，離開了人世。在這之前，李斯長子李由已在三川郡被起義軍殺死。前往調查的使臣回京報告，被趙高攔住，他編了一篇假奏章，謊說李由想要造反，已在當地被依法處決了。

李斯死後，趙高專權的一大障礙被清除了，秦二世很快封趙高為丞相，朝中諸事，無論大小，全都由趙高來決定。趙高在一人之下，萬人之上，整天發號施令，儼然一個「二皇帝」。但是，趙高還不滿足，他要伺機除掉秦二世，爬上最高權力寶座。就在此時，農民起義的風暴已席捲全國，秦軍一戰即潰，大將章邯已投降了項羽，大將王離則當了起義軍的俘虜。趙高認為政變時機已到，便粉墨登場了。

趙高是個精明人。他在正式政變之前，害怕群臣不聽他的指使，就想出一個主意，試探他在眾人心中的威懾力。某天，他弄來一頭鹿獻給秦二世，說：「這是一匹馬，我把它獻給皇上。」二世一看，並不是馬，便笑著說：「丞相說錯了，如何說鹿為馬？」趙高仍說是馬，二世還是不信，回頭問左右的大臣們。大臣們的面部表情很複雜，有的什麼也不說，有的阿諛奉承趙高，說的確是馬，而也有的大臣堅持說是鹿。二世昏庸，以為是自己眼花，把馬看成了鹿。於是命大臣卜卦。卦象表明，二

爲寵廝殺

世祭祀時沒有齋戒，所以才出現這種現象，現在應急需齋戒。秦二世信以為真，立即搬進上林苑齋戒去了。秦二世前腳一走，趙高隨後便把說鹿的那幾個大臣給殺了。從此，朝臣們更加懼怕趙高的權勢了。

秦二世在上林苑中，每天打獵遊玩。某天二世出獵，碰巧射殺了一個路過上林苑的農民。趙高知道後，便派咸陽縣縣令閻樂上一奏章，說：「不知何人射殺死一人，屍體移到了上林苑。」趙高知此人是二世所殺，便對二世說：「陛下無故射殺無罪之人，天神必然降災，陛下為避災，還是離開京師遠些好。」二世聽了很害怕，就急急忙忙跑到咸陽東南郊的望夷宮躲災去了。

於是，趙高找來郎中令趙成、咸陽縣令閻樂，共同商議發動宮廷政變，殺死秦二世。郎中令趙成可以隨便出入宮禁，趙高命他為內應。咸陽縣令閻樂手下有部分兵力，趙高命他率軍士假扮山東農民起義軍，攻打望夷宮。趙高坐陣指揮全局。

一場血腥的宮廷政變開始了。先是由郎中令趙成在望夷宮內造謠說強盜軍隊攻過來了，並命令閻樂召集軍隊保衛望夷宮。與此同時，閻樂派一部分親信化裝成農民起義軍，把閻樂母親抓起來，暗中送到趙高家中。閻樂則自己帶一千多名軍士們以追賊為名，直奔望夷宮而來。

閻樂殺掉守門衛士，圍住了秦二世。二世大驚，忙喊衛士，可無人敢答應。閻樂說：「陛下驕恣不道，濫殺無辜，天下已共叛陛下，請陛下速自為計！」二世問：「汝由何人差來？」閻樂明白告之是丞相趙高。二世欲見趙高，遭到拒絕。二世說：「據丞相意見，料必欲我退位，我願得一郡為王，不敢再稱皇帝，可否？」閻樂不許。二世說：「既不許我為王，就做一個萬戶侯吧！」又遭閻樂拒絕。二世流著淚說：「願丞相放我一條生路，與妻子同為黔首。」閻樂的眼一瞪，說：「臣奉丞相命，為天下誅陛下，陛下多言無益！」說完，指揮軍士上前，欲殺二世，二世料無生還的可能，便心一橫，拔劍自刎。

二世死後，趙高又立二世兄子子嬰為秦王，仍想獨攬大權。這子嬰早已看透了趙高的陰謀，於是，在他當政後，便設下一計，在他兩個兒子的協助下，誅殺了禍國殃民的趙高。但不久，由秦始皇創立的大一統秦王朝，便在項羽和劉邦軍隊的攻擊下，土崩瓦解了。

受寵之閹宦恃寵干政專權、殘害異己、陰謀篡位、禍國殃民，秦時趙高是為第一人。趙高得寵，在於他善於向主子獻媚，善於投其所好。而他能恃寵於朝中長時間專橫跋扈、胡作非為，也與當政者昏庸無能、用人不當有直接關係。趙高陰謀害死原本秦始皇的繼承人、公子扶蘇，立昏庸的胡亥為傀儡，並翦除了妨礙他搞陰謀詭計的異己分子，實現了他干政專權的目的，進而還想弒君後取而代之。趙高的所作所為，完全打亂了一代雄主秦始皇生前的計畫安排，也使當時的階級矛盾和統治集團內部矛盾不斷激化。筆者認為，秦世之祚短，二世而亡，除社會原因外，與趙高恃寵專權有直接關係。

呂雉爭寵　同類相殘

秦二世統治時期，隨著暴政壓迫的日益加重，階級矛盾逐步地深化，農民反抗暴政的鬥爭此起彼伏，其中最著名的是發生在西元前二〇九年的陳勝、吳廣農民大起義。此外，在長江中游有以鯨布為領導的驪山徒起義；在芒碭山區發生了以劉邦為首的逃役徒人暴動；在黃河下游巨野澤中，有漁人彭越領導的逃人反秦鬥爭；在江東有項梁、項羽叔侄領導的起義軍，等等。這其中，領導芒碭山役徒暴動的劉邦，原為泗水亭長，是秦朝一個地方小吏，後來成了西漢王朝的開國君主，他的妻子名呂雉，就是中國歷史上有名的呂后。

呂雉，又名呂娥姁。其父名呂父，字叔平，原籍碭郡單父（今中國山東山東單縣），因躲避仇人，舉家逃到沛縣，投奔他的好友沛縣縣令。呂父受到縣令熱情接待後，便在沛縣城裡安家落戶，住了下來。

呂父作為縣令的朋友來沛縣定居，引起了縣裡官吏豪傑們的注意，他們紛紛攜錢物前往呂宅致賀。一天，呂父在家中設宴招待前來祝賀的客人，縣令也出席了這次宴會，並令縣功曹蕭何負責接待。他面對一批批前來祝賀的客人，不停地喊道：「賀禮不滿千錢，須坐堂下！」

這時，任泗水亭長的劉邦也前來致賀。因為他與縣中官吏十分熟悉，就故意一本正經地遞上賀箋，同時大聲說：「賀錢一萬！」實際上他是一分錢都未帶。然後，裝模作樣、大搖大擺地向大堂走去。呂父接過賀箋一看，又驚又喜，送賀禮者很少有萬錢者，於是，急忙將劉邦迎進大堂，請他上座。

劉邦入座，呂父仔細端詳了一番，只見他「日角鬥胸」、「龜背龍股」，與常人大不相同，不由得敬禮有加，特別優待。蕭何知道劉邦無錢，便悄悄地告訴呂父：「劉季專好大言，恐無實事。」呂父聽了，並不理會。等酒菜擺好，仍讓劉邦坐在首席上。劉邦也不推讓，居然登席，充作第一位嘉賓。眾人依次而坐，劉邦舉杯豪飲，旁若無人。

到了酒闌席散，客人大半已離去。呂父給劉邦使個眼色，示意他留下。劉邦會意，一直堅持到終席。呂父送走了所有的客人後，對劉邦說：「我小的時候即喜歡為別人相面，您狀貌奇異，無一人可比，請問您娶妻了沒有？」劉邦當即回答說還沒有。呂父又說：「我有一小女，尚未婚配，願奉箕帚，如若不嫌棄，請勿推辭。」已過而立之年尚未娶妻的劉邦聽了此話，大喜過望，當下滿口答應。隨即起身下拜，向呂父行過舅甥大禮，並約下迎親日期。

劉邦走後，呂父將許親之事，告訴了妻子呂媼。呂媼聽了，非常生氣，她對丈夫說：「你常說女兒生有貴相，必須許配給貴人，沛令與你關係那麼好，向你為子求婚，你都沒答應。今天無故許配與劉季，難道劉季就是貴人嗎？」呂父說：「此事不是你們女人所能明白的，我相信我自己的眼睛不會錯的，你放心好啦！」

父母的一番對話，全被隔壁房間裡的女兒呂雉聽到了，她心中也是七上八下的。呂雉心想：自己轉眼已經十八歲，這個劉邦真的是個貴人嗎？她相信父親的眼力，父親從年輕時就學會了看相，被他看過的人十有八九很靈驗。但母親又說劉邦是個無賴，這到底又是怎麼回事呢？她不由得暗暗為自己的命運擔憂起來。

為寵厮殺

過了些日子，呂父已把女兒的嫁妝準備齊全，命僕人抬到劉邦家中。轉眼到了迎親的吉期，洞房花燭之夜，一對新人喜氣洋洋，捧起龍鳳酒杯互相敬酒。呂雉偷眼打量著新婚的丈夫，見他雖然已屆壯年（這年劉邦三十三歲），卻長得方面大耳，高鼻樑，美鬚髯，確實氣度非凡，因而心動起來。那劉邦見妻子也是儀容秀麗，風采逼人，頓時惹動情腸，就攜著呂雉的一雙玉手，同床共枕，共度良宵。

呂雉與劉邦結合，婚姻是否美滿暫且不說，但從此卻改變了呂雉的命運，使她由一個普通鄉村女子變成日後叱咤風雲的皇后、皇太后，爭寵專權，在中國歷史上留下了深刻的印跡。

呂雉與劉邦結婚後，劉邦繼續做他的亭長，終日在外遊蕩。呂雉嫁雞隨雞，嫁狗隨狗，倒也樂意勤儉度日。婚後第二年，呂雉生下一個女兒，又過三年，生了個兒子。呂雉一直住在劉邦的家鄉豐邑（今中國江蘇豐縣）耕田種地，侍奉老人，培育子女，操持家務。

秦始皇三十七年（西元前二一〇年），由於秦朝統治者的殘暴統治，大大地激化了階級矛盾，使不少人被壓迫者走上了反抗的道路。本來忠於秦皇朝的劉邦也與政府分道揚鑣，他放走了刑徒，隱於芒碭山澤之間，拉起了一支數百人的造反隊伍。

秦二世元年（西元前二〇九年）裡的一天，呂雉正帶著兒女從田間幹活歸來，還未進家門，就見縣衙派來的一群差役，如狼似虎地撲上來，二話不說，抖出一條鐵鏈，就把呂雉鎖起來，準備帶走。差役告訴她，是她的丈夫劉邦放走了刑徒，逃往芒碭山，觸犯了秦律，縣令特命抓她抵罪。

來到縣衙，縣令升堂審訊。見呂雉一個弱女子披頭散髮跪在堂下，縣令不由產生一絲憐惜之情，他不忍心用刑拷問呂雉，因為縣令也明白劉邦整年在外，幹些什麼，妻子並不清楚，呂雉沒有同謀之嫌，因此縣令只草草問了幾句，便將呂雉收監關了起來。幾天過後，劉邦的好友蕭何找到縣令說：

「她一個家庭婦女，與劉邦造反肯定沒什麼關係，不如將她放歸回家，說不定什麼時候劉邦會偷偷回家看她，到時候可將劉邦抓住。」縣令認為蕭何言之在理，就派人把呂雉放了回去。

又過了幾個月，劉邦潛回沛縣，聯絡好友蕭何、夏侯嬰等人率三千沛縣子弟起兵反秦，劉邦被擁立為沛公。他告別了妻子和一雙幼兒女，去投奔項梁的部隊。劉邦起兵反秦後，因為居無定處和時時處於危險之中，呂雉一直沒有隨軍，而是與劉邦的父親及孩子們一起住在豐邑老家。劉邦一去幾年無消息，一家人的生計全部壓在呂雉一人身上。她除了撫育兒女外，還得照顧劉邦的父親，日子過得很艱難。

秦朝滅亡後，楚漢戰爭揭幕。劉邦為了父親和妻子兒女的安全，特派呂釋之率一支人馬回豐邑護衛。西元前二〇五年四月，劉邦從彭城敗退時，曾打算回老家將老父和妻兒帶走。可是，這時項羽已先於劉邦派人到了豐邑，準備劫持劉邦家屬作為人質，以逼劉邦投降，但卻撲了空。因為劉邦老父和呂雉事先聽到了消息，便先行逃走。劉邦馳至故鄉，發現老父和妻子已逃走，立即策馬向南追趕。途中，雖然遇到了兒子和女兒，劉邦把他們攜至軍中，但在審食其保護下出逃的劉邦老父與呂雉卻由於迷失方向，與楚軍遭遇而被俘。項羽把他們扣留於軍中，充當人質。

不久，劉邦逃回關中重新整頓人馬，再次與項羽交戰。楚漢兩軍對壘於河南滎陽一帶，未有勝負。劉邦見戰局相持不下，就派韓信另率一支軍隊悄悄越過太行山，下河北，直搗山東項羽的後方，截斷了項羽的糧草供給。項羽無心持久作戰，便天天到劉邦陣前叫罵，逼劉邦出來決戰。劉邦卻置之不理。

忽然有一天，軍士慌慌張張地向劉邦報告，說項羽已將劉太公（劉邦父親）和呂雉押在陣前，就要下俎烹殺之。劉邦聞聽，走出大營往對面一看，果然如此。對面的項羽騎著烏騅馬，揚戟大叫：

「劉邦豎子聽著，你若不肯降我，我便烹食汝父！」在項羽的背後，劉邦那白髮蒼蒼的老父被縛雙手，坐在一青銅製成的大俎內，俎下堆滿了乾柴。在不遠處，妻子呂雉也被綁在一個木樁上，已昏死過去。劉邦心如刀割，不忍再看，便退回營帳。一會兒後，漢營中傳出話來：「漢王說，我與項羽曾共奉義帝，情如兄弟，吾翁即是汝翁，若想烹食汝翁，請分吾一杯羹喝！」

項羽聽了，氣得火冒三丈，大罵劉邦是個無賴，隨即喝令軍士立即點燃俎下乾柴。正當此危急之際，項羽身後閃出一人，是他的叔父項伯。項伯勸項羽不要過於魯莽：「此舉未免過分。何況爭天下者多不顧家室。殺了劉太公，恐無益處，反更添仇恨，騎虎難下。」項羽聽了，也覺得有些道理，這才消了些怒氣，令人撤去銅俎、乾柴，將劉太公和呂雉押回營帳。

這場風險，真正鍛鍊了呂雉的膽量，她既驚嘆項羽的英勇蓋世，也更佩服丈夫的臨危不懼。「無毒不丈夫」的做人信念就此深深地在她心中紮下了根。這年九月，楚漢停戰，達成和約，畫鴻溝為界，溝西歸漢，以東屬楚，兩軍互不侵犯。項羽這才把呂雉和劉太公放歸漢營。夫婦一別六載，重新相見，悲喜交集。從此，呂雉當了漢王后，告別了朝不保夕、膽顫心驚的離亂生活。

西元前二〇二年，劉邦終於擊敗了項羽，在汜水之南被擁立為皇帝，冊立呂雉為皇后，兒子劉盈為皇太子。不久，劉邦遷都長安。兩年之後，由丞相蕭何主持修建的皇宮「未央宮」落成，呂雉便成了未央宮的第一位女主人。

呂雉自嫁與劉邦為妻，直至位主中宮，在這數十年裡，大部分時間是在極艱難困苦中度過的。此間，她既無爭寵對手，也無爭寵環境。但她變成了母儀天下的一代皇后後，便開始了在朝廷內外，誅除諸王、奪嫡爭寵、專重外戚、群呂擅權的一系列活動。

呂后入主未央宮後首先要做的，是協助劉邦誅滅異姓諸王，鞏固劉漢新生政權及自己母儀天下的皇后地位。劉邦在興兵滅秦及與項羽爭奪天下的戰爭中，有韓信、彭越、英布等人立下了赫赫戰功。劉邦稱帝前後，為彰其功，先後將這些人封了王位。這些異姓王不僅有自己的領地，而且還擁有他們自己的私人武裝。並隨著其實力的壯大，作為地方上的割據勢力，對於做為中央統治的漢王朝來說是個很大的威脅。

早在劉邦登基稱帝的第二年，就有人向劉邦密告楚王韓信有謀反之意。劉邦聽說後，大吃一驚，忙召陳平商議對策。陳平為劉邦出了一計。

不久後，朝廷派出八名侍者，個個身負皇帝詔書，奔向楚、韓、淮南、梁、趙等八個諸侯王國，傳達聖諭：皇帝即日南遊雲夢，命八位諸侯王會集陳地迎駕。韓信接到詔書，立即趕往陳地迎駕。沒想到他剛到陳地，就被劉邦派人抓了起來，罪名是有人告他謀反。隨後，韓信被押解回了洛陽。在洛陽皇宮，劉邦將韓信訓斥了一頓後，罷黜了王位，降為淮陰侯，然後又押回長安軟禁起來。

漢高祖十年（西元前一九七年），代國丞相陳豨起兵謀反，劉邦親自率兵討伐。臨行前，他將內廷之事託交於皇后呂雉，外廷事委於丞相蕭何。劉邦一走，呂后終於有了處理朝政、施展才幹的機會。她每天一早臨朝，與群臣一起商議軍國大事，退朝後又忙於批閱文書奏章至深夜。

一天，呂后收到一份密奏，是韓信的一名貼身隨從告發韓信與陳豨密謀造反。密奏稱：不久前，陳豨祕密進京，到韓信家中同韓信密謀，他倆計畫先由陳豨在代國舉兵，趁劉邦帶兵討伐、長安空虛之機，再由韓信率兵殺進未央宮，誅滅呂后及太子，推翻劉氏漢家政權。呂后閱罷奏章，大驚失色，連夜召丞相蕭何入宮密商對策。她流著淚對蕭何說：「皇上遠離京師，若讓韓信得逞，非但我母子肝膽塗地，只恐漢室社稷一倒，黎民百姓又將遭受離亂之苦。請相國速定滅賊之計。」

蕭何沉吟不語。他與韓信私交不錯。當年韓信投奔劉邦未被重用，憤然離去，幸虧蕭何慧眼獨

為寵廝殺

具，於月下追回韓信，使之登壇拜將，執掌三軍，方能輔佐劉邦奪取天下。因此，韓信一向十分敬重蕭何。蕭何今見韓信已犯了死罪，不忍心將他誅滅。但呂后一番義正辭嚴的話又迫使他不得不放棄私情。於是，他為呂后策劃了一個擒拿韓信的祕計：由蕭何騙韓信入宮而逮捕他。

過了幾天，忽有一名將士風塵僕僕地馳入長安城，直奔呂后居住的長樂宮。他自稱是劉邦從前線特派的使臣，向皇后、太子及朝中大臣們傳報佳音：反賊陳豨已被掃平，皇上不日即將班師回京。第二天一早，未央宮鐘鼓齊鳴，文武大臣上殿向呂后道賀。等禮樂奏完，大臣們一一退出，然獨不見韓信上殿。不一會兒，蕭何匆匆進殿奏道：「淮陰侯韓信在宮門外等候召見！」呂后聽了，精神為之一振，趕忙傳旨讓韓信上殿見駕。傳旨太監將皇后旨令傳給了殿外的韓信，韓信便懶洋洋地舉步走上殿來。忽然，兩廂閃出大批武士，手執刀劍，一擁而上，把韓信捆得結結實實。韓信不由大叫：「丞相救我！」這時，蕭何早已溜出殿外，不知去向。如虎似狼的武士們押著韓信來到呂后座前跪下。呂后杏眼圓睜，怒斥韓信道：「無知莽夫！皇上待你不薄，你因何一而再、再而三地謀劃造反？」韓信不服，大喊冤枉。呂后又喝令：「今奉皇帝詔旨，將反賊韓信立即斬首，誅滅三族！」說完，也不加審問，就命武士將韓信拖至偏殿處決。至此，韓信方知是上了蕭何的當，「成也蕭何，敗也蕭何！」是他與呂后謀劃害了自己。臨死前，韓信仰天長嘆道：「不想一世英雄，今日死於一婦人之手！」

呂后臨亂決斷，處置了韓信，避免了一場軍事叛亂。劉邦回到京城，見了呂后，也不由得連聲稱讚。至此，滿朝文武都知道了呂后的厲害，對她十分敬畏。誅滅了韓信，也使呂后堅定了自己參與朝政的信心。她深知自己的兒子、太子劉盈過於仁孝懦弱，將來繼承皇位後，那些功高位重的異姓諸侯王絕不會委屈稱臣，叛亂將不可避免。不如趁劉邦在位時，設法將他們一一翦除，方可保全兒子的皇位。

幾個月後，呂后從長安去洛陽，路經鄭（今中國陝西華縣）時，正碰上被劉邦貶為庶人的梁王彭越，他是去流放地青衣（今中國四川臨邛西南）路過這裡的。他痛哭流涕地向呂后陳訴冤情，希望打動她的惻隱之心，允許自己回昌邑（今中國山東巨野東南）老家做一個平民百姓。呂后佯為允諾，將彭越帶回洛陽。見到劉邦後，呂后對他說：「彭王是位壯士，現在將他徙至蜀地，必將留下遺患，不如現在就把他殺死。」劉邦認為有理，就把彭越交與呂后全權處理。

過沒多久，呂后命彭越的舍人出面誣告彭越謀反，廷尉王恬就依照呂后的指令把彭越定為謀反大罪，將其處死，並夷滅宗族。

之後，劉邦又成功地消滅了淮南王英布的叛軍。至此，劉邦手下的三員大將，異姓王中勢力最強的韓信、彭越和英布都被翦滅。

在消滅這些企圖叛亂的異姓王過程中，呂后的才幹與為人也深為劉邦所知：除其剛毅有謀善審時度勢、行事果斷之外，其心毒手辣的一面，實令他擔心。劉邦知自己年事已高，討伐英布時留下的箭傷又時而復發，恐不久於人世。所以，他不禁為寵姬戚夫人和愛子趙王如意的命運擔憂起來。因為，呂后在幫助劉邦消除了危及劉漢皇朝的隱患之後，已把矛頭指向了受皇帝寵愛的戚夫人和戚夫人生的兒子、趙王劉如意。

戚夫人是劉邦做漢王時，在定陶收的一個妃子。劉邦對戚夫人非常寵愛，尤其是生了趙王如意以後，戚夫人更是不離皇帝左右。戚夫人還多次哭訴，要求劉邦廢掉太子劉盈，改立如意為太子。按規定，皇帝的長子應立為太子，將來繼承帝位，統治天下。但劉邦對自己的長子、呂后所生的劉盈一直看不上，總覺得他生性懦弱，缺乏做帝王的氣概，相反，卻十分喜愛戚夫人所生的兒子如意。

劉邦寵愛戚夫人，喜歡趙王如意，意欲廢太子劉盈，早已被工於心計的呂后看在了眼裡。她決心

爲寵廝殺

要與戚夫人在奪嫡爭寵上來一番較量。有人曾認為此時呂后因年老色衰，已不存在與戚夫人爭寵奪愛的問題。其依據就是呂后曾說過的一句話：「夫可讓，子不可奪！」意即寵可以不爭，但作為嫡長子的太子地位卻堅絕不能丟。當然，呂后此時因年齡、色相及長期與皇帝分居兩地等諸多原因，與年輕貌美，又長期跟隨皇帝身邊的戚夫人相比，在與皇帝的性愛方面，失寵已是客觀事實。但她母儀天下的皇后地位還在，她絕不允許戚夫人將她取而代之。寵要爭，但重點是把保住兒子的嫡長太子地位放在首位。我們不妨設想一下：假如呂后真的是位賢淑仁德、寬宏大量的皇后，心甘情願地讓寵於戚夫人，那麼，就不會有在劉邦死後，戚夫人慘遭毒手的事了。

漢高祖十年（西元前一九七年）的某一天，高祖劉邦臨朝，突然提出要廢太子劉盈，另立趙王如意為皇太子。朝臣們聽了，都大為震驚。有大臣諫阻道：「古往今來，立君儲皆是立嫡以長。太子自冊立至今已有多年，未聞有何過失，望陛下三思！」劉邦卻說：「太子懦弱無用，不若趙王類我，繼承大統，唯有趙王最適當。朕意已定，眾卿不必多議！」於是便命閣臣起草廢立詔書。但是，這時又有御史大夫周昌冒死勸諫。劉邦沒有辦法，只好先宣布退朝。

呂后見太子劉盈的地位已岌岌可危，十分著急。於是，她把自己的長兄、建成侯呂釋之召至宮中，商議對策。呂釋之想到了足智多謀的留侯張良，說張良可能會有辦法。呂后讓呂釋之去請張良。張良一開始執意不插手皇家私事，後迫於呂后淫威，便為她出了個主意：讓太子劉盈親筆寫信，再派一名能言善辯的使者，帶著金銀珠寶，去見避居商山的四位高士，請他們出山任太子賓客。這四位高士都是昔日劉邦幾次想請卻都沒請到的人，如果被太子請到，劉邦必對太子另眼看待。呂后依張良之計一一照辦，經過努力，果然把商山四位高士請到了太子東宮。

高祖十二年（西元前一九五年）元旦剛過，劉邦的箭傷再一次復發，召遍天下名醫，終不見效，痛得他每日躺在床上叫喚不止。劉邦自知來日無多，又見戚夫人日夜侍候在床邊，憂愁得非常憔悴，更加生出不少愛憐之心。他知道只有在自己活著的時候解決了廢立大事，方可在將來保全她母子二人的性命。於是，劉邦對進宮探視的大臣們一一重提廢立之事，命丞相蕭何即速召集群臣廷議，起草廢立詔書，公布天下。

呂后聽到消息，心急如焚，又急忙派人去請張良。張良時任太子少傅，太子有難，豈能坐視不救。他趕忙進宮，勸阻劉邦。但劉邦就是不聽，張良無奈，悻悻退出宮去。張良不行，呂后又搬來太子太傅叔孫通。叔孫通原在秦朝任博士，後歸於劉邦。劉邦稱帝後，命他擬定「朝儀」，因此很受劉邦倚重。叔孫通秉性剛直，直言敢諫。呂后先派心腹宦官向叔孫通的一班弟子散布輿論，說皇上欲廢嫡立庶。叔孫通的弟子聽說皇上違背禮法，都憤憤不平，便一齊去見老師，要他力諫皇上，以正禮法。叔孫通聽後，也大為惱火，他不顧劉邦是否願意召見，便直闖劉邦寢宮。見了劉邦的面，叔孫通便說：「陛下廢立之舉，有違古制，於情於禮皆不通。古來因廢嫡立庶招致禍亂、危及社稷的教訓很多。晉獻公廢太子申生，晉國亂了幾十年；秦始皇不肯早立扶蘇，致使幼子篡位，二世而亡國。今太子仁孝，天下共知，皇后與陛下又患難與共，怎可輕易負她母子？」

劉邦耐著性子聽完，見叔孫通也在為太子說情，心中十分不快，回答說：「卿不必多言，此事朕自有安排，退下去吧！」不料叔孫通是個寧死不回頭的人，他說：「陛下不為國祚著想，臣只有一死，以示忠心！」說完，站起身來，搶前一步，抽出掛在九龍柱上的劉邦佩劍，就架在自己的脖子上。幸虧站在一旁的內侍手急眼快，上前一把奪下叔孫通手中的寶劍，才免於血濺皇宮。慌得劉邦趕忙擺手說：「先生不可！朕不過說說而已。就聽先生一言，不提廢立之事也罷！」叔孫通這才叩頭謝恩退出。

為寵廝殺

過了些日子，劉邦的箭傷稍有好轉，便在宮中擺下酒宴，召太子劉盈入宮侍宴。此時，劉邦廢太子之心仍在，只是怕大臣「屍諫」的名聲傳出去影響不好，才佯裝打消此念。他此次召劉盈侍宴，就是想藉機找他的差錯，作為廢黜的藉口。

當劉盈奉詔進宮叩見父皇時，劉邦見他身後跟著四位老人，很是與眾不同，年齡都在八十以上，個個鶴髮童顏，身著一樣的服裝，格外引人注目。劉邦大覺奇怪，便問那四人都是誰？四老趕忙上前回話，各自報上了姓名：東園公、角里先生、綺里季、夏黃公。劉邦聽了，大吃一驚，忙問：「朕欲詔四位先生入朝輔政，已經有年，公等一再拒絕，避而不出，今又何故願意跟從我兒？」四人齊聲回答：「陛下輕慢儒生，動輒辱罵士人，臣等不願受辱，故隱匿山林。今聞太子仁孝，恭順愛士，天下儒生莫不翹首願為太子效力，故臣等願意出山追隨太子！」

散席之後，劉邦目送四位高士簇擁太子離去，長嘆一聲，對戚夫人說：「太子羽翼已成，天下歸之，看來，呂后真的要做你的主人了！」

戚夫人放聲大哭。她深知呂后心狠手毒，以後她們娘倆必是性命難保。於是，她還是苦苦哀求劉邦替她做主，改立如意為太子。可劉邦也已無能為力，只是不住地唉聲嘆氣，不說一句話。他心裡明白，滿朝文武大臣都向著呂后和太子劉盈，即使趙王即位，也難保皇位，弄不好，朝臣作亂，會導致江山易主，與其失劉姓天下，莫不如捨棄寵妾與愛子。想到這裡，劉邦摟過戚夫人，替她揩去臉上的淚水，勸說道：「愛姬不要悲傷，請你為朕跳一個楚舞，朕為你作楚歌助興！」說罷，站起身，親自擊節高歌，歌詞唱道：「鴻鵠高飛，一舉千里。羽翮已就，橫絕四海。橫絕四海，當可奈何？雖有繒繳，尚安所施。」劉邦所歌寓意，是指太子羽翼已成，我也無可奈何了。劉邦唱了幾遍，音調悲愴淒涼。戚夫人邊哭邊舞，最後竟昏倒於地。此後，劉邦再也不提廢立之事。

漢高祖十二年（西元前一九五年）四月，劉邦在長樂宮駕崩。群臣立十七歲的皇太子劉盈為帝，是為漢惠帝。呂雉當上了皇太后。五月，劉邦的葬禮剛剛結束，呂后就利用皇太后的權力，對戚夫人及她的兒子趙王劉如意進行了慘絕人寰的報復，以消弭昔日失寵之怨恨。

呂后先是把與她爭過寵的戚夫人打入冷宮。她命太監將戚夫人的頭髮剃掉，再逼她穿上褐紅色的罪裙，關進一間小房內，讓她每天從早到晚不停地舂米。可憐一向錦衣玉食的昔日皇帝寵妃，何以受過如此虐待？她只得每日裡以淚洗面，度日如年。她一邊舂米，一邊悲歌：「子為王，母為虜。終日舂薄暮，常與死為伍。相隔三千里，當誰使告汝？」有人將戚夫人所唱之歌，報告給了呂后，呂后聽完大怒，心想，這個賤人還在企盼她兒子回來替她報仇，乾脆，一不做，二不休，不如將劉如意召回長安，將他母子一起幹掉，斬草除根，免生後患。

呂后立即派人去召趙王劉如意回京。趙國丞相周昌知太后未安好心，就勸阻趙王不要進京。所以，呂后連召幾次，劉如意都未奉旨。呂后知是為周昌所阻，就藉口先把周昌召至長安問話，隨後再派一使臣召趙王進京。周昌一走，年幼的趙王如意沒了主意，他知太后之令不可違，就只好隨使臣向長安進發。

越近長安，趙王如意心越不安，便偷偷哭泣起來。忽然，有侍從報告，說皇上駕到，請趙王前去見駕。原來漢惠帝劉盈聽母親要召趙王來長安，知她未安好心。劉盈怕這個可憐的弟弟慘遭不測，便決心加以保護。於是他趁趙王未入京城之前，背著自己的母后，親自到城郊迎接。他把趙王如意直接接到了自己的寢宮裡住下，飲食起居都在一起。惠帝劉盈處處護著趙王如意，呂后不得機會下手，對自己的兒子也產生了怨恨，卻又說不出口。

時光飛逝。眨眼又是嚴冬季節。漢惠帝劉盈有冬日晨起射獵的習慣。但他每天早晨射獵，都要帶上弟弟如意一起去。某天清晨，如意貪睡，賴在床上不肯起來。劉盈沒辦法，就依了弟弟，想讓他多睡一會兒，心想反正很快他就回來，也不至於出什麼事。於是，他命宮人對趙王好好看護，自己帶著侍從離開了皇宮。

劉盈射獵歸來，剛走進寢殿，就見趙王如意已是七竅流血，直挺挺地死在了床上。劉盈又傷心又氣憤，抱住弟弟如意的屍體大放悲聲。哭完，他責問宮人，是誰害死了如意？宮人只好如實相告，說是太后派人進來，用鴆酒毒死了趙王。惠帝怨恨母親太狠毒，卻也不敢說出口，只好厚殮了趙王，以寄哀思。

呂后害死了趙王劉如意，接著便使用更加殘酷的手段，加害如意的母親戚夫人。

一天，惠帝劉盈退朝回寢宮，又想起慘死的弟弟趙王如意，便獨自傷心落淚。正在此時，一名小太監走進來奏道：「奉皇太后旨意，請皇上去看一種名喚『人彘』的怪物，散散心。」惠帝心想，自己還從來沒聽說過有「人彘」這種東西，不由地引起了好奇心，就隨著小太監出了宮門。他們轉過後宮，沿著彎彎曲曲的巷道，來到戚夫人被拘禁的地方。小太監指著一間廁所，對惠帝說：「皇上請看，廁內就是『人彘』！」

惠帝正在疑惑，聽小太監一說，趕忙朝裡面定睛一看，不由得嚇了一大跳。只見一個活怪物，像是一個人的身子，但既無雙手，又無兩足，亦沒有眼珠，只有兩個血肉模糊的窟窿。一張嘴張得很大，卻發不出一點聲來。那怪物蠕動著身子，在那裡痛苦地抽搐著。惠帝又驚又怕，忙問：「這是什麼！」小太監告訴他：「這就是戚夫人！」惠帝一聽，嚇得幾乎暈倒在地。他一邊放聲大哭，一邊連聲譴責母親手段太殘忍。

從這天開始，惠帝就像患了瘋病，又哭又笑。惠帝一病就是一年多。病好轉之後，他也不再理朝政，朝中大小事情，全由太后做主。

漢惠帝七年（西元前一八八年）仲秋，未央宮響起了喪鐘，二十四歲的漢惠帝劉盈駕崩。太后身穿素衣素裙，坐在惠帝靈柩前號哭不止。但人們發現，太后雖然哭聲很大，卻不見有眼淚流下來。張良之子、十五歲的侍中張辟疆猜透了太后的心事。他對丞相曹參說：「皇上沒有子嗣，只能立假子為帝。太后畏懼的是高皇帝尚有六個兒子在各地為王，滿朝文武老臣又多是高皇帝在世時的宿將，太后怕不能統御，所以心有重憂。丞相不如建議太后，請她拜自己的親屬呂台、呂產、呂祿為大將，讓諸呂掌內外大權，這樣，她心思安了，他們也不致惹禍。」曹參採納了張辟疆的意見，使呂太后十分滿意。到惠帝下葬那天，曹參等人發現，呂太后痛哭時，已是聲淚俱下，悲痛至極。

呂太后為報昔日失寵之仇，殘殺了戚夫人和劉如意母子二人，心中有愧。她迷信，總怕兩人的鬼魂來找她算帳。就在她臨朝稱制第八年裡的一天，她出宮去敬神，在回宮的路上，恍惚中像是看到一個像白狗一樣的東西向她撲來，在她腋下抓咬了一下，她大叫一聲，嚇得魂飛魄散。侍衛們四下搜尋，卻什麼也沒看見。她回宮後，命令太史令占卜，說是趙王如意的鬼魂作祟，嚇得她從此病倒在床，並總覺得腋下傷痛，日見沉重。她還常做惡夢，夢見戚夫人和劉如意向她索命。

西元前一八〇年七月，太后呂雉病逝於長樂宮。臨死前，她擔心劉、呂兩大集團必將有一場你死我活的鬥爭。因而，她告誡侄兒呂祿和呂產：「今呂代王，大臣弗平。我死後，帝年少，大臣恐要造反。你們一定率兵守衛宮室，不要為我舉喪，免得被人所制。」但是，她的一片苦心化成了泡影。在她死後不久，劉邦的庶長孫劉襄在山東起兵，並號召劉姓諸王聯合起來，進軍長安，共誅諸呂。在長安城內，在陳平、周勃等人的策劃下，劉邦時的一班老臣齊集在一起，齊心合力，裡應外合，誅盡了諸呂及其族屬，使劉姓皇族重掌兵權。不久後，陳平等迎回劉邦的另一個兒子、薄夫人所生的代王劉恆為帝，是為漢文帝。

呂雉爭寵專權，其特色是一個「狠」字。她將自己的「寵敵」戚夫人斷手足、剜眼目，使之變成「人彘」，其害人手段之殘酷，已非常人所能及也。呂雉爭寵，是為了穩固皇后寶座，而其終極目的，是想保住自己兒子的皇嗣地位，以便在劉邦死後，兒子能順利登基當皇帝，自己當太后。呂雉為達此目的，可謂是費盡了心思。但呂雉的兒子劉盈是個軟懦平庸之輩，既沒有其父高祖劉邦的那種雄才大略，也不如戚夫人的兒子劉如意那麼聰穎靈慧，但呂雉以利己之私心，最終把兒子推上了皇帝之寶座，惠帝劉盈在位期間，並沒有什麼作為，而實權仍掌握在呂雉手中，大封呂氏外戚為高官。然而她大封諸呂的同時，也開啟中國歷史上外戚干政的先河，這對皇權集中的封建中央集權統治產生了許多不利影響，對漢代社會的發展也產生滯緩作用。

漢宮飛燕　啄殺皇孫

西漢後期，隨著統治階級的日益腐朽，土地兼併日趨劇烈，階級矛盾不斷加深，出現了日益嚴重的統治危機。在外，不堪忍受封建政權和兼併勢力層層壓榨的百姓紛紛揭竿而起，反抗西漢政權的腐敗統治；在內，外戚集團為爭奪擅政權力，互相爭鬥傾軋。而作為最高統治者的漢朝皇帝，對統治危機卻熟視無睹，不考慮如何安邦治國，卻一味地追求奢靡荒淫的享樂生活。漢成帝劉驁登基稱帝後，感覺後宮中的眾佳麗還不夠「味」，便又在微服私訪中看中了身輕如燕、能歌善舞、美貌絕倫的趙飛燕。

趙飛燕的父親趙臨（或趙曼），是個因犯罪而籍沒入官府的官奴，籍貫不詳。這一年，趙臨的妻子（據說是江都王的孫女）生下一對雙胞胎女兒。女兒的降生，不僅未給他們帶來喜悅，反而帶來了諸多苦惱：生活貧苦，難以養活。於是，夫婦二人一狠心，便將這對女嬰棄至荒郊。奇怪的是，三天後，趙臨到棄嬰的地方一看，一雙女兒既未被人抱走，也未被狼狐吃掉，居然還活著。為父畢竟於心不忍，便將女兒又抱回了家中。

女兒一天天長大了。當時，官奴的女兒天生就是宮婢。不久，年少的兩姊妹便被送到長安宮中當婢女。那時官有的奴婢可以隨意轉送。姐妹二人在宮中做了幾年婢女後，又被賜給陽阿公主為婢。陽阿公主見趙氏姐妹中的姐姐體態輕盈，便把她從婢女中挑選出來，讓她練習唱歌跳舞，以便將來讓她

為寵廝殺

做一名歌伎。她容貌豔麗，身材窈窕，舞姿絕倫，似花枝輕顫，如燕子點水。所以，陽阿公主便為她起個藝名叫「飛燕」。

一天，漢成帝微服私訪，來到了陽阿公主家做客。公主盛宴款待，並喚出飛燕等幾名歌女歌舞助興，以取悅皇上。漢成帝本是好色之人，歌舞美女引起他極大的興趣，他很快地發現其中舞姿出眾、容貌迷人的趙飛燕，趙飛燕也不時地用一雙秋水顧盼的杏眼，頻頻向成帝傳情，把皇帝弄得神魂顛倒，忘乎所以。宴後，成帝對飛燕難以忘懷，從陽阿公主那裡將她要回宮中，第二天，便不顧飛燕出身微賤，親自草詔，封趙飛燕為婕妤。這一切，對趙飛燕來說實在是天賜的佳運，怎奈她卻難以在天子的寵愛、後宮的妒嫉中，真正找到自己的位置。

飛燕入宮，後宮三千佳麗頓失顏色，飛燕憑著天生麗質，使漢成帝終日拜倒在飛燕的石榴裙下，飛燕得到皇帝的專寵，愈發嬌美可愛。一天，飛燕對成帝說，她還有個孿生妹妹，名叫趙合德，長得也是如花似玉。成帝聽了，自然高興，馬上傳詔，命陽阿公主立即將趙合德也送進宮來，趙合德進宮時，也梳妝打扮了一番，成帝一見，果然也是天姿國色，美豔出眾。成帝大喜，立即也封趙合德為婕妤，收在身邊。從此，成帝左擁右抱，一味迷戀這對姐妹花。姐妹雙雙受寵，實是不多見。不怪後人有詩云：「一家姐妹共嬋娟，沉香荳蔻傾溫泉。」成帝在這如花似玉的姐妹中間盡享歡樂，早把原配妻子許皇后扔在了一邊。

成帝早在做太子時，其父元帝便為他選娶了妻子，這就是許皇后。許氏出身於外戚之家，名門望族。她的叔伯姑母許平君是漢宣帝劉詢的皇后。許氏生得非常美貌，而且聰明伶俐、知書解文，寫得一手好字，是一位不可多得的才女。所以，在做太子妃時，深得太子劉驁（即後來的漢成帝）的寵愛。沒幾年，許氏又為太子生了兒子，朝野上下為此大為慶賀，只是誰也沒有料到，沒過多久，這個即將成為劉漢皇朝繼承人的男嬰，竟突然暴病而死，這對許氏的打擊相當沉重。

元帝死後，太子劉驁登基稱帝，是為漢成帝，許氏成為母儀天下的皇后。儘管成帝已擁有眾多後宮佳麗，但他仍舊寵愛著許皇后，賜土地為她做封邑，支少府錢財供她使用。許后自然是知書達理，賢惠律己，雖然做了皇后，仍然對成帝恭敬順從，從不過問朝政國事。

然而，許皇后萬萬沒想到，她竟然成為宮廷中外戚爭權鬥爭的犧牲品。原來，許氏得寵，做了皇后，其父許嘉也平步青雲，官拜大司馬、車騎大將軍，大權在握，許氏家族更加顯赫。但是，當時還有另一外戚集團，那就是成帝母親、皇太后王政君的娘家。為了平衡王氏外戚和許氏外戚的權益，成帝拜王政君的同母弟、他的舅父王鳳為大司馬、大將軍，與許嘉同掌朝政。許嘉的權力被分割，當然心中不滿，於是兩大權臣之間難免產生矛盾。在處理許、王爭鬥的時候，成帝則明顯地偏向了舅父一邊。不久，他便找了一個藉口，免了許嘉的職，朝權全歸王鳳一人獨掌。許嘉失勢，許皇后也便開始遭到攻擊與誹謗，出現了失寵的苗頭，首先是皇太后王政君和王鳳等人以皇帝沒有子嗣、天降異災為由，把攻擊的矛頭直指許皇后。接著成帝也詔示許后在後宮中的禮儀及御服車駕、賜外物品等，均不得「越制」。許后無故受責，心中不快，便親自草書上奏，為自己辯護，但未能扭轉局勢，也未能洗掉不白之冤，之後還有更大的打擊又落到許后的頭上。

自鴻嘉（西元前二〇～一七年）以後，成帝日益荒淫，他把朝政大權交給舅舅王鳳等人，自己則恣意尋歡作樂。自趙飛燕姊妹入宮後，許后年長色衰，成帝對她逐漸疏遠、冷落，伴隨著孤幃冷月的許皇后非常傷心，但又擔心自己生不出兒子來，更不堪遭受趙氏姐妹的夾擊，當她知道後宮的王美人已經有孕在身時，便更加驚慌失措。一天，她的姐姐平安侯夫人許謁進宮來看望她，許后便向姐姐吐露了自己的心事。許謁則說：「請皇后放心，我能請巫祝設壇祈禱，使後宮妃嬪生不出兒子來。」隔牆有耳。她姐妹兩人的話，恰巧被趙飛燕的親信內侍聽見，趕忙報給了趙飛燕。趙飛燕正覬覦著皇后的寶座，處心積慮地要擊敗許后，此事正是天賜良機。第二天，她便上書告發許后和她的姐姐許謁詛咒後宮中有身孕的王美人和大司馬、大將軍王鳳。趙飛燕在許皇后背後插了致命的一刀。

成帝繼位多年沒有皇子，如今王美人懷了孕，如是男孩，關係到劉家皇朝的延續。王鳳官居要職，以外戚輔佐朝政，其升遷成敗都關係到王氏家族榮辱興衰。這些無論是成帝還是皇太后，都是不能容忍的。皇太后首先發難，她責令要嚴懲不貸。許謁被捕入獄、判死罪，並被砍頭示眾。許皇后也被成帝廢掉，幽禁於昭台宮，其在京師的親屬，全被趕回原籍。後來她又因牽涉淳于長與王莽的爭權案，被成帝賜死。

趙飛燕在與許皇后爭寵、並設法將其置於死地的同時，還將另一個與她爭寵的班婕妤也拉下了寵位。因為封建皇宮中的婦女，無論怎樣的才貌超群，只有得到皇帝的寵愛，才能找到自己的價值，才能活得像是個女人，寵愛越專，寵位越高，對這一點，趙飛燕是非常清楚的，她的妒心與狠毒是保護自己的一種本能與手段。

班婕妤是越騎校尉班況的女兒（東漢史學家班固的祖姑）。成帝登基後，大選美女以充後宮，班女亦被入選之列，並被立為「少使」（後宮嬪妃中的第十一級）。班少使雖為一女子，但她卻才藝雙全，不僅熟讀《詩經》等典籍文章，而且寫一手好賦，此外她還嚴格遵守「婦德」，知道如何當一位賢順的女人，她的言行舉止，全都符合禮儀規範，在「女子無才便是德」的時代，如她那樣的才女寥若晨星，使她在後宮眾佳麗中愈顯與眾不同，所以儘管她地位卑微，但很快便脫穎而出，深受成帝的寵愛。不久，班少使便升為婕妤，地位已相當於上卿。

成帝屢屢臨幸班婕妤的「增成舍」，有時還帶她到離宮別館遊玩居住。不久，班婕妤在別館生了個男孩。可是沒過幾個月，孩子突然夭折，這件事給她造成了重大的打擊。但成帝仍然寵愛她，其地位僅次於皇后。一天，成帝游宴後宮，要班婕妤與他共乘一車，班婕妤婉言拒謝。她對成帝說：「妾觀古之圖畫，聖賢之君，皆有名臣在側；三代亡國之君，乃有嬖女！今皇上欲妾同輦，妾不敢有累聖德，故難以從命！」成帝稱讚她說得對。太后聽說，也讚不絕口：「古有樊姬，今有班婕妤！」（樊姬是楚莊王之夫人，諫止莊王畋游）。

班婕妤在宮中雖得寵幸，從不恃寵而驕，尤對許皇后恭謹有禮，所以跟許皇后的關係相當友好。皇后專寵時，後宮美人很少能見到成帝，惟獨班婕妤能分得寵遇，也正因為如此，趙飛燕也把班婕妤當成寵敵，時刻找機會要除掉班婕妤。

現在趙飛燕終於找到了機會，因為班婕妤與許皇后的關係相當親密，她可以經常出入皇后中宮，這件事情本來正常，但卻成了趙飛燕的口實，在許謁「巫詛」事件中，班婕妤也無可避免地受到牽連，因為這已是趙飛燕蓄謀已久的計畫。

成帝並不知道其中之意，處置了許皇后，也沒放過班婕妤。他親自審問班婕妤，責她為何參與此事，班婕妤從容答道：「妾聞死生有命，富貴在天。妾謹慎修身尚未得福，從事邪道又有何望？若是鬼神有知，豈肯聽信讒詛？若是無知，咒詛又何益？此類事妾非但不敢做，也是不屑做的！」一番話擲地有聲，入情入理，說得成帝點頭稱是。結果成帝赦免了她。

然而，聰明的班婕妤知道有趙飛燕姐妹在成帝身邊，自己的寵幸已經成為過去，她不想以自己的性命做爭寵的賭注。於是她上書成帝，請求去長信宮侍奉皇太后王政君。成帝准其奏。班氏退居長信宮，回首往事，頗為傷感，揮毫抒懷，寫下一篇淒切哀婉的長賦：「承祖考之遺德兮，何性命之淑靈；登薄軀於宮闕兮，充下陳於後庭……」成帝死後，班氏又遷至成帝的延陵奉陵居住，在那裡度過了她一生最後的時光。

許皇后被廢之後，六宮無主，漢成帝便想立趙飛燕為后，但此事還需得到太后的允准。然太后看不起宮婢出身的趙飛燕，成帝再三懇求，太后就是不允。這時，有個叫淳于長的幸臣，是太后的外甥，官拜衛尉。此人善於投機，他瞅準這是討好成帝的一個機會，便多次到太后面前為成帝說情。他憑著三寸不爛之舌，堅持不懈地勸說了一年多，終於說動了太后，成帝大喜，永始元年（西元前一六年），成帝於未央宮下詔，冊立趙飛燕為皇后，並大赦天下，為答謝淳于長的勸說之功，成帝又封他為定陵侯。在這場掖庭爭寵的角逐中，宮婢出身的趙飛燕憑藉傾國傾城的姿色和陰險狠毒的手段，終於如願以償，入主後宮。她的父親趙臨也借女兒的光被封為成陽侯。

為了取悅新皇后，漢成帝特意在皇宮內太液池建造了一艘華麗的遊船，帶著趙飛燕泛舟賞景。命侍郎馮無方吹笙，成帝自己用犀牛角做的簪子，輕擊玉杯，以為節奏，並讓趙飛燕邊歌邊舞。當他們玩得正高興處，忽然刮來一陣大風，趙飛燕的裙帶被吹起，帶著身輕如燕的趙飛燕一起飛向空中。成帝嚇得大驚失色，手足無措，急呼馮無方救護，馮無方手急眼快，立刻撲上前去，兩隻手正好抓住飛燕的雙腳。趙飛燕本來就喜歡這位才貌雙全的青年侍郎，索性由著他緊握雙足，再藉著風力，凌空狂舞，過了一會兒，風停了，飛燕才停住了舞姿。此後，漢宮中便傳出了「飛燕能作掌上舞」的佳話。

飛燕做了皇后，她的妹妹趙合德也位進昭儀，備受皇寵。成帝特建一座昭陽殿，供趙合德居住。趙昭儀受寵，不亞於其姊趙飛燕，飛燕從此又多了一個爭寵的對象，趙昭儀受皇寵，後人曾有詩敘之：「捲髮新妝麗曉霞，更聞女弟擅容華；金虹銜壁流蘇帶，爭羨昭陽第一花。」為討趙昭儀的歡心，成帝不惜錢財，大肆修繕昭陽殿，台階用白玉雕成，門檻包以黃銅，牆壁飾以黃金和美玉及珍珠，把這座宮殿裝飾修建得金碧輝煌，華麗無比。

飛燕姐妹雙雙受寵，但二人的肚皮都不爭氣，侍御皇恩雨露多年，竟未生下一男半女。尤其是趙飛燕，為了保住皇后的位置，更是日思夜想誕育皇子，始終未能如願。於是，她便想要借種生子。她偷偷地在後宮中挑選多子的侍郎官或宮奴，與他們姦宿，希望受孕後生個兒子。時間一久，醜聞便有外傳，並傳進了成帝的耳朵裡。成帝雖然似信非信，開始注意並且監視飛燕的行為。一天，在昭陽宮，成帝有意無意地與趙昭儀說起了宮裡的傳聞，並明顯流露出不滿的神色，趙昭儀聽了，心中不免為姐姐擔憂。於是，她趕忙為姐姐作掩飾：「姐姐生性剛毅，免不了得罪後宮之人，如果有人誣陷她不貞，則我們趙家就要滅族了。」說完，便哽哽咽咽地哭了起來。成帝見狀心軟了，慌忙為其拭淚，並指天發誓道：「朕以後再也不聽信蜚語讒言了，否則，便不得好死！」後來，凡有人向他告發皇后有姦情，便統統將其處死。

趙飛燕有皇帝的庇護，更加肆無忌憚，在宮中淫亂。朝臣們都有耳聞，但懾於成帝的皇威，都敢怒不敢言。有一位叫劉向的光祿大夫實在看不過眼，就想採取一種婉轉的辦法來提醒成帝，他修定了一部《烈女傳》，將古今書籍中記載的賢淑女子顯家興國和淫蕩婦女毀家亡國的事例一一列出，呈獻給成帝。成帝看後，大加讚賞，可對劉向的意圖卻未能體會。

趙飛燕自己不能為皇帝生育皇子，又想保住自己的皇后寵位，便生一毒計，絕不允許宮中其他嬪妃懷孕生子，如發現有誰懷孕生子，就立即將母子一同除掉。她身為皇后，不好親自出馬，便將她的妹妹趙昭儀推到前面充當劊子手，她在後面坐鎮指揮。

元延元年（西元前一二年），後宮有個叫曹偉能的女史，有了身孕。最先發現的是一位叫曹曉的宮婢。詢問之中，曹曉得知她是得了皇帝的御恩，懷了皇子。當年十月，曹偉能生了一個男孩，住在一個姓牛的執事家中，趙飛燕姐妹聽到消息後，立即指使中黃門田客派人殺死這個男嬰。田客得令，即密令掖庭獄長籍武，立即將曹偉能母子下掖庭獄中，並設法弄死她們，不要問是誰的孩子。在獄中，曹偉能一邊哭泣，一邊氣憤地對籍武說：「請您收藏好我兒的胞衣，我兒非尋常人之子。」籍武當然明白，這是成帝的皇子，遂動了惻隱之心，不忍下手，三天之後，田客找到籍武，問道：「那個孩子死了沒有？」籍武回答說：「還沒死，仍在暴室獄中。」田客回奏後，又來掖庭獄怒氣衝衝地告訴籍武說：「皇后和昭儀都很生氣，問你為何抗旨不辦？」籍武連忙跪下，叩頭流淚回道：「不殺此兒自當死，殺此兒日後亦難免一死。皇上至今無子嗣，皇位繼承無人，還請皇上三思，留下親生兒子。」他請田客把這番話轉告給成帝。

又過了幾天，田客對籍武說：「今夜漏上五刻，你把孩子交給中黃門王舜，在東交掖門交接。此兒由王舜攜回宮中，擇一乳母撫養。」籍武只得遵照執行。他把孩子交給了王舜，王舜又找來宮婢張棄，吩咐道：「你好好哺養這個孩子，將來有賞，但不要讓別人知道。」過了三天，田客又找到籍武，交給他一封密封的詔書和一個蠟封的小綠匣。籍武打開「詔書」一看，是令他速將匣中物品及書交給曹偉能，並監督曹偉能執行「詔令」，籍武又偷偷打開綠匣，見匣中裝有兩枚毒丸，另有一紙條：「告偉能，努力飲此藥，不可復入，汝自知之。」

籍武來到獄室，將小綠匣交給曹偉能。曹偉能看後，淚如雨下，大罵趙氏姐妹殘忍狠毒，傷天害理。她憤慨地說：「原來是她們姐妹想獨霸後宮！我兒頭髮漫延到額前，像孝元皇帝。今兒安在？怎樣才能讓皇太后知道此事？」她哭了一陣，罵了一陣，自知無回天之力，就狠了狠心，含淚吞下毒丸，立即斃命。

曹氏已死，趙家姐妹為了滅口，又將服侍過曹氏的六名宮婢也一併殺死。過了幾天，宮婢張棄哺育嬰兒的事，被飛燕姐妹知道了，她們便派一個叫李南的宮官，從張棄處將嬰兒弄走殺死。

趙飛燕姐妹合謀害死了曹偉能母子，又假借成帝之手，殺死了另一個皇子。第二年十一月，成帝后宮有個許美人，也生下了一個兒子。成帝知道後很高興，他想自己終於有嗣，便派一個姓嚴的太監去請乳母及醫生進宮看護。成帝怕這事讓趙皇后和昭儀知道後惹麻煩，便採取了主動態度。這次飛燕又把妹妹推上了前台，讓妹妹責怪皇帝，然後再借皇帝之手除掉許氏母子。

趙昭儀首先又哭又鬧，怒氣衝衝地責問成帝：「你常騙我說沒去別的宮室，只是去過皇后的中宮，那麼，許美人是怎麼妊娠生子的？你竟背著我去愛許美人，難道你要立這個許美人為皇后嗎？」說完，從床上滾到地下，用頭撞門邊的柱子，賴著不肯起身，哭鬧不止，還逼著成帝馬上送自己回家。成帝慌得手足無措，囁嚅著說：「這事我本不想瞞你姐妹，所以特意先告訴你們，想不到反惹你們生氣。」侍人送來飯菜，趙昭儀也不吃。又過了一會兒，昭儀質問成帝：「陛下常說絕不辜負我姐妹。如今許美人生了孩子，辜負了臣妾，應該怎麼辦？」成帝只好答應：「既然應了你們姊妹，朕就不會再寵許美人了。朕保證沒人超過你們姊妹，請放心好了！」然後，成帝又百般哄勸，竭盡溫柔，才平息了趙昭儀的怒氣。

過了幾天，成帝派中黃門靳嚴賜給許美人一道詔令，並對靳嚴說：「美人會交給你一件東西，你拿來後，將其放在飾室門簾的南面。」過了一會兒，靳嚴果然帶回一個用葦草編成的小箱子，另有一封回信。他把這兩件東西放在指定地點後就悄然離開了。

成帝與趙昭儀坐在殿上，叫昭儀身邊的一個侍者於客子打開葦篋，然後叫于客子和身邊的其他侍者都出去，關上門。過了一會兒，成帝叫于客子等人進來，讓他們把葦篋緘封起來，又詔令中黃門吳恭把葦篋交給籍武，並賜詔說：「告武：篋中有死兒，把他埋掉，不要讓他人知道。」籍武在掖庭監獄邊的牆下挖了個坑，把死嬰埋了，又一個無辜的嬰孩成了趙氏姐妹爭寵奪愛的犧牲品，而成帝這位

為寵廝殺

一朝天子，竟然為了自己的寵妾對自己親生兒子下此毒手，其心也是狠毒。

成帝沒有了皇子，真的絕嗣了。元延四年（西元前九年）正月，中山王劉興和定陶王劉欣一起進京朝見成帝與太后。劉興是成帝的弟弟，其母為馮昭儀。劉欣是成帝的侄子，其父是定陶王劉康，祖母為傅昭儀，傅昭儀當年即想為兒子奪取太子地位，但未能如願，這次隨孫子進京，就是想圓當年未圓之夢。原來，傅昭儀見年已四十三歲的成帝沒有子嗣，便想藉機勸說成帝立侄子劉欣為皇儲。她深知，要想使此事成功，就必須先打通兩條路：一是皇后趙飛燕及其妹妹趙昭儀；二是皇太后王政君。於是，她在進京之前，就已先派人向趙飛燕姐妹和太后的弟弟、大司馬王根送去了厚禮，求他們在成帝及太后面前美言，欲成此事。到了長安城，傅昭儀便先去謁見皇太后，花言巧語，終於說動了太后，徵得了太后的同意。隨後，又厚賄趙氏姐妹身邊的侍從，讓這些人鼓動趙氏姐妹為她出力。

這一天，劉興和劉欣叔侄二人上殿拜見成帝。成帝見侄子劉欣少年英俊，博學聰慧，談吐流暢，很是喜歡。而相比較，弟弟劉興卻顯得有些呆笨，答非所問。於是，成帝便決定立侄子劉欣為皇太子。回到後宮，趙飛燕姐妹又對劉欣誇讚了一番，這更加堅定了成帝立嗣的決心。

一年之後，漢成帝下詔，令定陶王劉欣回京，立為皇太子。

綏和二年（西元前七年）三月，四十六歲的漢成帝頭一天還沒有任何不適，正常接見前來朝見的楚王和梁王。可第二天早晨起床，剛穿好褲襪，忽然手腳僵直，口不能言，一下子倒在床上。未待御醫救治，就一命嗚呼了。

成帝駕崩，劉欣繼位，是為漢哀帝。成帝在位時，趙氏姐妹以色侍君，寵極一時。朝中大臣都很氣憤，但沒人敢言。成帝暴亡，人們終於找到了除掉她們的機會。一時間，滿朝上下，宮廷內外，紛紛傳說是趙昭儀害死了皇上。皇太后便命大司馬王莽迅即追查成帝起居及生病情況。趙昭儀自知難逃死罪，便自殺身亡。

趙飛燕運氣還算不錯，因她擁立劉欣當太子有功，所以，當劉欣稱帝後，儘管有司隸校尉解光上書舉發趙飛燕與昭儀兩次誅殺皇子案有關，但哀帝並未治她的罪，並且尊趙飛燕為皇太后，六年之後，哀帝死，王莽當政，便以太皇太后王政君的名義，宣布趙飛燕虐殺皇子，滅絕皇嗣，將她廢為庶人，為成帝守陵去了。

「木門倉琅根，燕飛來，啄皇孫」。這是西漢末年流傳在京都長安城內的一句童謠。「燕」，即指趙飛燕。宮婢出身的趙飛燕能一躍而成為六宮之主，靠的是絕倫之美色，而其嫉妒之本性，殘忍之手段，是她與情敵們爭寵奪愛的重要因素與條件。漂亮的女人一旦進了皇宮，受到皇帝的寵幸，往往都會生出「野心」來，那就是把奪取六宮之主的皇后寶座當成自己奮鬥的目標，並且不擇手段。趙飛燕也不例外。趙飛燕靠寵位和手段，一一擊敗了與她爭寵的對手，終於如願以償，當上了皇后。在皇宮中，有時還往往是母以子貴，皇后如果生了皇子，立為皇嗣，她的地位就更加穩固了。趙飛燕雖然當上了皇后，可始終沒有生育皇子，所以她仍時有危機感。害怕其他嬪妃一旦生下皇子，很有可能會動搖自己六宮之主的地位。便開始暗中派人監視，凡有懷孕的嬪妃宮女，不擇手段，統統除掉，最後竟使漢成帝真的絕了嗣。趙飛燕以色侍君，使漢成帝拜倒在她的石榴裙下，不思治國，不理朝政，整日卿卿我我，醉生夢死，西漢王朝焉能不衰不亡！

竇后臨朝　外戚專權

西漢末年的王莽復古改制，在農民大起義的浪濤中徹底失敗了。不久，在南陽起兵的漢室皇族後裔劉秀，乘機壯大了實力，並打敗了起義軍和各地割據勢力，於西元二五年在鄗（今中國河北高邑）稱帝，重建劉漢政權，史稱東漢。東漢初年，戰事平息，於西漢末年遭受嚴重破壞的社會經濟，又有了較大程度的恢復和發展。然而，豪強地主勢力也隨之不斷發展，成為操縱東漢政權的一支強大力量。豪強勢力的急劇上升，不僅造成了豪強地主和廣大農民的對立，同時，也促使統治階級內部爭權奪利的鬥爭更加激烈起來，因而便出現了東漢前中期以後外戚、宦官爭奪政權的鬥爭。漢章帝劉炟正是在這樣的一種社會大環境下登基稱帝的。與歷史上大多數的封建帝王相類似，章帝也是一個好色之徒，登基不久，便下詔徵選天下美女，以充後宮，供其享用。在他徵選的佳麗中，就有後來為他所寵幸，成為皇后、皇太后的竇氏。

竇氏出身於東漢著名的官僚兼外戚世家。祖籍扶風平陵。她的祖父竇融，是佐助漢光武帝劉秀「中興漢室」的名臣，為名列雲台的二十八員大將之一，曾官拜大司空，封安豐侯。因竇融功勛卓著，光武帝劉秀便把自己的女兒內黃公主許配給他的長子竇穆為妻。後來，竇融的長孫竇勳又娶東海王劉疆的女兒沘陽公主為妻。當時，竇氏一門已是「一公、二侯、三公主、四二千石」，顯赫無比。在京都洛陽城北，華麗的住宅連成一片，幾占洛陽城半。宅內車馬無數，婢奴成群。竇家成了外戚勳臣中的「大戶」，無人可比。由於竇氏權傾朝野，富甲一方，其子孫中便有不少紈褲子弟，他們依仗父祖之蔭，貪贓枉法，橫行不羈。到漢明帝執政時，竇穆、竇勳父子雙駙馬，均因觸犯刑律而被革職下獄，定為死罪。其餘凡為郎官者，全被免職，趕出洛陽城。竇氏家道開始衰敗。只有竇勳之妻沘陽公主因出身皇室，被恩准留居洛陽。這沘陽公主就是後來漢章帝皇后竇氏的母親。

竇氏家族陡然衰敗，公爹和丈夫的慘死，對生性好強、胸懷大志的沘陽公主的打擊相當沉重。傷痛之餘，她又不甘心就這樣由錦衣玉食的貴族淪為市井平民。她與駙馬生有一雙漂亮的女兒，她現在寄希望於女兒能幫她重振家威。她決心培養如花似玉的一對女兒，送進皇宮，有朝一日成為六宮之主，耀祖光宗。沘陽公主這樣想，也這樣做了。她從此足不出戶，閉門課女。

沘陽公主的兩個女兒果不負母親的期望。幾年過後，不僅出落得亭亭玉立，美如天仙，而且知書達理，才藝雙全。尤其是姐姐，天性聰慧，更具才情，寫一手好書法，鄰人親友無不稱奇。不久，竇家姐妹的芳名便傳遍京城洛陽，也傳入了皇宮。

永平十八年（西元七五年），漢明帝病逝，太子劉炟繼位，是為漢章帝。建初二年（西元七七年），二十一歲的漢章帝開始徵召天下美女，以充後宮。章帝聽說這次被選入宮的美女中有沘陽公主的兩個女兒，心中便格外留意。因為他在做太子時即已耳聞公主家有對才色俱佳的姊妹花。此時，他迫不及待地坐在御座上，等待一睹芳容。不一會兒，由黃門太監領進兩位婷婷娉娉的少女，在章帝座前跪下。有人告訴章帝，此二女即是沘陽公主之女。章帝瞪大眼睛，上下仔細打量，心裡感嘆：果然名不虛傳！二位少女花容月貌，光彩照人，尤其是姐姐，更是與眾不同。她面容秀麗，舉止端雅，更有一種自然成熟之美。章帝真是一見鍾情，立即令人引她二人去拜見皇太后。太后見這二位佳人美貌不俗，也非常高興。她知章帝早已有意，便讓章帝冊封二位為貴人，入宮伴寢。

姐姐大竇貴人入宮之後，很快便取得章帝的寵幸。在後宮之中，她「進上有序，風容甚盛」，壓倒群芳，獨占風流。她為了爭得皇帝專寵，爬上六宮之主的寶座，深知不僅要獻媚於皇帝，對頗有威望的馬太后及身邊的宮婢太監也得多加籠絡。為此，她精心關照馬太后的生活，噓寒問暖，禮尚有加，深得太后好感。對待身邊宮人，她能做到八面玲瓏，和顏悅色，從不喝罵訓斥，因此，她在後宮中「人緣」極好。竇貴人這樣做，自然是有她的目的，另一方面也說明，無論是對誰而言，謙恭都是一種美德。

功夫不負有心人，大竇貴人入宮不足一年即建初三年（西元七八年）三月，在宮中的一片讚譽聲中，實現了她和她母親沘陽公主的願望，登上了皇后的寶座。

當然，對封建帝王來說，不會有真正的感情專一，皇后的寶座也不是牢不可破的。後宮佳麗眾多，且各有所長，她們爭相炫耀各自的優勢，每個人都不放棄得到皇帝專寵的希望，因而，她們之間的明爭暗鬥就是難免的了。雖然身為皇后，入主後宮，但卻也是眾矢之的，隨時有被皇帝冷落、被別人取代的危機，對這一點，竇皇后是非常明白的，但她沒有想到，最先令她陷入危機的，竟是後宮另兩對姐妹花，她們是大小宋貴人和大小梁貴人。這兩對美人同樣深受皇帝的寵愛。

宋貴人姐妹，是馬太后的親戚，她們的父親宋揚是馬太后的表舅。按輩分，二人是馬太后的表妹。倆姐妹幼年時就被馬皇后接進皇宮，接受宮廷教育。不僅深知皇宮禮節，而且才藝俱佳。至永平末年，當時的太子劉炟已經長大，馬太后便將這對表妹送入東宮，成了太子妃，並深得太子寵愛。後來，劉炟當了皇帝，宋氏姐妹也雙雙被冊為貴人。建初三年（西元七八年），姐姐為章帝生下一個皇子，取名劉慶。次年四月，剛滿週歲的劉慶便被冊立為皇太子。母以子貴，大宋貴人在後宮中的地位明顯上升，僅次於皇后。這對仍未生兒育女的竇皇后來說，無疑是一個潛在的威脅。

大小梁貴人也出身官宦世家。她們的父親是駙馬梁松的弟弟梁竦。梁松身為外戚，曾於光武時陷害過大將軍馬援，因此，頗受光武帝的信任，曾官拜太僕卿，為光武帝死後受遺詔的輔政大臣之一。漢明帝即位後，馬援的冤案進一步昭雪，梁松因陷害馬援而被整肅。開始因「私下請託郡縣」免官，隨之又以「飛書誹謗」之罪而逮捕下獄，定為死罪。梁松之案牽連了梁氏一族，全部被趕出京城，流放九真。梁松之妻是漢明帝的姐姐舞陰公主，得皇蔭留居洛陽。梁竦有一對女兒，平日很受舞陰公主喜愛，這次流放，公主可憐侄女年幼，便奏請明帝批准，將她們留在了自己身邊，盡心撫養。章帝即位選美，梁氏姐妹也被送入後宮，被冊封為貴人。建初四年（西元七九年）秋，小梁貴人也為章帝生下一子，取名劉肇。同樣，小梁貴人的身分也顯貴起來，自然也成了竇皇后的心腹之患。當然，馬太后在世之時，因太后威望很高，章帝又很仁孝，所以，大竇小竇、大宋小宋、大梁小梁這三對姐妹花表面上倒還相安無事，因為她們懾於太后的母威，不敢輕舉妄動。馬太后對她們也比較公允，不偏不倚，以平衡三家外戚的實力，消弭化解矛盾。比如，馬太后讓大竇做了皇后，卻讓大宋貴人的兒子劉慶做了太子。

建初四年（西元七九年）六月，馬太后去世。竇皇后見時機已到，便開始了一系列為保寵位、保皇后位的陰謀迫害活動，向對她構成威脅的其他兩對姊妹花舉起了屠刀。

竇皇后第一個攻擊的目標是皇太子劉慶的母親大宋貴人姐妹，同時也殃及了太子劉慶及宋氏家人。

竇皇后的方案是與她的母親沘陽公主共同商議制定的。沘陽公主密囑竇皇后的兄弟竇憲和竇實，要他們在宮廷內外伺機搜尋宋氏家人的過失，無論大小都不放過；皇后自己在宮中則叮囑心腹太監、宮婢們時時注視宋貴人的舉止言行，以尋機下手。

建初五年（西元八〇年）初春，大宋貴人偶感風寒，腰膝痠痛。宮中御醫診脈後，開了一副藥方，其中有一味藥名叫「菟絲子」。宮廷藥房無此藥，大宋貴人便寫了一封信，派一名小太監出宮，送到宋府，囑她母親派人上街市購買。小太監不敢怠慢，拿上書信便急匆匆向宮外走去。小太監剛走出宮門，恰巧碰到了皇后宮中的內府總管。總管見小太監從大宋貴人宮中急匆匆走出，必定有事，就將其攔住，追問他出宮去幹什麼？小太監見總管攔問，怎敢隱瞞，將大宋貴人的書信從袖中取出，交給了總管。總管看完了信，眼珠一轉，認為討好皇后的機會來了。他對小太監說：「皇后有令，大宋貴人有病，凡湯藥諸事，悉由長秋宮派人辦理，不必貴人親自費心。你回去吧！」小太監回宮後，總管便將信交給了竇皇后。

第二天傍晚，章帝駕臨長秋宮，一進門，看見竇皇后正坐在床上傷心地哭泣，便關心地詢問緣由。竇皇后「咚」一聲，跪倒在皇帝面前，哭訴道：「請陛下救救臣妾！」章帝非常吃驚，趕忙追問到底發生了什麼事？竇皇后抹了一把淚，說道：「宋貴人要謀奪皇后之位，恨臣妾不死，便使其母家求購菟絲子為厭勝之術。」章帝聽了，沉思良久，半信半疑，又追問：「皇后是怎麼知道的？」竇皇后取出一封摹仿大宋貴人筆跡、口氣的書信交給章帝，信中確有「求購菟絲子作咒詛之用」的字樣。證據確鑿，章帝不由不信。他非常氣憤，立即下詔，將宋貴人嚴加斥責，令其母子遷出東宮，移居承祿觀。

竇皇后見皇帝並未忍心對大宋貴人過分責罰，危害未除，她是不會甘心的。竇皇后經常在章帝的耳邊說大宋貴人的壞話，數落她的種種不是。時間一長，章帝在竇后的讒言鼓動下，真的開始憎惡宋貴人母子，並再也不去宋貴人處了。

竇皇后見章帝已經上鉤，便開始設計第二條毒計，目的是一舉除去大小宋貴人及太子劉慶，斬草除根。建初七年（西元八二年）裡的一天，漢章帝正坐在宮內批閱奏章，忽然看見一份由掖庭令書寫的奏章，記述大宋貴人於某月某日遣小太監出宮去母家送信，又於某月某日去請某「女巫」云云。最後，掖庭令還奏請皇上對此事應嚴加查辦。章帝閱完，頓時想起了以前皇后的哭訴，認定了這是宋貴人的犯罪事實。他馬上詔令掖庭令嚴加盤查。其實，這位掖庭令早已被竇后收買。

幾天之後，掖庭令的復奏送給了章帝，不僅把大小宋貴人說成了詛咒帝后的元兇，還把年僅四歲的皇太子劉慶也說成了幫兇。章帝大怒，一道詔書下發，便將皇太子劉慶廢為清河王，另立梁貴人生的兒子劉肇為皇太子。同時，將大小宋貴人趕出宮去，打入禁室冷宮，並命小黃門蔡倫嚴加拷問。這位後來發明了造紙術的蔡倫，當時也得到竇皇后的好處，皇后命他務必嚴刑拷出口供。兩位從小嬌生慣養的女子，怎經得住大刑相逼，終被屈打成招，定為謀逆之罪。

過後，章帝終念與二位貴人的昔日恩愛之情，心又軟了，沒定她們死罪，只將她們移至暴室（宮廷監獄）關押。大小宋貴人萬分冤屈，她們知道，自己是竇后所害，一日不死，竇后就一日不肯罷休。她倆害怕哪一天會像戚夫人那樣慘遭「人彘」之禍，便於一個沒有月色的漆黑夜晚，乘看守不備，雙雙服毒自盡。兩位如花似玉的女子，就這樣被輕易地奪去了生命，皇權制下，殺人如碾蟻。皇帝的意志代表一切，兩女子身蒙不白之冤，一命嗚呼而沒有任何申辯的權利，這在當時的封建制度下竟又是天經地義的，實為可悲可嘆。

章帝聽說兩位貴人相約自盡，不禁慨然。念及前情，頗有些傷感，便命掖庭令將二人厚葬於京師城北。此事也株連了宋氏家人。兩貴人的父親宋揚被判削職免官，放歸故里。不久，當地的郡吏因一樁案件把他牽扯進去，將他逮捕下獄，後雖因朋友說情放出，可不久便氣恨而死。大宋貴人的兒子劉慶被貶為清河王之後，雖然年幼，卻很懂事，為避禍他從不向人提及自己的母親。後來，他在弟弟、

為寵廝殺

太子劉肇的庇護下，總算沒有被害，平安地活了下來。

竇皇后以毒計害死了與她爭寵的情敵大小宋貴人後，又把矛頭對準了大小梁貴人及其家人。她又故伎重演，先是密令自己的兩個兄弟蒐集梁氏的「罪名」，然後尋機陷害。自從梁貴人的兒子劉肇被立為太子後，梁貴人一家蒙恩被赦，從流放地九真回到了洛陽。可是梁貴人的老父梁竦，早已看透了官場的險惡，世態的炎涼，他沒有再回京師為官，而是乞歸甘肅鄉里，閉門自養，不問政治，每日以讀書閱經為樂事。但他萬萬沒有想到，災禍還是降臨到了他的頭上。建初八年（西元八三年），一天，忽有京都侍臣奉詔來到漢陽（今中國甘肅定西、隴西一帶），說梁竦在鄉勾結盜匪，欲行造反，為其兄長梁松報仇，詔書命漢陽太守立即逮捕梁竦。不久，梁竦便冤死獄中，妻兒又重被流放九真。

害死了梁竦，竇皇后又向章帝進讒，說大小梁貴人與其父同謀叛逆，欲內外勾結，害帝篡位。昏庸的章帝也不調查，便將大小梁貴人賜死。此案同時株連了梁松的妻子舞陰公主。公主被趕出京城洛陽，軟禁於新城（今中國河南伊川西南）。

竇皇后以陰謀手段鬥敗了情敵，儘管手段並不高明，但昏庸的章帝一味輕信讒言，使她輕易地達到目的，鞏固了寵位和皇后的寶座。梁貴人死後，太子劉肇由竇皇后正式撫養。章帝對她依然是言聽計從，一是因為對她寵愛有加，同時也有幾分畏懼。章和二年（西元八八年）孟春，庸懦的章帝病逝，十歲的皇太子劉肇即位是為漢和帝。竇皇后做了皇太后，並且開始臨朝聽政。

竇氏臨朝，自然大權在握，她開始提拔重用自己的兄弟子侄，掀開了東漢歷史上外戚專權的一頁。章帝在位時，還比較注意抑制外戚的權力，一般很少濫加封賞，對外戚中有犯科觸律者，亦不姑息。比如，皇后的弟弟竇憲，想強買明帝女兒沁水公主家的肥田，公主不敢得罪，只好忍氣吞聲，以最低廉的價賣給了竇憲。許多人見了，都敢怒不敢言。只有當朝大司空看不過眼，斗膽上奏章帝，章帝聽了非常生氣。過了幾天，章帝故意帶竇憲外出巡遊，當路過已換了界牌的沁水公主田園時，指問竇憲是怎麼回事，竇憲嚇得不敢言語。回到宮中，章帝嚴厲斥責了竇憲，若不是其姐竇皇后講情，差一點將其下獄治罪。此後，章帝對竇憲日見疏遠。所以說在章帝時期，竇氏兄弟並未得到高昇。但章帝一死，竇太后掌權，情況就發生了根本性變化。竇太后害怕朝權落入外廷大臣之手，便立即假和帝下詔，將自己的兄弟竇憲、竇篤等人統統提拔重用，委以要職。儘管有太傅鄧彪執掌中樞，但實際大權已落入竇氏家族手中。凡朝報奏章，先由竇憲、竇篤閱處，報請太后批覆，再交大臣執行。朝中官員們賞罰升降，也必經竇氏兄弟之手。

和帝永元二年（西元九〇年）七月，竇太后下詔，封竇憲為大將軍，位在三公之上，封冠軍侯，食邑兩萬戶。竇篤及另外幾個兄弟，亦全都封侯，食邑六千戶，並分任執金吾、光祿勳等朝官要職。竇氏兄弟權傾朝野，劉氏王朝簡直成了竇家天下。竇太后仍不滿足，她把竇家的姻親家屬，統統拉入朝中，授予高官。如竇憲的三個叔父，竇憲的女婿及親家等，都做了少尉、校尉等官職。就連竇家的奴僕侍衛也都狗仗人勢，耀武揚威，魚肉鄉里。位高權重的大將軍竇憲竟然公開僭越，出門時使用皇帝的儀仗，一些獻媚者還呼他「萬歲」。朝臣為之側目，但誰也不敢公開彈劾。

多行不義必自斃。竇氏外戚專權擅政，不僅引起了朝臣們的不滿，也引起了十四歲的和帝劉肇的警惕。他眼見幾個舅父專權自恣，深知將來必為大患。所以，從永元四年（西元九二年）開始，和帝便開始考慮並實施翦除專權的竇氏外戚的計畫。和帝在心腹宦官鄭眾及哥哥、清河王劉慶的幫助下，瞞著太后，以迅雷不及掩耳之勢在幾天之內首先解除了竇憲的兵權，並將其逐出京師。同時，處置了竇氏的黨徒爪牙。等竇太后知道了消息，已經晚了，竇氏集團已被滅掉瓦解。太后又哭又罵，也都無濟於事。她萬萬沒有料到，當年爭寵奪后位，所戰必勝，今天竟然敗在一個十四歲的娃娃皇帝手中，不禁又氣又恨，鬱憤難平。不幾日，便氣得病倒床上。五年後，即永元九年（西元九七年），竇太后在清冷的後宮中，帶著一腔怨恨和無奈，離開了人世。

東漢章帝劉炟的皇后竇氏，時人喻之「美如飛燕，毒比呂雉」。她雖才藝雙全卻心狠手辣，為爭皇后之寵位，不惜採取各種手段，連連擊敗四位對手，並均置於死地。章帝死後，竇氏外戚因她而柄權弄勢，灼熱一時，真的是「一人得道，雞犬升天」。然好景不長，眨眼即成過眼煙雲，這是歷史之必然！竇氏爭寵，也是為了奪皇后寶座和保皇后之位，因為在她的身旁有實力很強的競爭對手！竇氏爭寵，手段既卑鄙又毒狠，為時人所不齒！竇氏恃寵當上了皇后，後來又成了皇太后，並臨朝聽政，一攬朝廷大權於己手，同時又重用竇氏外戚，提拔自己的兄弟任朝中要職，東漢時期外戚專權由此掀起第一個高潮。竇氏族人，依仗權勢，跋扈朝野，無惡不作，嚴重干擾了朝政，破壞了社會秩序，如此惡弊，竇氏應負主要責任。

南風賈后 淫亂兇殘

西元二六五年，司馬炎廢掉曹魏末帝曹奐，建立了西晉政權。西元二七九年，司馬炎派二十萬大軍分六路攻吳。次年，晉將王濬率水師從益州沿江東下，直抵建康城（今中國南京市），吳主孫皓出降。至此，從東漢末年董卓之亂以來出現的分裂局面，經過近百年之久又重歸統一。西晉初年，在全國比較安定的形勢下，人民們的辛勤勞動，使三國時期後逐漸得到恢復的社會經濟又有了進一步的發展。所有這些，都出現在晉武帝司馬炎執政時期。可好景不長，司馬炎一死，他的痴兒子晉惠帝一上台，寵信悍婦賈南風，宮廷內外被弄得烏煙瘴氣，西晉初年的繁榮景象如曇花一現般地快速消失了。

賈南風，其父名賈充，字公閭，平陽襄陵（今中國山西臨汾東南人）。曹魏時，賈充即投身於司馬昭相府中，頗受司馬氏父子的重用。武帝司馬炎建立西晉皇朝，他是開國元勛，曾歷任司空、侍中、尚書令、太尉等職。賈充先娶魏中書令李豐之女為妻，李氏後來因父案牽連被放逐。此後，賈充續娶城陽太守郭配之女郭槐為妻，生二女，長即賈南風，妹名賈午。賈充之妻郭槐生性非常嫉妒，賈午則生性頗為放蕩。《幼學故事瓊林》曾記載：「郭女絕夫之嗣，此女中之妒者。賈午偷韓壽之香，此女中之淫者。」說的就是郭槐、賈午母女的事。賈南風生長在這樣一個家庭中，其性格既妒且淫，並且繼承了乃父善於觀測朝廷中政治風雲、長於權謀的特點。這些都成了她日後登上政治舞台，導演出一幕幕禍亂宮廷鬧劇的重要條件。

為寵廝殺

司馬衷是晉武帝司馬炎的楊皇后所生。此兒生來天生愚笨，到七八歲時，仍一個大字不識。雖是武帝的長子，但武帝因其呆傻，並不想立他為太子。但楊皇后卻偏愛這個痴兒子，她非要武帝立他為太子不可。武帝寵愛楊皇后，在她的百般央求下，武帝無奈，只好同意了立司馬衷為太子。

泰始七年（西元二七一年），司馬衷十三歲，晉武帝和楊皇后想為太子選擇太子妃。就在這時，晉西北邊界的少數民族氏、羌興兵進犯，秦（今中國甘肅天水）、涼（今中國甘肅武威）二州因守軍兵力不足，連連敗退。晉武帝十分憂慮，怕長此下去，會危及中原的安全。於是朝議應派得力之臣增援西部邊軍。侍中任愷和中書令庾純對專事諂媚和過分受寵的賈充十分反感，便借此機會向武帝建議讓時任侍中、守尚書令、車騎將軍的賈充前往督鎮關中。武帝還真同意了這個建議。賈充奉詔，心情很矛盾。皇詔不敢違，但又實在不願離開京城，丟棄在朝中的權勢。中書監荀勖是賈充的同黨，他怕賈充遠鎮關中，自己會沒了「保護傘」，而遭政敵攻擊。於是，在為賈充送行的酒宴上，荀勖為賈充出一個好主意。他說：「賈公乃堂堂一國之輔佐大臣，怎能受制於區區小輩呢？儘管聖命難違，我倒有個辦法，可使賈公免去此行，說不定還會陞官晉爵呢。」賈充急著問是什麼辦法？荀勖呷了口酒，壓低嗓音對賈充說：「當今太子的婚姻大事還沒定下，聽說近來皇上和皇后正在為此事著急。我看，不如把您的女兒嫁給太子，這樣一來，你女兒做了太子妃，你就是皇親國戚了，你想走，皇上也不會放你走了。」賈充一聽，連聲稱是。

隨後，賈充為達到嫁女與太子一事，開始了一系列的「公關」活動。先是授意於荀勖，讓他入宮為皇帝侍宴時，故意提起太子的婚事，然後再極力吹噓賈充的女兒如何如何有才德，是太子婚配的最佳人選。然後，賈充又派自己的老婆郭槐託人給皇后送去不少貴重禮品，請求把自己的女兒嫁給太子。楊皇后收受了禮品，就同意了，便讓太子太傅荀顗與她一起向武帝進言。武帝早就從聽大臣們那裡聽說，司空衛瓘有個女兒不僅長得身材修長、白皙美貌，而且聰明賢德，有大家之風，符合後宮的選美標準。所以他想為太子聘娶衛女。可楊皇后卻說賈充的女兒比衛女更合適。武帝聽了，連連搖頭，說道：「你沒聽有人說過，衛家女子有賢惠的傳統，並且人丁興旺，能生養，長得修長白皙漂亮。賈家女子傳統就好嫉妒，人丁不旺，長得又黑又矮，難看得很。」但是，楊皇后根本不聽，她說武帝是聽了大臣們的胡言亂語，大臣們則是受了衛家的賄賂，她非要為兒子娶賈家女不可。由於她在武帝面前發潑撒嬌，再加上荀顗、荀勖等人的一再勸說，武帝也只好同意了。

當時賈南風十五歲，妹妹賈午十二歲。賈午比她姐姐稍漂亮些。本來，太子準備迎娶的是賈午，可賈午的個子很矮，又瘦又小，連成人的衣服都穿不起來，所以才改娶賈南風。楊皇后也認為賈南風比太子大兩歲，比較成熟些，可以彌補太子愚鈍不懂事的缺陷。可她卻萬萬沒有想到，由於她的一意孤行，不僅把一個醜陋凶悍的潑婦迎進了家門，禍及堂妹小楊皇后一家，還使司馬西晉王朝禍起蕭牆，從此一蹶不振。

泰始八年（西元二七二年）二月，賈南風被娶進太子東宮，立為太子妃。至此，晉武帝和楊皇后才真正見到了醜媳婦賈南風。帝后二人都很後悔，但已經晚了。

賈南風入主太子宮後，雖相貌醜陋，卻憑著她那特有的一套媚人之術，爭得了白痴太子的寵愛和信賴。慢慢地，晉武帝夫婦見他二人相安無事，倒也放心了。

司馬衷身為太子，智商卻不高。而太子妃賈氏卻精明、果敢、早熟，且生性妒忌多詐，於是，太子對她既敬畏，又盲從，事事依賴於她，因而更加促成了她的跋扈和蠻橫。

白痴當太子，不僅晉武帝司馬炎心中不安，擔心兒子將來的皇位和國祚能否長久，同時，朝中的文武大臣們，也都各存異議，只不過礙於皇威，無人敢於明言罷了。但是，在凌雲台一次盛大的宮宴上，功臣、尚書令衛瓘忍不住了，他借酒裝醉，跪在皇帝面前，一邊摸索著靠近御座，一邊喃喃說道：「臣想對陛下說一件事。」晉武帝說：「衛公想說的是什麼呢？」衛瓘反覆幾次欲言又止，只是用手撫摸著那御座，很傷痛的樣子，說：「這麼精美絕倫的御座，多可惜呀！」武帝心中當然明白，大臣們擔心太子資質魯鈍，將來不能親理政事。但是聰明的晉武帝只是笑笑，說道：「衛公呀，你真的是喝醉了吧！」衛瓘看出勸諫無用，從此再也不提這件事了。

此事被賈南風知道了，她既恨衛瓘，同時也卻為自己低能的丈夫擔心。因為不僅朝臣們對太子不忠，還有一位頗負重望的皇弟司馬攸，才能出眾，文武群臣皆屬意於他，將來武帝死後，他就是太子當皇帝的勁敵，但她儘管為之著急，也僅是個太子妃，武帝還在位，她還不具備角逐於權力鬥爭的實力，她只能在暗中等待機遇。

晉武帝司馬炎雖知兒子蠢笨呆愚，但他也不想讓皇權落入弟弟司馬攸之手。然群臣的不滿及勸諫，又頗使他難堪，他想試一試太子的實際智能。一天，晉武帝盡召東宮大小官吏，並特別舉辦宴會。席間，將一個懸而未決的疑案案卷封好，直接交給太子，命他妥善決斷，並按指定期限將結果復奏。武帝這一試，不料竟給賈南風一次玩弄權謀、施展手腕的機遇。太子回到東宮拆開案卷一看，頓時傻了眼。賈南風知此事關係重大，弄不好自己當皇后的美夢就會成為泡影。她立即偷偷地從宮外請一飽學之士來替太子答詔。那人十分盡力，在答詔中引經據典，談古論今。太子內侍張泓提醒賈南風說：「皇上清楚太子沒有什麼才學，如果答詔中太多旁徵博引，皇上必然看出破綻，如果追查起責任，就不好辦了。依奴才之見，不如把意思直接寫出來。」賈南風恍然大悟，便輕聲慢語而充滿期望地對張泓說：「那就請卿為我作答吧，日後富貴一定與您共享。」這張泓平素就小有才氣，聽到賈妃所言，自然願意效力。他遣詞造句，擬出答詔，賈南風細細看了一遍，認為言辭、情理一切妥帖，便拿給太子謄抄一遍，再送武帝御覽。武帝看後，覺得情切理洽，文從字順，且處置適當，非常滿意。

泰始十年（西元二七四年）初秋，晉武帝的楊皇后病勢沉重，臨死之前，她頭枕在司馬炎的膝上，流著眼淚，懇請在她死後，將她叔父楊駿的女兒楊芷選入後宮，立為皇后。晉武帝答應了她的請求。楊皇后死後兩年，即咸寧二年（西元二七六年），武帝正式迎立十八歲的楊芷入宮，並冊立為皇后。這位小楊皇后德容兼備，深得武帝寵愛。

此時，太子妃賈南風因善於計謀，已經在朝臣中拉攏了一批人，成了自己的心腹。由於她生性殘酷暴戾，嫉妒心重，又很會賣弄風騷，使得太子既懼怕她又寵信她，對她的話是言聽計從。賈南風得太子專寵，在東宮中地位頗高，太子的其他嬪妃可就倒楣了。她們極少有人能得幸於太子。賈南風見到東宮中哪個女的懷孕了，就擲戟於孕婦腹部，使其流產，晉武帝聽說兒媳如此殘酷，不禁大怒，決定修築金墉城，準備廢掉她，將她趕出東宮。但賈南風羽翼已豐，身邊有不少心腹為她服務，通風報信，加之大臣荀勖也極力為賈南風周旋援助，充華趙粲也在武帝面前為她說情，武帝新妻楊芷皇后也多方袒護她，晉武帝才不得不打消了廢黜的念頭。

賈南風伴陪著一位白痴丈夫，面對朝中錯綜複雜的明爭暗鬥，真有如臨深淵、如履薄冰之感。權欲、情慾的困擾，又時常使她心理失去平衡，她不動聲色地窺測朝中的風雲變幻。為保全自身和太子的地位而上下左右周旋著，直到晉武帝死後，在太子宮中熬了十八九年的賈南風，才得以在皇后的寵位上大膽地施展一切陰謀手段，並進而獨攬大權。

太熙元年（西元二九〇年）四月，晉武帝司馬炎病逝。太子司馬衷登上了皇位，史稱晉惠帝。立賈南風為皇后。同年八月，又立司馬遹為太子。

司馬遹是謝夫人所生。謝夫人本是晉武帝宮中的才人。司馬衷做太子納妃時年齡還小，武帝怕兒

爲寵廝殺

子不懂房中之事，便派才人謝玖前往東宮，服侍引導。誰知這麼一來，謝玖卻懷了孕。賈南風進東宮後，對謝玖又嫉又恨，但因謝玖是武帝所派，終未敢加害。然謝玖不敢再留東宮，請求回到西宮，在那裡，平安生下了兒子遹。孩子都三、四歲了，司馬衷還不知道自己有這麼個兒子。一天，司馬衷在武帝宮中見到這個四歲的孩兒正與皇子們一起遊戲，就上前拉拉孩兒的手，問道：「你是哪一個皇子？」這時武帝才告訴他：「這是你的兒子呀！」

司馬遹幼時很聰慧，頗得他的祖父晉武帝司馬炎的喜愛。太康三年（西元二八二年），司馬遹五歲，有一天夜間，宮中起火，晉武帝披衣而起，到閣樓上察看火勢。司馬遹也跟來了，他拉住祖父的衣襟，要他避往暗處。武帝問他為什麼？他說：「半夜遭此大亂，應格外小心，不要讓火光照見您，以備不測。」晉武帝聽了又驚又喜，覺得此兒不同一般，足可彌補兒子司馬衷的缺陷。所以，他常對大臣們說：「此兒當興我家。」他還命大臣們廣為宣傳，讓天下人都知道他有一個好皇孫。武帝聽人說廣陵地方有天子「王氣」，便加封司馬遹為廣陵王，食邑五萬戶，並精心挑選飽學之士對孫子教育，配備了太師、太傅、太保、少師、少傅、少保等六名重臣輔導他。對此，賈南風又嫉又氣，恨不得早些弄死司馬遹，但她自己的肚皮不爭氣，沒生兒子，只生了四個女兒。

為了除掉司馬遹，賈南風曾想過一個瞞天過海、偷樑換柱的辦法。她先詐稱自己已懷有身孕，並在衣服裡塞進些蒿草，裝成大腹便便的樣子，然後把妹妹的兒子抱進東宮，取名慰祖，對外說是自己在為武帝服喪期間所生，因居喪，所以生後沒有張揚。她要廢掉太子司馬遹，用這個「假兒子」取而代之。當時京城洛陽有童謠傳唱：「南風起兮吹白沙，遙望魯國郁嵯峨，千歲骷髏生齒牙。」或云：「南風烈烈吹黃沙，遙望魯國郁嵯峨，前至之日滅汝家。」賈后名「南風」，其父賈充封「魯郡公」，太子司馬遹小名「沙門」。由此可見，賈后南風欲廢太子之心，當時已是路人皆知。

太子司馬遹幼時聰明懂事，可長大之後，卻很不爭氣。他不愛讀書，嬉遊無度，整天與宮人太監在一起鬼混。賈南風本來就嫉恨於他，見他自己愈來愈墮落，更堅定了廢置的決心。她密令太子左右侍從故意慫恿太子進一步放蕩不羈，鼓動太子濫施刑威。太子的幾個師傅見太子行為不端，便苦苦相勸，太子不僅不聽，反責怪他們多嘴。一次，太子少保杜錫極為憂慮地勸太子說：「殿下非皇后所生，皇后性情凶暴，不能不小心從事。請殿下修德進善，毋留把柄。」太子不聽，還想辦法捉弄杜錫，叫人拿幾根針藏在杜錫所坐的椅子墊下，刺得杜錫血流褲襠，苦不堪言。

賈南風有個侄子叫賈謐，是賈午與韓壽所生，被過繼給賈允做嗣孫，年齡與司馬遹相仿，二人常在一起玩耍。後來，二人因爭美之事，鬧翻了臉。於是賈謐便與賈后南風一起，謀劃尋機幹掉太子司馬遹。

元康九年（西元二九九年）十二月二十八日傍晚，賈南風派人捎信給太子司馬遹，說皇上要召見他。次日一早，太子入朝，被引至別殿等候。剛坐下，就有一名宮女名陳舞，端來三升酒、一大盤棗，說是昨天皇上賜給太子的，讓太子飲用。太子請宮女陳舞傳告皇后，自己酒量有限，這三升酒實在喝不下去。只聽賈后在屏風後發問：「你平素在皇上面前喝酒挺痛快的，今天怎麼說喝不下了？這酒可是皇上賜與你的。」太子回道：「皇上賜的酒，我不敢推辭，可讓我喝一天也喝不完三升啊。現在我還沒吃飯，恐怕身體吃不消。再說，還未蒙皇上召見，喝多了酒會誤事的。」賈后又說：「真是不孝！皇上賜你的酒都不肯喝，是不是怕裡面有什麼不潔之物啊？」太子司馬遹被逼得沒辦法，只好把酒喝了下去，喝完酒，便酩酊大醉，神志不清了。賈南風早就模擬太子平日的口氣，令黃門侍郎潘岳寫下一篇禱告文字，趁太子醉酒，讓侍女拿給太子，說：「皇上命你把這段文章抄一遍，皇上等著用呢。」太子迷迷糊糊，也辨不清是什麼內容，就拿起紙筆抄了起來：「陛下應該自己了結生命，否

爲寵廝殺

則，我將入宮了結。皇后也應該趕快自己了結生命，否則，我將親手了結。與謝夫人已約定日期共同發難，不要猶豫不決，導致後患……立我兒道文為王，立蔣美人為皇后。願望實現後，我將用三牲祭祀北君，大赦天下。……」

賈南風立即把太子所寫的呈送惠帝司馬衷。司馬衷閱後大怒，立即在式乾殿召見群臣，將太子所抄寫的東西拿給眾人過目。惠帝說：「太子竟然寫出如此大逆不道的東西，我要賜他一死。」張華和尚書左僕射裴則竭力為太子開脫，請求惠帝不要輕易下結論，以免引起國內混亂。裴認為應把該紙的字與平日太子的筆跡進行對比，看看是不是有人在陷害太子。賈南風馬上送上太子平日所呈的十幾封啟事，並假托長廣公主的話催促惠帝：「此事應速作決斷，群臣如有誰敢抗上，當以軍法治處。」但張華、裴仍死保太子，其餘大臣則概不出聲，不置可否。直至傍晚，此事也沒議出個結果。賈南風很著急，她怕事情有變於己不利，就命自己的心腹太監董猛傳出內表，請求廢太子為庶人，送金墉城監禁。惠帝不顧所有大臣反對，就採納了賈后的意見。於是，將太子、太子妃王氏及太子的三個兒子幽禁起來。太子的生母謝才人被拷問致死。賈南風終於出了這口妒氣。

賈南風做了皇后之後，已為六宮之主，寵位至尊，但她想要替白痴皇帝當理朝政，獨斷專權。但是卻遇到一個勁敵，他就是楊芷皇太后的父親、太傅、大都督楊駿。晉武帝一死，楊駿便實際操縱了朝政大權。楊駿深知賈南風性情難制，內心時存畏懼，於是，他便大行封賞，遍樹親黨，清除異己，發展自己的勢力，以便駕空皇帝。皇后賈南風當然也不甘示弱，提拔親族兄長，各就高位。於是，帝宮內逐步形成了兩派對立的局勢。

賈南風時時警惕地觀視著宮廷中的一切事變，她已把楊家的權勢看作了自己專權擅政的最大威脅。為此，她暗中制定了一個剷除對手的計畫，等待時機付諸行動。

元康元年（西元二九一年）三月，賈南風密絡殿中中郎孟觀、李肇及太監董猛等人，部署「倒楊」行動方案。然後，又聯合大司馬、汝南王司馬亮和楚王司馬瑋，共同行動。賈南風先令孟觀、李肇誣告楊駿謀反。接著，連夜草書密詔，派東安公司馬繇率殿中武士四百人討伐楊駿，由司馬瑋率兵屯司馬門。全副武裝的軍士團團包圍了楊駿府邸，待到楊駿得知宮內有兵變而召集手下眾官會議時，殿中兵已經出動，閣樓上箭弩齊發，楊府火光衝天，楊駿的衛兵被團團圍住，失去了抵抗能力。混亂之中楊駿逃到馬棚裡躲起來，但被追來的兵丁用戟刺死。楊駿被誅殺，賈南風又對孟觀下了密旨，命令盡斬楊駿親黨，夷滅楊氏三族。

太后楊芷對這突如其來的兵變，沒有一點思想準備。當她得知自己的父親楊駿被官軍包圍時，她不得已手草帛書，射到城外，懸賞求救。不料帛書卻被人送到賈后處。賈南風恩將仇報，對這個昔日曾在武帝想廢掉賈妃時設法解救過她的恩人，此刻卻一點也不念舊恩，一心想除掉她。賈南風將楊芷太后的手草帛書拿來，作為太后謀反的證據，並立即矯詔幽禁楊太后於永寧宮，再廢為庶人，嚴閉於金墉城。楊太后的母親龐氏被殺。楊芷太后在禁所憂憤絕食數日而死。賈南風很迷信，她害怕太后死後，到陰曹地府向武帝說她的壞話，便借助妖巫，在下葬太后時，讓屍體臉朝下，又往屍體上放了許多據說能制止其「開口」的咒符和藥物。

賈南風殺了楊駿後，仍未實現大權一人獨攬的願望。因為當時有汝南王司馬亮，太保兼同錄尚書事衛瓘共同輔佐朝政，握有實權。司馬亮是惠帝的叔祖父，輩分高，資格老。衛瓘直言敢諫，性情剛直，又與賈后結有舊怨。此二人在朝，權柄掌於他人之手，使得賈后很不自在，不敢輕舉妄動。這是賈南風所絕不能容許的。於是，她又設下陰險毒辣的圈套，要借刀殺人，以收一箭三雕之利。

晉惠帝有一個弟弟名司馬瑋，當時年齡在二十多歲，年輕氣盛，兇猛暴烈，雖擁有兵權，卻有勇無謀。司馬亮和衛瓘都認為司馬瑋不應委以重任。司馬亮還建議惠帝詔令在京的諸位王公應回到各自的封地去，以分散他們的勢力，以防內亂，危及皇權。對此，衛瓘也表贊同。這使司馬瑋對他們二人大為不滿。賈南風於是就利用了他們三人之間的矛盾，剷除了政敵。

永平元年（西元二九一）六月，賈南風讓惠帝給司馬瑋傳下密詔，謊說司馬亮與衛瓘試圖謀反，令司馬瑋聯絡其他幾位王公，讓他們領兵前去平定。司馬瑋開始也有些懷疑，想上奏驗證真偽，但送詔者已受賈后密囑，便對司馬瑋說：「這一來就把事情洩露了，豈不是違背了皇上下密詔的用心了嗎？」司馬瑋本性粗魯，加上他對二人懷有私憤，便連夜召集各路軍隊，並傳令說：「司馬亮和衛瓘二人圖謀不軌，想廢陛下，絕我先帝之大統，現在我奉陛下之命，免去他們二人的官職。陛下還命我都督內外各路軍隊。我命令朝廷內的衛隊要嚴加戒備，宮外的軍隊可隨我前去二人府第，討伐忤逆。望諸位將士，盡忠效力，事後論功行賞。」

司馬瑋的大軍突然包圍了司馬亮的府邸，而司馬亮還以為自己對皇上一片忠心，這肯定是一場誤會，所以便未作任何抵抗，束手就擒。時值盛夏，天氣炎熱，士兵很可憐他，就讓他坐在囚車的下面，並一齊用扇子為他遮擋陽光。快近中午的時候，司馬瑋大聲宣布：「誰先斬殺司馬亮，賞布一千匹。」士兵們聽了這句話，便圍住囚車，利刃齊下，可憐司馬亮立即成了一堆肉醬。而那位衛瓘在接到免官詔令後，竟也立即交出官印和綬帶，他和司馬亮犯的是同一個毛病，儘管身邊有軍隊，可以自衛，但他也未做任何抵抗。前去執行任務的軍隊中有人與衛瓘有私怨，藉機官報私仇，便大肆屠殺，衛瓘和他的子孫九人同時被害。

司馬亮和衛瓘都是朝廷重臣，被二人同時被殺的消息，群臣知道後都很驚恐，弄得朝廷內外人心惶惶，怕不知哪天自己也出了什麼變故，便人人自危。為了平息民憤和輿論，需要殺「替罪羊」了。

太子少傅張華對惠帝說：「一定是司馬瑋詐稱詔令自作主張殺了二位公卿，將士們不明真相，以為是皇上的旨意，就聽了他的謊言。現在應當趕快派遣使臣打出標誌旗去解散外面的軍隊。」惠帝聽了此言便指派殿中將軍揮動著標誌解散軍隊的旗幟向士兵們宣稱：「楚王司馬瑋謊稱詔命，受騙將士們不要輕信謊言。」士兵們聽了，紛紛扔下兵器，掉頭就跑。時間不長，司馬瑋身邊一個人也沒有了。這時，賈南風又讓惠帝下詔，說司馬瑋謊稱詔命殺害二位公卿及其家人，企圖誅殺朝中群臣，實屬犯上作亂，罪大惡極，應立即交付廷尉斬首。司馬瑋死前，從懷中取出那天晚上接到的青紙詔令，流著淚交給監刑官看，泣不成聲地說：「我的確是受詔行事啊，本是為著匡扶社稷，誰知現在倒成了罪人。我的生命是先帝所賜，如今受冤而死，求你們這些活著的人將來有一天替我昭雪！」聽到這兒，監刑官也流出了同情的眼淚。

至此，皇后賈南風利用陰謀和毒計，消滅了朝廷中與自己對抗的異己分子，控制了朝政實權，同時她在皇后的寵位上，又爬高了一階。而司馬衷只不過是個身披皇袍的衣冠帝王而已。賈南風淫慾與權力慾一樣，難以抑止，在私生活方面，她是一個極為荒淫放蕩的女人。這一點與她的妹妹賈午相比，毫不遜色。她的白痴丈夫根本滿足不了她對性的需求，於是她就在宮廷內外尋找其他男人，以滿足她的淫慾。她派心腹之人做成一輛黑箱車，然後到京城大街上尋找美男子，然後載進後宮，供其淫樂。完後就把這些男子殘忍地殺死。當時弄得洛陽城裡的美男子夜晚不敢出門上街，唯恐被人綁架一去不回。洛陽城南有一個小衙役，在捉拿盜賊的軍尉手下做事，長得十分俊秀。他幹的粗雜活，自然手中沒有幾個錢，可突然之間卻穿起了非常華貴的衣服，闊了起來。大家議論紛紛，懷疑他是否偷了別人的錢物。當時，賈府也在城南，府內失竊了些東西，就對他產生了懷疑。軍尉將他抓到大堂，連同賈家的人，一同審問小衙役。小衙役不得不說了實情：「有一天我在路上遇見了一位老婦人，她對我說她家裡有人生了重病，巫師占卜說，必須找個家住城南的小夥子去鎮邪，病才會好，因此，請我去一趟。還告訴我定有重謝。我就跟她上了車，她把車帷放下來，讓我進入一個大竹箱裡，走了大約十幾里路，過了六、七道門檻，才把竹箱打開。我發現那個地方亭台樓閣，十分氣派，我問：這是到了什麼地方？那裡的人回答是到了天上。接著讓我用香噴噴的熱水沐浴一番，又送來美味佳餚和漂亮衣服。然後我見到一位女子，三十五六歲的樣子，身材不高，臉盤黑乎乎的，眉毛後面有一小塊疤。我被留了幾夜，與這位女子同床共枕，盡情吃喝。這些貴重衣物是我離開時，那女子送給我的。」賈南風的家人聽了，知道這女子就是賈后，就不好意思地笑笑走開了。軍尉也明白了是怎麼回事。因這小衙役特別得到賈后的歡心，才沒有被殺，活著出來了。

賈南風在朝廷廢太子、殺功臣、弄權柄、亂宮闈，引起了朝野的議論與不滿。她又開始擔心自己已取得的權勢與皇后寵位可能會動搖，而危險就可能來自被幽禁的廢太子司馬遹。其實，在朝中的確有幾個大臣為太子的不幸遭遇而感到憤憤不平。他們曾經寄希望於張華與裴，想讓他們二人領頭廢賈后，迎回太子。但張、裴二人懾於賈南風的淫威和難測勝負，不肯貿然起事。於是，這些人又轉而把希望仍寄託在司馬亮的弟弟趙王司馬倫身上。而司馬倫卻原是賈后一黨，他因平時對賈南風極盡阿諛奉承而深得賈氏賞識，對其委以重任，使他握有重兵。此人生性貪得無厭，且野心勃勃，遊說者挑撥司馬倫說：「賈后這個女人實在是太凶悍跋扈了，她廢黜太子，使得國無嫡嗣，社稷將危，朝野上下憤憤難平，一場推翻賈氏的兵變勢在難免。而殿下平時與賈后過從甚密，人們早就私下傳言你知道賈后廢太子的密謀，卻不加阻止。萬一事急有變，您難脫關係。您為何不率先起來，以便洗刷自己呢？」

司馬倫認為來人說得有道理，便依言而行。這時，他的謀士孫秀卻攔住了他說：「太子性情剛烈，很難被打動。他早就把您看成了賈后的私黨，現在您即便為他復位出了死力，他也不會感激您的，而反倒會認為您是迫於形勢，不得已而為之。依小人之見，您不如先按兵不動，讓賈后先下手害死太子，你再出面為太子復仇，廢黜賈后，這樣既為社稷立了大功，又能免於後患，豈不是一舉兩得嗎？」司馬倫點頭稱是。於是，司馬倫便派人到處散布謠言，說有人要廢賈后，迎太子回朝。賈南風正在為太子這心頭之患晝夜難安，聽了這種傳言，更加驚恐。她為了斷絕人們擁立太子復位的念頭，免除後患，便下了殺害太子的決心。

永康元年（西元三〇〇年）三月，賈南風命太醫令程據配製了能致人死命的毒藥，派使臣孫慮送往太子被囚禁的許昌宮，命令看守尋機讓太子服用。但太子自從被囚禁之後，就十分提防別人用毒藥謀害自己，看守苦於無從下手，就不給太子送吃的。等太子餓得受不住時，孫慮前去逼迫太子服下毒藥。太子還是不從。有人可憐太子挨餓之苦，就偷偷地從牆洞給太子傳遞些吃的東西。這樣，又僵持了幾天，孫慮怕時間久了賈后怪罪，就在太子解手時，趁其不備，用搗藥用的木棒猛擊太子的頭部，把太子活活打死了。

太子一死，司馬倫便聯合自己的兄弟、梁王司馬肜及司馬攸的兒子、齊王司馬冏等人，約定時間，共同起兵，廢黜賈后。永康元年四月三日夜，司馬倫詐稱奉皇帝密詔，命令三軍司馬：「皇后殺了太子，現在你們立即進宮廢黜皇后，敢不從者，夷滅三族！」這些人都在為太子被害而憤憤不平，如今聽見詔令，哪個不聽？於是，他們跟隨司馬倫連夜闖入中宮。賈南風正在殿內，翊軍校尉司馬冏率百餘名軍士破門闖入，指揮軍士，不容賈后分辯，拖起就向外去。當行至皇帝寢宮門口時，賈南風大聲呼叫起來：「陛下，允許別人廢掉你的妻子就等於廢掉你自己呀！」哭鬧了一陣，見不起作用，賈南風回頭問司馬冏：「領頭起來的是你嗎？」司馬冏答道：「是梁王和趙王。」

賈南風聽了，追悔莫及地嘆道：「拴狗必須拴它的脖子，我錯拴了它的尾巴，它能不咬我嗎？」當她走到皇宮西側，見自己的親信心腹們屍橫遍地，她號啕大哭。她明白，自己的死期不遠了。

賈南風被囚禁於金墉城中。幾天以後，司馬倫再一次詐稱詔命，派人送去一杯金屑酒，說皇上賜她一死。賈南風不只一次用這種酒害人，這回輪到她自己了。她無可奈何地端起酒杯，對平日深受自己重用的司馬倫恨得咬碎了銀牙！恨當初沒有殺掉他，反讓他掌握了兵權。她深為自己的失策而懊悔。她端起了金屑酒，一飲而盡。……多行不義必自斃！這句格言，用在賈南風身上是再貼切不過了。

西晉惠帝司馬衷呆、痴、蠢，皇后賈南風黑、矮、胖。「痴兒娶醜婦」，真乃地造天生的一對兒。賈氏不僅相貌醜陋，而且性妒心狠，凶悍淫蕩，然卻頗得白痴皇帝的寵愛和信任，這就為她跋扈專權、淫亂宮闈創造了條件。綜觀賈南風的爭寵、固寵，主要是為了專權擅政，讓白痴皇帝處於傀儡地位，使朝政大權獨攬她一人之手，以進一步滿足她的權力慾和淫慾。賈南風為達此目的，不擇手段，大搞陰謀詭計，害太后、誅大臣、殺太子，導演了一幕幕殘害異己、清除異黨的血腥鬧劇，使原本好端端的一個朝廷，被她攪得一團糟。賈南風的行為，不僅助長了當時的奢侈糜爛風氣，搞亂了正常的朝綱秩序，失去了民心，同時也激化了統治階級內部的矛盾，為不久後的「八王之亂」，埋下了禍根。

「蓮」染泥汙　蕩淫宮闈

北魏是拓跋鮮卑首領拓跋珪（道武帝）於西元三八六年建立的政權。當時正值東晉十六國割據分裂時期。後經過拓跋嗣（明元帝）、拓跋燾（太武帝）兩朝，至西元四三九年，北魏先後滅掉後燕、夏、北燕和北涼等封建割據政權，並且奪取了劉宋的青、兗二州（今中國山東和河南東部一帶），完成了北方的統一。北魏統一北方之後，便開始了向封建化的過渡。同時，衰落的北方經濟也逐漸得以恢復與發展。到北魏孝文帝元宏執政之後，進行了一系列封建化改革，使北魏的經濟文化達到了鼎盛時期。孝文帝雖是一位少數民族出身的封建改革家，在政治上很有作為，但他卻十分寵信自己的皇后馮妙蓮，使馮妙蓮恃寵或明裡或暗中幹了不少醜事、壞事。

馮妙蓮出身名門，原籍長樂信都（今中國河北冀縣）。其曾祖父馮弘是北燕的第二任皇帝；祖父馮朗，封廣平公。太興二年（西元四三二年），馮氏投降北魏。妙蓮的姑母是北魏時期著名的「封建改革家」文明太后，歷文成、獻文、孝文帝三朝，先後以皇太后和太皇太后身分兩次臨朝稱制，執掌北魏朝廷大權達十六年之久。馮妙蓮的父親馮熙是文明太后的哥哥，曾官居洛州刺史、侍中兼太師。

北魏皇興五年（西元四七一年），十八歲的獻文帝拓跋弘宣布退位，把皇位讓給兒子、年僅五歲的太子元宏，他就是著名的北魏孝文帝。因其年齡太小，他的祖母文明太后臨朝稱制。由於年齡太小，孝文帝當時未冊立皇后。

為寵廝殺

孝文帝逐漸長大成人，已懂寵御女人。他第一個看中的，是後宮中一位林姓女子。林女的父親和叔父均在乙渾叛亂中被殺，所以她自幼便進宮做了宮女。隨著年齡的增長，林女越來越美麗動人，烏黑的秀髮，白嫩的肌膚，彎彎的眉毛下一雙水靈靈的眼睛顧盼傳神，風情萬種。孝文帝異常寵愛林女，數次臨幸。因而懷有身孕。太和六年（西元四八二年）竟為孝文帝生下一子，取名為元（拓跋）恂。孝文帝大喜，下詔大赦天下，對林氏則更加寵愛。

孝文帝是在文明太后的一手撫養下長大的，太后非常瞭解他仁慈寬厚的性格。為了使馮氏家族在朝廷中的地位經久不衰，永得皇家的蔭庇祐護，馮太后決意以聯姻的形式來保證她實現自己的設想，此事在太后心中已經反覆考慮了很久，可以說孝文帝剛剛登基，他的婚事便已被安排好了。太后的兄長馮熙，妻妾眾多，生了十幾個女兒。太后準備在這些侄女中選出一位作為皇后，但是孝文帝已對林氏深愛不已，並且已經生子，太后怕孝文帝立林氏為后，打亂了她的計畫，便對林氏嚴加防範，千方百計尋找機會和藉口，以便除去這一心頭之患。

北魏宮中舊制規定，為防母后亂政，立太子必殺其母。馮太后借此開始實施她的計畫。一天，她把孝文帝叫到面前，很嚴肅地對他說：「皇魏的宮規，你是清楚的，為防母后亂政，立太子先殺其母。如今林氏為你生了皇子，你該如何處置她，就不必我多說了吧？」孝文帝一聽，知道太后是要他依宮規處死林氏，他既驚恐又難過，苦苦哀求太后說：「我自幼喪母，對失母之痛有切膚之體會，我不想讓我的兒子像我一樣，從小就失去母愛。況且，林氏性情溫順，通理賢達，深明大義，她絕不會威脅皇權社稷的。我懇求太后饒她一死！」馮太后面沉似水，冷冷地瞥了一眼孝文帝：「求也無用，不是我想讓她死，是祖上留下的國法家規不容她活！我想你不必為一個女人違背祖訓家規。假如我今天答應了你，萬一將來出了事，你叫我有何面目去見先帝？」孝文帝心痛欲裂，但仍繼續分辯：「皇兒尚在襁褓之中，誰也無法預料到日後是否會有什麼疾病災禍，萬一夭折，他的母親豈不是白白送了性命嗎？再說，我認為這條家規也該改一改，太殘忍、太不近情理……」不等孝文帝說完，馮太后臉色已變，站起身來厲聲喝道：「胡說！你是當今天子，別忘了身分！此事已定，勿要再說了！」說完拂袖而去。孝文帝生來孝順，又受太后撫養，對太后從不敢忤逆。他雖當了十三年皇帝，如今已經十八歲了，仍未掌政，大權一直在太后手中。這件事他更無法堅持，只好流著眼淚屈從了。

林氏就這樣做了封建專制和爭權奪勢的犧牲品，一個弱女子何以抗爭！可憐她香消玉殞屈赴黃泉。林氏死後，馮太后立即在她的侄女中為孝文帝選娶后妃。

太和八年（西元四八四年）六月，魏都平城日麗風和，芳草萋萋。馮府後花園中，馮熙和他的兒子、駙馬都尉馮誕等，正在園中大擺宴席，迎接馮太后和當今天子孝文帝的駕臨。因馮誕是孝文帝的妹夫，因而席間氣氛親切和諧。

馮太后此次攜孝文帝回府省親是有目的的。酒過三巡，茶過五味，主人馮熙便讓侍女喚出自己十三歲的女兒馮媛，並令其見駕陪宴。馮媛嫡出，其母是馮熙的正室夫人博陵公主。這是早被馮太后看中的，她一直想把馮媛召入宮中，許給孝文帝做皇后。

馮媛款款走過來，為孝文帝敬過酒，又悄悄地退到一邊。孝文帝看了馮媛幾眼，便把目光移到了別處，顯然，這位端莊文靜的少女，並未引起他的興趣。一旁的馮太后將此情景看在眼裡，她對身旁的馮誕使了個眼色，馮誕會意，轉身向侍女悄聲吩咐幾句，侍女轉身退出。不一會兒，從花園的旁門飄出一對妙齡少女，一色南朝漢人裝飾。孝文帝只覺眼前一亮，因他從小就喜歡南朝漢人的文雅風尚，平時，他在皇都平城見到的多是鮮卑胡人裝束的女子，窄袖高領，左衽短襖，外加燈籠褲。這種北方少數民族服飾雖便於騎射，但看上去卻沒有飄逸的美感。眼前這對靚麗的少女，頭盤飛雲髻，斜插鳳釵，雲鬟輕挽，身著綢衫彩裙，外披淺色紗衣，更顯風姿綽約，飄若仙女下凡。孝文帝不覺眼都看直了，馮太后見狀非常高興，輕輕地對孝文帝附耳說道：「皇上若是喜歡，隨你挑選一位，我向太師說明，送進宮去。」孝文帝笑著點點頭同意了，就在這一天，由馮太后做主，決定立嫡出且端淑有德的馮媛為皇后，但因其年紀太小，暫留馮府，幾年後再娶，先將孝文帝喜歡的另一對少女送進宮去。

原來，這一對身著漢服的美麗少女也是馮熙的女兒，為馮熙的寵妾常氏所生，姐姐即馮妙蓮，妹妹名馮珊，在博陵公主死後，常氏即代正室為馮熙操持家務，因她是南朝人，便按南朝漢人的風習打扮兩個女兒，相比較而言，姐姐妙蓮更加嫵媚動人，且工於心計，懂得如何討男人喜歡，妹妹馮珊文才較好，且頗有修養。

妙蓮姐妹進宮後，常是一左一右圍在孝文帝身邊，燕語鶯聲，替他解悶消愁，孝文帝非常開心。可是不久，馮珊突然得了急症，不治而亡，孝文帝傷心了好些天。妹妹死了，馮妙蓮更加體貼皇上，常別出心裁地將自己打扮得與眾不同，以搏得皇上歡心。她知道孝文帝愛讀書著文，就請人給自己講授一些文章書法知識。她聰慧機敏，一學就會，而且非常專心刻苦，所以不用花多久時間，她就能在孝文帝面前露上一手，而且有關朝政、歷史等問題，也能說上幾句，言語間常用「子曰」、「詩云」等，並以此求教於孝文帝。每當孝文帝向其講解，她便眨著大眼睛認真傾聽，有時還把自己寫得不太熟練的字拿給孝文帝看。這些不能不令孝文帝對她刮目相看。

孝文帝喜歡吃鵝掌，愛聽南朝的絲竹樂，馮妙蓮便煞費苦心地為他組建一套專事演奏絲竹音樂的歌伎班子，還精心研究烹調鵝掌的方法，親手做來給孝文帝品嚐。總之，為了得到孝文帝的寵愛，馮妙蓮可謂用盡了心機，因為她不甘心只做嬪妃，而是一心想做皇后。

一晃三年過去了，馮妙蓮久寵不衰，她在為皇后的寶座而竭盡努力的時候，沒想到不幸已經降臨到她的頭上，馮妙蓮突然得了咯血病，竟然臥床不起了。雖然有御醫精心治療，孝文帝也常去探視關懷，但馮妙蓮的病仍不見好轉，反而越來越重。因此馮太后只好派人把妙蓮送回馮府，住在家廟中，要她安心養病。臨出宮前，孝文帝趕來相送，妙蓮悲悲戚戚，傷心地流著眼淚，緊緊抓住皇上的手，哀聲說道：「皇上，請別忘了我！臣妾本想服侍皇上一輩子，誰知命薄福淺，也許今後再也見不到皇上了。」孝文帝也很難過，安慰她說：「你不要過於傷悲，回去後好好養病，一定會治癒的。等你病好了，朕一定再接你回宮，絕不食言，請你務必放心！」馮妙蓮一邊哽咽，一邊點頭，戀戀不捨地離開了生活三年的皇宮。

太和十四年（西元四九〇年），馮太后病逝。孝文帝哀思過度，身體迅速消瘦。儘管馮太后在世時對他管教很嚴厲，但他寬仁重孝，堅持按照漢制大禮，服喪三年，嚴戒酒食女色，並在馮太后病死的太和殿旁築草廬守孝。三年後，孝文帝服喪期滿，太尉元丕等上表奏曰：「長秋未建，六宮無主」，請求孝文帝及早策立皇后。這時，孝文帝想起當年太后曾為他選定馮熙的女兒馮媛為皇后，便派人去馮府迎娶。太和十七年（西元四九三年）四月，馮媛正式入宮，被冊立為皇后。

馮媛雖做了皇后，但她溫雅通達，賢良有教，對待其他嬪妃總是溫文有禮，從不擺皇后的架子以勢欺人，所以很受眾人敬重。她不妒嫉，主張皇帝對后妃們不應有專寵，要一視同仁，深得孝文帝的讚賞。從此，六宮風氣大正。作為一個女人，能夠有如此坦蕩的心胸，在嫉妒爭寵的封建皇宮中，深明大義，豁達至此，實為難能可貴。只可惜，這種良好的風氣沒有維持多久，便被一個人給攪亂了，這個人就是二次進宮的馮妙蓮。

孝文帝是一位鮮卑族的著名改革家，他仰慕中原文明，立志改變胡風胡俗。太和十七年（西元四九三年），他不顧守舊大臣們的反對，宣布著漢服、說漢話、興漢禮，改自己姓氏「拓跋」為「元」，並將都城由偏遠的平城南遷至中原文化名城古都洛陽。在遷都過程中，外戚馮熙和他的兒子馮誕先後病逝。到了新都洛陽，孝文帝便想起了在平城家廟中養病的馮妙蓮，他知道妙蓮作為皇帝的嬪妃，是不可能再嫁人了，憶當初自己曾親口許諾，待她病癒後接她回宮，後來又逢太后喪事，轉眼幾年過去了，出宮時妙蓮傷心的樣子仍歷歷在目，於是孝文帝便派一名叫做雙三念的太監，帶上自己的親筆書信，前往平城探視馮妙蓮，妙蓮的消息很快回報給了孝文帝，聽到她現在病已痊癒後，孝文帝非常高興，立即再派宦官奉璽書去平城，將妙蓮接到洛陽皇宮。是年為太和十九年（西元四九五年）。孝文帝萬沒想到，因他的痴情重信，給他的事業和生活造成了不可彌補的禍患。

馮妙蓮二次進宮後，一心想的還是獨得皇帝專寵，謀奪中宮，為此，她開始了與后妃之間的明爭暗鬥，原本井井有條的後宮，逐漸被攪得混亂不堪。孝文帝政治上雖是一代明君，但卻沒有擺脫美色的迷惑。他寵信馮妙蓮，對她的淫亂所為毫無察覺。

孝文帝與妙蓮分別數年之久，他萬沒想到大病未死的馮妙蓮竟然出落得更加成熟美麗。進宮的當夜，孝文帝與馮妙蓮重續舊好，百般柔情，宮燈下的妙蓮淡掃娥眉，輕點絳唇，雙目含情，羞澀中另有一番嫵媚之態，看得孝文帝心蕩神搖。久別重逢，舊情復燃，說不盡的相思，訴不完的愛意。兩個人都陶醉了。在恩愛無限、情意纏綿中，度過了一個美好的夜晚。從此以後，妙蓮得夜夜專寵，孝文帝很少光顧其他嬪妃了，就連皇后馮媛也被拋在一邊。不久，孝文帝便立妙蓮為昭儀，地位僅次於皇后。

然而，馮妙蓮並未因此而滿足，她一直在窺視著皇后的寶座。野心勃勃的馮妙蓮知道要想進位中宮，就必須除掉兩個寵敵，一是當今皇后、她的同父異母妹妹馮媛，另一個是已為孝文帝生育了兩位皇子的高貴人。

她要先除掉皇后。但皇后端莊賢德，不好抓住什麼把柄。然而，欲加之罪，何患無辭，馮妙蓮開始製造皇后的謠言，以激起孝文帝的不滿，馮妙蓮深知孝文帝非常重視漢化政策，假若有人反對，一定會令他盛怒。於是，她在枕邊大肆編排皇后的不是，說皇后堅決反對孝文帝改革後宮制度，對國家實行漢化也心懷怨恨，口出怨言，起初孝文帝還將信將疑，沒太在意。可馮妙蓮幾次三番在他耳邊述說此事，而且編得有鼻子有眼，孝文帝便不由得心生疑忌了，並為此將皇后嚴厲訓斥了一番。皇后感到既委屈又憤恨，她知道一定是馮妙蓮在皇帝面前進了讒言，但卻無法一下子洗清，只得默默地記在心裡。

馮妙蓮自二次進宮，晉陞昭儀又得皇上專寵，自覺不可一世，越加驕橫無禮，馮媛是皇后，可又是自己的妹妹，她根本不把馮媛放在眼裡。皇后與眾嬪妃相遇，其他人都依禮離位向皇后請安，可馮妙蓮僅欠身而已。按內宮之禮，每月初一和十五皇后均要升內殿，接受眾嬪妃參拜，馮妙蓮則經常託病不去參拜。某次，皇后動了怒，命太監手持皇后金牌把馮妙蓮召進中宮。見了面，皇后怒斥馮妙蓮道：「宮內本來相安無事，一團和氣，可自打你進宮之後，就生出許多是非來。你還常常不參加拜禮，目無皇后，該當何罪？」馮妙蓮一點也不示弱，反唇相譏道，「你說我不遵家法？論馮家的法，我還是你姐姐呢？再說，我入宮比你早得多，要不是因病離宮幾年，如今這皇后還說不定是誰呢！」皇后氣得渾身發抖，命令左右：「給我動家法，教訓這目中無人的賤貨！」左右忙跪下勸解，因皇后素來寬厚待人，雖然動怒，還是饒了馮妙蓮，平息了這場風波。馮妙蓮從此則更加憎恨皇后，必欲除之而後快。於是她繼續在帝后關係上大作文章，使出渾身的解數，玩弄各種手腕陷害皇后。

一次，馮妙蓮在孝文帝面前眉頭緊蹙，眼含淚珠，一副受了委屈、欲言又止的樣子。孝文帝再三追問，她才慢吞吞地說：「皇后罵我是狐媚子，說皇上不到別的嬪妃處去，都是我的罪過。」孝文帝聽了，想起從前皇后一直主張不搞專寵，就相信馮妙蓮說的不是假話，嘴裡沒說什麼，心中卻對皇后大為不滿。妙蓮仍不罷休，繼續哭哭啼啼地說：「我對皇上是真心一片，請皇上念幾年來的情意，讓我留在皇上身邊吧！」孝文帝有些莫名其妙，追問是何意思，馮妙蓮說：「皇后討厭我，要把我趕出宮去。」孝文帝趕忙安慰道：「不會的，沒有朕的旨意，誰也不能趕你走。」

皇宮中有個太監叫王遇，與馮妙蓮關係很不一般。妙蓮因病回家期間，極少有人前去探視，只有王遇不時帶些禮品去馮府問候。妙蓮對他很感激。這回再進皇宮，晉陞昭儀之後，妙蓮對王遇自然厚待。但孝文帝完全不知道此事。馮妙蓮授意王遇，在皇帝面前說皇后的壞話，造她的謠言。於是，王遇就以皇帝身邊老臣的身分，向孝文帝編排訴說皇后的不是：妒嫉、驕橫、打罵下人等等。孝文帝見這位老臣所言與馮昭儀的話基本一致，也就更加相信皇后妒嫉專橫了。皇后有時怨怒之下，忍不住當著孝文帝的面訓斥馮妙蓮，孝文帝也就愈發氣上加怒，聲言要廢除皇后。太和二十年（西元四九六年）秋七月，孝文帝因一件小事將皇后嚴厲斥責了一通，第二天就下詔將皇后馮媛廢為庶人，貶入冷宮。後來，廢后馮媛自請遷居瑤光寺，削髮為尼，老死於廟堂。

馮妙蓮擊敗了馮皇后，下一個攻擊的目標是高貴人。高貴人也很漂亮，十三歲入宮，為孝文帝生了兩子一女。母以子貴，高氏育有兩個皇子，在宮中的地位當然不算太低。馮妙蓮深知，高氏雖不如自己那樣受寵，但因自己無兒無女，要當皇后，高氏條件優於自己。因而，要想當皇后，還必須除掉高氏。

就在這時，太子元恂因私自離京回平城避暑，並殺死勸阻的大臣高道悅，被孝文帝廢為庶人，趕出東宮。太和二十一年（西元四九七年）正月，孝文帝立十三歲的元恪為太子。此時高氏不在京都洛陽，馮妙蓮便想傚法當年太后的做法，由她代行母職，撫養太子。她常常把小太子接進自己的宮中，百般疼愛。慢慢地，小太子真的喜歡這位昭儀娘娘了，把她當成了自己的母親。但妙蓮明白，這樣下去絕非長久之計，要想真正成為母儀天下的皇后，必須翦除高氏。機會終於來了。這一天，孝文帝派人去代北行宮接高氏回洛陽。馮妙蓮偷偷派人在途中共縣（今中國河南輝縣）設下埋伏，害死了高貴人。然後謊報高氏是得暴病而亡，哄騙了孝文帝。

同年，七月，孝文帝下詔，定昭儀馮妙蓮為皇后。她的願望終於實現了。馮妙蓮當了皇后，成了六宮之主，更加專橫，整日在宮中頤指氣使，眾嬪妃宮女對她是又怕又恨，敢怒不敢言。皇后的位置滿足了馮妙蓮的權力欲，卻滿足不了她的淫慾，為此，她不顧廉恥，蕩淫宮闈。

八月，孝文帝率軍南征攻打南齊，一去就是一年多。馮妙蓮難忍寂寞，想起了自己昔日的情人。原來，馮妙蓮生性淫蕩，早在第一次進宮得病回家治養期間，便與一名叫高菩薩的男人搞在了一起。但孝文帝完全不知道此事。如今孝文帝率軍征討在外，她在宮中不免又想起了高菩薩，便偷偷派人送信聯繫。高菩薩見馮妙蓮當了皇后還沒忘舊情，簡直是受寵若驚，急忙前去宮中幽會。他更沒想到，馮妙蓮透過一位叫雙蒙的宦官牽線搭橋，竟然公然把他召進宮中做了執事。這樣一來，兩人便眉來眼去，舊情復燃，經常在一起鬼混。不久，前方傳來消息，說孝文帝在南征駐地汝南得了重病。馮妙蓮一聽，膽子更大，與高菩薩在宮中公然淫亂，為所欲為，連眾人的耳目也不避諱了。

馮妙蓮為達到垂簾聽政的目的，還與母親常氏求托女巫，詛咒孝文帝快些病死。她派人殺牛宰羊，以祭祀天地、祈禱皇帝御體健康為名，實際上是以十分惡毒的話來詛罵皇帝，搞得宮中烏煙瘴氣，眾人敢怒而不敢言，唯有中常侍劇鵬實在看不過去，當著馮妙蓮的面厲聲斥責高菩薩是欺君犯上，罪該當誅。馮妙蓮大怒，以其目無皇后為名，要人拿下治罪。劇鵬性情剛直暴烈，不甘受辱，撞

為寵廝殺

階而死。此後，宮中再也無人敢議論此事。

孝文帝南征染病，駐在汝南郡的懸瓠城。一天，屋外大雨滂沱，孝文帝突然接到左右稟報，彭城公主帶著數名侍從，飛騎輕車趕到這裡，說有要事定要面見皇上。孝文帝十分驚疑，公主冒雨不召而來，洛陽皇宮一定是出了事。

彭城公主是孝文帝最小的妹妹，先許配給南朝劉宋降人劉昶的兒子劉承緒。後來劉承緒病死，彭城公主便孀居在宮中。皇后馮妙蓮的弟弟、北平公馮夙想與皇室聯姻，看中彭城公主，托皇后馮妙蓮做媒，孝文帝也同意了這門親事。誰知彭城公主卻死活不肯嫁與馮夙，此事便暫時擱了下來。這段時間，馮妙蓮乘皇帝南征不在宮中，便以皇后的身分對公主施加壓力，逼迫公主改嫁，並擅自擇定了婚期。公主被逼無奈，只好帶人冒雨趕往汝南，求哥哥孝文帝做主。

公主跪拜皇帝，哭著說：「我寧死不嫁馮夙！」孝文帝問妹妹：「你為何不願嫁他呢？」公主回答：「馮夙品行不端，其母又出身微賤。」孝文帝聽了臉一沉，不高興地對妹妹說：「馮夙的同母姐姐可是當今皇后。」不提皇后還好，一提皇后，公主就更加生氣，她讓孝文帝屏退左右，只留下皇弟元勰，一五一十地把她在宮中看到和聽到的馮后醜行，全部告訴了孝文帝，孝文帝不敢相信，他一向寵信的皇后，平日裡在他面前那樣嫵媚有情，怎麼會背著他做出如此醜行。公主說：「陛下若不相信，可派人去查訪。」孝文帝點點頭，命公主及皇弟元勰暫不要向外人說出去，待調查清楚後，再做懲處。隨後，他下令車駕趕回洛陽。

在洛陽皇宮，有人告知馮妙蓮，公主已去了汝南。她料到事情不妙。公主去告御狀，很可能將自己的醜行也一塊說了。她又聽說皇帝病已痊癒，更加驚恐萬分。她趕緊把情人高菩薩送出宮去，又派心腹太監雙蒙混在問候皇上的侍者中，以便對孝文帝察言觀色，看他是否已經知道了此事。孝文帝不動聲色，按慣例賞賜來使。雙蒙回去報告給馮妙蓮，馮妙蓮的心稍稍安定了一些，她想著或是公主沒敢告訴皇上，或是皇上知道後沒有相信。皇后馮妙蓮一邊賞賜了左右，一邊命令所有的宮人不得妄傳謠言，違者處死。隨後，她自己也做了充分準備，如果皇帝回宮訊問，就裝出被人誣陷的樣子，以便矇混過關。

不久，孝文帝的車駕回到京師洛陽。第二天，孝文帝就令人將馮皇后宮中的小太監蘇興壽帶進密室進行審訊，蘇興壽不敢隱瞞，將皇后馮妙蓮與高菩薩私通淫亂的事全部招供。孝文帝怒氣衝天，決心盤查到底，不能善罷甘休，孝文帝先令人將逃出宮的高菩薩和馮妙蓮的心腹太監雙蒙抓來，拷問出實情，當天深夜，便將雙蒙和高菩薩捆在偏殿內，又命人去召皇后入宮。馮妙蓮一進宮門，孝文帝就令人搜查了她的全身，怕她暗藏利刃，馮妙蓮心虛害怕，一下子跪在孝文帝的御座前，不住叩頭求饒。孝文帝命她起身，還賜座給她。隨後，孝文帝傳高菩薩前來，將已招供的罪狀在馮妙蓮面前又說了一遍。高菩薩剛一說完，孝文帝就緊盯著馮妙蓮問道：「你可聽明白了嗎？做下如此醜事，你對得起朕嗎？你今天當著朕的面必須說個明白！」

當時孝文帝的身旁圍了許多人，馮妙蓮做出難以啟齒狀，孝文帝示意左右退去，只留下長秋卿白整在旁，讓白整持刀對著皇后，以防不測。馮妙蓮表示，有一個外人在場，她也不說，孝文帝命白整用綿子將耳朵塞住，並叫了幾聲，白整沒有反應，說明他已聽不見了，孝文帝又對馮妙蓮說；「現在你可以說了！」

馮妙蓮走到孝文帝身邊，輕聲說了起來，只見孝文帝一會兒點頭，一會兒嘆息，一會兒搖頭，沒有人能知道，那天晚上馮妙蓮究竟對孝文帝說了些什麼。之後，孝文帝召兩個弟弟彭城王元勰和北海王元詳進來，二人禮當迴避，不敢進室。孝文帝說：「這賤人真把我氣死了！以前她是你們的嫂嫂，現在已是陌路之人，你們無須再迴避，只管進來。」說完，孝文帝命二王繼續審問馮妙蓮。

二王審問之後，向孝文帝建議將高菩薩祕密處死，將皇后馮妙蓮幽禁於宮中，令其反省自盡。孝文帝一向孝敬文明馮太后，他怕前後廢掉兩個馮家皇后會丟了死去的太后的臉面。況且，如果馮妙蓮的醜事張揚出去，也會使皇家蒙羞，就同意了弟弟們的意見。

馮妙蓮被幽禁後，竟無絲毫認罪悔改之意，仍以皇后自居，並依然要求下人對她參拜。一次孝文帝因事派一宦官去查問她，妙蓮竟然痛罵使臣：「我是皇后，有什麼事自然會當面對皇上說，豈用你這奴才傳話！」孝文帝得知大怒，命馮妙蓮的母親常氏入宮，讓她親手用鞭子抽笞她的女兒，鞭打數十下，直至馮妙蓮鮮血淋淋。

太和二十三年（西元四九九年）四月，身在鄂北戰場上的孝文帝又一次生病。回洛陽途中，行至魯山附近，孝文帝的病情已很沉重，他將彭城王元勰召到身邊，安排後事，說到馮妙蓮時，他說：「後宮久悖陰德，自絕於天，怕她將來會重演呂后干政的故事，朕今立下遺詔，賜她自盡，待朕死後，由你們監督執行。然後必厚葬之，以掩馮門之大過。」說完此話，年僅三十三歲的孝文帝帶著遺憾死去了。

孝文帝死後，即由北海王元詳當面向馮妙蓮宣讀遺詔，長秋卿白整端來毒酒，在旁侍候。馮妙蓮聽完遺詔，驚恐萬狀，一邊跑、一面大聲叫喊：「不！不！我不想死！皇上仁慈，他不會讓我死的！一定是你們要害我！」但是，木已成舟，她已無法再逃脫這一可悲的下場，元詳和白整強行抓住馮妙蓮，將毒酒灌進她的嘴裡，這位既美麗又狠毒、既聰明又潑悍、既權傾後宮又放蕩不羈的風流皇后，二十八歲便一命嗚呼。如若不是爭寵奪愛，淫蕩無德，又何至於此呢？

「蓮」本聖潔，「出汙泥而不染。」但孝文帝的寵后馮妙蓮雖出身名門，從小受著傳統的封建名節禮教，自入宮之後，不僅性妒心狠，而且淫蕩無比，醜名遠播宮廷內外。馮妙蓮靠姿色而爭寵，靠寵位而害人，馮妙蓮的所作所為，之所以沒有對北魏社會造成多大影響，主要還是因為孝文帝尚不失為一代明君，使馮妙蓮的行為尚不敢過於肆無忌憚，並且後來在孝文帝對她的醜行有所察覺後，及時採取了防範措施，使她不能繼續作惡，未得善終。但馮妙蓮身為六宮之主、最高統治者的內眷，其言行舉止，也足可為後人引以為戒！

韋后效顰　陳屍示眾

李唐王朝至太宗李世民貞觀年間，社會經濟已有很大發展，「海內昇平，路不拾遺，外戶不閉，商旅野宿焉」，呈現出了一派繁榮昌盛的景象。繼唐太宗之後的高宗和武則天，繼續推行貞觀以來的一些措施，唐朝社會得以進一步發展。武則天以才人進昭儀，以昭儀進皇后、皇太后，最後爬上了女皇的寶座。武則天的行為，對她的兒媳、唐中宗皇后韋氏產生了極大影響，以致韋氏在登上皇后座位後，也想效法婆婆，過一把「女皇」癮。

韋氏，唐代京兆萬年（今中國陝西萬年縣）人。韋家是關隴大族，韋氏的祖父韋表在貞觀年間擔任過太宗第十四子曹王的屬官，父親韋玄貞為普州（今中國四川安岳縣）參軍。韋氏長得花容月貌，肌膚雪白無瑕，體態苗條勻稱，是個有名的風流美人，韋氏不但聰明美麗，而且好勝心強，有主見。英王李哲選妃時，韋氏得以進王府，初做女官，後被立為王妃。

英王李哲，原名李顯。是唐高宗李治和皇后武則天的第三個兒子。他與兩個哥哥一樣，對母親武則天總是敬而遠之，李哲從小平庸、懦弱、膚淺、粗暴、胸無大志，不得武則天喜愛。在母親面前，他拘謹畏縮，戰戰兢兢，因此常遭到責罵。李哲的兩個哥哥李泓和李賢，曾先後被立為太子，都不得武則天滿意而被廢殺。唐高宗永隆元年（西元六八〇年），排行第三的李哲又被立為太子。

李哲做英王時，原配王妃趙氏，是太宗妹妹常樂公主的女兒。常樂公主對武則天及武氏家族的發跡既憎惡又蔑視，常常是憤恨溢於言表，說了不少過格的話。宮中武氏的耳目甚多，很快，公主的話便傳到了武則天的耳朵裡。武則天以慣用的手段，對常樂公主實施了嚴厲報復。公主的丈夫趙瑰被貶為括州（今中國浙江麗水）刺史，公主被趕出京都洛陽。英王妃趙氏受到株連，被幽禁在一間四周都是牆的黑牢裡，最後被活活地餓死了。趙妃死後，美麗而有主見的韋氏得到李哲的寵愛，變成了英王妃，後又被立為太子妃。

韋氏伶俐聰明，小有韜略。她深知武則天大權在握，絕不會允許其他任何人與她爭權奪勢。前兩個太子李泓和李賢，就是因為不會奉承而落得可悲的下場。所以，韋妃常規勸李哲認清形勢，小心奉迎，以穩固自己的太子地位。李哲果真按照韋氏的話去做，不僅按時去給父皇母后請安，而且對他們的話百依百順。就是對武氏族人，他也是畢恭畢敬。武則天雖然不滿意他的懦弱無能，認為他不像是自己的兒子，但因他不侵權，不越位，對她構不成威脅，倒也放心。果然，在李哲當太子的幾年時間裡相安無事。

唐弘道元年（西元六八三年）十二月，高宗病逝，太子李哲即位，史稱中宗，尊武則天為皇太后，立太子妃韋氏為皇后。李哲從來沒有想到自己會當皇帝，因為是老三，兩個哥哥先後被立為太子，結果被廢殺因而沒有登上帝位。現在，他真的做起了至尊無上的天子，心裡十分興奮，大喜過望。但他錯誤地估計了形勢，認為自己已擁有至高無上的皇權，要報答韋氏助己之恩，要培植自己的勢力。韋氏也是如此，一人榮貴，全家高昇。在韋氏的要求下，中宗很快就把其岳父韋玄貞從普州參軍一下子提升為豫州（今中國河南汝南縣）刺史。但韋后仍不滿足，在她的要求下，中宗又準備提升韋玄貞為侍中。同時，中宗還要給他乳母的兒子五品官。當時的宰相、中書令裴炎不同意中宗的做法。他覺得韋玄貞並無大功，只是以皇后父親的身分一下子晉陞高位，未免太快了些。他向中宗提出自己的看法，但中宗不聽。裴炎再三勸諫，惹得中宗火起，怒道：「我是天子，只要我願意，就是把天下送給韋玄貞又有何不可？」裴炎聽了，未免心中膽怯，自己不過身為宰相，倘若中宗真的這樣做了，萬一太后怪罪下來，實在擔當不起。他把中宗的話告訴了太后。武則天悚然一驚，她沒想到平常庸弱的李哲，居然還有這麼大的膽子。她害怕自己的權力受到侵犯，立即同裴炎等大臣密謀，伺機廢掉中宗。唐嗣聖元年（西元六八四年）二月，皇太后武則天在乾元殿召集百官，宣布廢中宗為廬陵王。李哲只做了四十多天的皇帝，便下了台。當時的李哲還並不知趣，問道：「我有何罪？」武則天說：「你要把天下送給韋玄貞，還說沒罪？」

李哲皇位被廢，韋氏極為沮喪。她怎麼也沒想到，皇后的寶座還沒有坐熱，就被拉了下來。她隨著中宗，被幽錮在宮中，老父一家人被流放去嶺南。韋氏既惱怒又懊悔，她惱怒李哲的無用，懊悔自己沒有及時提醒他武則天的存在。但是，身處逆境的韋氏，不像李哲那樣終日愁眉苦臉、唉聲嘆氣，而是忍耐和等待。她常在枕邊悄悄地教導和安慰李哲：「現在不能說洩氣的話，保命要緊，你絕對不要流露出絲毫怨恨的表情，應該等待機會，我不信將來無出頭之日。」她還再三叮囑李哲：「從現在起，你要學會忍耐，一切都要逆來順受！」她勸李哲總結經驗教訓，臥薪嘗膽，等待東山再起。

三個月後，武則天下令將廬陵王李哲一家流放到均州（今中國湖北鄖陽）。但他們行至途中，又接到詔令，要他們再遷到房州。房州地處武當山區，縣城只有幾百戶人家，既貧瘠又閉塞。州刺史奉命負責監督，在生活上也很苛刻。李哲和韋氏一家人過著愁苦的生活，還時時擔心會有大禍臨頭。

中宗李哲被廢後，裴炎等人擁立武則天的小兒子豫王李旦為帝，是為睿宗。而大權則掌握在臨朝稱制的武則天手中。李旦為吸取幾個兄長被殺被貶的教訓，為保全性命，自請太后臨朝，自己退為太子。此正合武則天之意，她於天授元年（西元六九〇年）登上了女皇寶座，改唐為「周」。

李哲夫婦在房州貶所一住就是十五年，房州地處深山之中，交通不便，百姓貧窮，比起繁華的京都洛陽，實乃天壤之別。過慣了錦衣玉食奢侈生活的李哲，簡直失去了活下去的勇氣。韋氏見丈夫消極頹喪，十分不滿。她看不起李哲胸無大志，經不起挫折的樣子，但也深知，自己的終身和希望都在他身上。現在雖然身處逆境，但總還有一線希望。因此，韋氏打起精神，竭力安慰李哲，讓他鼓起生活的勇氣。當他們聽到徐敬業以擁戴盧陵王為名叛亂消息，驚懼萬分。他們雖然做夢都想回到京都，但是隨時可能被殺的處境不允許他們存有絲毫幻想。韋氏深刻地分析了面臨的形勢，認為不僅不能輕舉妄動，還應主動向武則天表示忠誠，以求生存。因此，當武則天派來探聽他們消息的使臣到達房州時，韋氏已預先準備好禮物相送，並說了許多頌揚武則天的話。使臣回朝覆命，講盧陵王如何安分守己，如何忠於太后，武則天雖然並不全信，但始終也沒對他們下手。

在這種朝不保夕的恐怖氣氛下，李哲時時膽顫心驚，每當有敕使從京都來，他都認為是來殺他的，便抱著韋氏號啕大哭，吵吵嚷嚷要先行自盡。韋氏都對他百般安慰，勸他說：「禍福無常，未必一定是賜死，何必這般慌張呢？」韋氏小心謹慎，保全了夫妻二人的性命。所以，盧陵王李哲對自己的愛妃感激不盡，他多次向韋氏發誓，要報答她的恩情，並說：「如果有幸重見天日，一定讓你為所欲為，絕不加以制止。」韋氏十分高興，將李哲這句話牢牢記在心中。這也是日後韋氏進一步得寵於夫君並胡作非為的一個前提。

在房州幽禁的歲月中，儘管貧困交加，然而盧陵王李哲與愛妃韋氏夫妻恩愛，互相支持，他們已有了一子四女，即長子李重潤、女兒長寧公主、永壽公主、永泰公主和安樂公主。最小的安樂公主出生在房州，出生時家裡窮得連小衣裳都做不起，是李哲用自己的內衣包裹她，因而起名叫「裹兒」。裹兒生得唇紅齒白，十分可愛。她聰明乖巧，善解人意，為艱辛的生活增添了樂趣。李哲夫婦非常寵愛她。

武則天聖歷元年（西元六九八年），女皇年事已高，想起自己百年之後的皇嗣問題，她竭力想立自己的侄兒武承嗣或武三思為太子。但宰臣狄仁傑等極力勸阻。狄仁傑說：「文皇帝（唐太宗）千辛萬苦打下江山，傳給子孫；大帝（唐高宗）將二子託付陛下，陛下現在想把江山交給外姓他族，不是大大地違背天意嗎？況且姑侄與母子，到底誰親？陛下立自己的兒子，則千秋萬歲後，可配食太廟；立自己的侄子，則自古沒有侄子為天子，祔姑於廟的，望陛下三思！」武則天聽從了狄仁傑的勸說，於當年三月，以為廬陵王治病為由，命人將李哲夫婦迎回了洛陽。

韋氏隨丈夫返回洛陽，喜出望外，彷彿看到了榮華富貴在向她招手，至高無上的寶座在等她登攀。她再三告誡丈夫，千萬不要再重蹈覆轍，一定小心謹慎，殷勤侍奉皇帝母親，討好武氏家族，結交文武百官。李哲嘗盡千辛萬苦，備受驚嚇折磨，當然知道權力之爭的厲害。他處處小心從事，對人謙恭有禮，很快便得到上上下下的好感，到處是一片頌揚聲。

李哲返回洛陽，其弟李旦便讓出太子之位，於是武則天再次於聖歷元年九月，立廬陵王李哲為太子，復舊名李顯，孫子李重潤被封為邵王。韋氏仍為太子妃。為此，韋氏的內心充滿希望。她時時告誡李顯，這回絕不能再有絲毫閃失了。她細細觀察朝中的情況，發現朝中有幾個人最有權勢，第一個是武后最寵愛的太平公主，其次是武后的兩個男寵張易之和張昌宗，然後是武后的兩個侄子武承嗣和武三思，此外尚有一人是武后所信任的貼身女官蘭台令史上官婉兒。韋氏勸丈夫儘量親近討好太平公主，另外同武承嗣、武三思兄弟交好，李顯就按照她的話去做了。

醉心於權力的韋氏，雖然對武氏恨之入骨，但還是佩服她的手段和才幹。羨慕自己婆婆掌朝權，做女皇的風光顯赫。相信自己有足夠的能力操縱丈夫，爭得他的寵愛和放縱，也有足夠的才智對付朝廷內外的大事。在親近太平公主的同時，韋氏還做了一件十分重要的事，與武氏兄弟結成姻親。她把女兒永泰公主嫁給武承嗣的兒子魏王武延基，幼女安樂公主嫁給武三思的兒子武崇訓，與武氏兄弟成了一家人。

這時，年邁的武則天皇帝正寵幸著張易之、張昌宗兄弟，張氏兄弟仗著武則天的寵愛，為所欲為，無惡不作，朝廷內外傳遍了他們的醜聞。李顯的長子，也是韋氏唯一的孫子邵王李重潤，風神俊朗，孝友好書，他和妹夫武延基性情相投，引為知交。兩人常在一起議論朝政，很看不起張易之、張昌宗兄弟於內以男色侍奉武則天，在外招權納賄等種種醜惡行徑，並說將來總有一天要殺死這兩個人。張氏兄弟知道後，便向武則天告狀，誣陷李重潤與武延基想造反。至高至尊的女皇帝聽後大怒，即刻下令讓自己的孫子邵王、孫女永泰公主、侄孫魏王自盡謝罪。李顯眼見一對兒女慘死，卻不敢求一句情，韋氏也是咬碎銀牙往肚裡咽。武承嗣因兒子慘死，不久也抑鬱而死。這是發生在大足元年（西元七〇一年）九月的事。

長安四年（西元七〇四年），女皇武則天年老體衰，因病遷居於迎仙宮長生院。身邊除張氏兄弟侍奉外，外人不得進見。朝中張柬之、崔玄暐等幾個大臣一起密謀，打算趁機除掉張氏兄弟，奪武則天皇權，歸政於太子李顯。張柬之等找到統領右羽林軍的李多祚將軍，帶兵強行拉上太子李顯，從玄武門殺入迎仙宮，刺殺張氏兄弟，逼迫武則天傳位於太子李顯。神龍元年（西元七〇五年）正月，歷盡艱辛的太子李顯，第二次登上皇帝寶座，大權重掌，他馬上恢復大唐國號，加封弟弟李旦為安國相王，妹妹太平公主為鎮國太平公主，對於與他患難與共的韋氏，中宗更是厚報有加，他除立刻立韋氏為皇后外，還追贈韋氏的父親韋玄貞為洛王，母親崔氏為王妃。

韋后多年的願望終於實現，她想起當初李哲（顯）對她的允諾：「一朝見天日，不相制。」如今

為寵廝殺

「天日重見」，她要中宗對她「不相制」，允許她參與朝政中宗歷來軟弱無主張，況且自己的前半生多得力於韋后的幫助，他又有前言在先，所以無力拒絕她的要求。直至他被韋后毒死之前，果真對她百依百順，寵愛有加。每當中宗上朝，韋后必然垂簾聽政，完全與當年武則天一樣。

中宗即位後，年事已高的武則天遷居上陽宮。此時，武氏家族雖失去了顯赫的權勢，但實力尚存。為此，朝中大臣憂心忡忡，他們不斷上疏中宗皇帝，請求對武氏家族斬草除根，尤其是對仍掌握一定實權的武三思，更應及早剷除。然而，昏庸的中宗皇帝聽不進忠諫之言，他的耳朵裡灌滿了皇后、女兒對武三思的讚美，他不僅沒殺武三思，還給他加官晉爵。

武三思頗富心計。自武則天下台之後，他擔心屠刀會隨時架在自己的脖子上，充滿恐懼地等待了一段時間後，並沒有什麼動靜。他開始考慮謀求自保，並準備東山再起，他十分清楚，皇宮裡最有實權的人物不是中宗皇帝而是韋皇后，因為韋后受寵，中宗對她幾乎是言聽計從。但要親近皇后，並非易事。要想與皇后建立非同尋常的關係，必須有人牽線，武三思想到了上官婉兒，於是他把上官婉兒推薦給中宗，上官婉兒隨後又把韋后與武三思「牽」到了一塊。於是在大唐宮廷內，便形成了這樣一個四角關係：兩個男人（中宗李顯和武三思）同時聯繫和寵愛著兩個女人（韋皇后和上官婉兒）。

上官婉兒，陝州陝縣（今中國河南三門峽）人，生於唐高宗麟德元年（西元六六四年）。婉兒自小即聰明伶俐，秀美可愛。婉兒的祖父上官儀，高宗時詩人，官至西台侍郎，深得高宗賞識。當時，武則天專權，高宗不能容忍，欲廢武后，讓上官儀草詔。但因事洩，上官儀下獄身死。婉兒的父親上官庭芝也被賜死，上官婉兒與母鄭氏被沒入內庭為奴。婉兒在宮中發憤學習，她天資聰慧，很快便學得滿腹經綸，才學出眾。寫的文章花團錦簇，並熟悉了朝政公文。十四歲時，被武則天看中，命她專掌詔命。自聖曆以後所下的制詔，多出自婉兒的手筆。武則天還讓她參與審閱政府各部門的奏摺，參決國家大事，成了武則天的得力助手。

中宗李顯早就知道上官婉兒的文才和能力，傾慕她那如花似玉、風流嫵媚的容貌。武三思的推薦，正中下懷，他立即召見了上官婉兒。並封她為婕妤，仍掌詔命。早在武則天當皇帝時期，上官婉兒就與武三思有了曖昧關係，此時中宗對她的信任和寵愛，她深知有武三思推薦之功，為了報武三思之恩，她一方面將武三思介紹給徐娘半老、風韻猶存的韋皇后，另一方面利用自己手中的權力，在詔命中對武三思大加推崇。軟弱無能、素無主張的中宗皇帝禁不住皇后韋氏和上官婉兒的進言，對武三思更加信任，並允許他隨便出入宮禁。韋后與武三思很快勾搭成姦，中宗每次下朝回宮，總是看到韋后與武三思一起坐在龍床上下棋，或是玩雙陸賭博，中宗會一旁觀戰，幫他們數籌碼，叫好助興。

有了韋后與婉兒的支持，皇帝的庇護縱容，武三思及其家族重又恢復了權勢。這對逼武則天退位的張柬之等大臣無疑是一大威脅。張柬之等人多次上疏勸說中宗誅除諸武，中宗非但不聽，反而將此透漏給了武三思，武三思及其同黨對張柬之等人恨得咬牙切齒。這時，韋后與武三思的曖昧關係已傳遍朝廷內外，許多大臣及家屬都在悄悄地議論，但誰也不敢啟奏中宗，一是大家知道中宗寵信患難與共的韋后，任其為所欲為；二是懼怕武氏家族的權勢，得罪不起。武三思卻趁此機會，與韋后、上官婉兒、安樂公主結成聯盟，掌握朝政。為除去妨礙他們的張柬之等大臣，他們日夜在中宗耳邊進讒言。軟耳朵的中宗非常相信那些話，便按他們所提的辦法，明升暗降，剝奪了張柬之等人的實權。從此，朝中大權完全落入韋后和武三思手中。

神龍元年冬天，武則天病逝。韋后非常崇拜她的婆婆武則天，尤其是女皇帝掌握權力的手段以及女皇帝荒淫糜爛的生活方式。她要向婆婆學習。朝堂上她垂簾聽政，任何國家大事都要過問；生活上她崇尚奢華，山珍海味、綾羅綢緞應有盡有。她雖已是半老徐娘，卻淫蕩成性，除與武三思私通外，還將慧范和尚引入宮中，勾搭成姦。神龍二年（西元七〇六年），有一個小官名叫韋月將，冒死上書中宗，狀告武三思「潛通宮掖，必為逆亂。」中宗因難堪而惱羞成怒，命黃門侍郎宋璟立即處死韋月將。宋璟不肯聽命，說：「依法未經審訊，不得問斬。」又說：「陛下不問而誅，是非不明，必會引起更多人私下議論此事，豈不更壞？」中宗斥道：「朕不管這些，殺了他，才能解朕的恨！」宋璟凜然回答道：「臣不能枉法，要殺先殺了臣的頭！」這時有幾個公卿大臣見相持不下，出來勸解：「陛下，盛夏季節不宜行刑，待秋後再斬不遲。」大理卿尹思貞生怕這種事交他審問，使他尷尬，便乘機奏道：「不如先將韋月將流放到嶺南，過了秋分，再命地方官斬決。」中宗依了尹思貞的建議，命把韋月將毒打一頓，流放到嶺南。武三思聽說此事後，吃了一驚，立即讓韋后鼓動中宗，將宋璟調出京都，貶為貝州（今中國河北南宮東南）刺史。

同年七月，中宗立衛王李重俊為太子。武三思感到太子是他奪取最高權力的嚴重障礙。於是他召集心腹黨羽，開始設計打擊陷害太子及其身邊的人。他先令人將韋皇后與和尚慧范的醜行寫成帖子，張掛在交通要道天津橋上，以此陷害與太子親近的五王。中宗果然中計，知此事後大怒，命御史大夫李承嘉查究。李承嘉受武三思密囑，向中宗奏稱天津橋上的帖子是崔玄暐、敬暉等五王所為，意在扳倒皇后和武三思，進而廢黜皇帝，另立新君。中宗下令把五人關進監獄準備處死。有大臣進諫：這五人當初擁立皇上有功，皇上曾賜給他們免死鐵券，不應處死。中宗只得尊重這一意見，改判終身流放之刑。但是，五人還未到達流放地，就被武三思派的人殺死了。隨後，武三思又利用安樂公主想弄權的野心，讓她去向中宗請求廢去太子，封她為皇太女，藉以打擊重俊太子。中宗雖然寵愛安樂公主，但終認為皇太女之說太荒唐，沒有答應。安樂公主及她的丈夫武崇訓於是將滿腔怨憤發洩到太子身上，經常當面侮辱他，呼他為奴才。太子雖氣憤填膺，卻敢怒而不敢言。太子重俊非韋后所生，韋后也不喜歡他。因此，韋后就與上官婉兒、安樂公主聯起手來，常常在中宗面前說太子的壞話，加上太子整天沉迷於球場，久而久之，中宗對太子也漸漸疏遠起來。

太子李重俊早就看不慣武三思、韋后等人的所作所為，上官婉兒在詔書中推崇武氏更使他無比憤慨，他深感自己的處境危險。重俊年輕氣盛，不想任人宰割，於是就與左羽林軍大將軍李多祚商量，準備傚法「五王」，再搞一次宮廷政變。

中宗景龍元年（西元七〇七年）七月，太子李重俊與大將軍李多祚及將軍李思沖、李承況等人聲稱武三思串通上官婉兒謀反，假傳中宗的密令討逆。這天夜裡，他們率羽林軍三百多人襲擊武三思的府第。武三思正擁著美女侍妾飲酒作樂，兒子武崇訓也陪坐一旁，安樂公主進宮還未回來。羽林軍一擁而入，見一個殺一個，武三思父子被拉到太子馬前，太子罵了幾聲，拔出佩劍一劍一個，把他父子剁死，又下令軍士殺盡武三思全家。接著，太子又命左金吾大將軍成王李千里及其兒子天水王李禧分兵把守各處宮門，自己同李多祚一起殺入肅章門，直奔中宗、韋后的寢殿。此刻，中宗正與韋后、安樂公主、上官婉兒在一起飲宴玩樂，忽聽報稱「太子謀反，已殺進宮來」，中宗嚇得魂飛魄散，不知如何是好。上官婉兒十分冷靜，建議皇帝上玄武門城樓暫時躲避。中宗等登上玄武門城樓，又急命右羽林軍大將軍劉景仁帶兵在樓下保衛。李多祚帶兵來到樓下，大叫：「交出上官婉兒。」上官婉兒急忙跪對中宗說：「臣妾並沒有勾結武三思的事，請陛下明察！臣妾死不足惜，恐怕這些叛臣先要婉兒，接著就會索要皇后，最後就要危及陛下！」中宗見保駕的人馬已到，膽子也壯了起來，立即詔令誅滅反叛。兵部尚書宗楚客、左衛將軍紀處訥率兵二千多人，包圍了李多祚等人，並將他們殺掉。太子李重俊見大勢已去，帶領百餘騎向終南山逃去，逃到鄠（今中國陝西戶縣）西，在樹林裡休息時，被手下人所殺。

武三思被誅，對韋后的打擊很大。但她並沒有因此而放棄奪取最高權力的野心，相反，她更加快了邁向權力頂峰的步伐。她除了讓中宗將太子李重俊的餘黨及其家屬一網打盡外，還招降納叛，網羅更多的走狗，擴大自己的勢力範圍。如在誅滅太子的戰鬥中立功的楊思勖、楊再思、紀處訥都得到了加官封賞，他們對韋后感恩戴德，於是與兵部尚書宗楚客一起上表請加韋后尊號為「順天翊聖皇后」。一切又都恢復了正常和平靜。中宗依然過著享樂的生活，韋后也依然放縱淫蕩。沒了武三思，她又看中了兵部侍郎崔湜、散騎常侍馬秦客、光錄卿楊均等，與他們私通。

中宗景龍二年（西元七〇八年）二月，皇宮中忽然傳出在皇后衣箱裡，飛出五彩雲霞。糊塗的中宗認為是吉兆，命人繪製成圖樣，向百官展示，並詔示全國。中宗藉機又大赦天下，大封官爵。朝廷內外，一片為韋后歌功頌德之聲。阿諛奉承之徒齊集韋后的裙下，韋后從此氣焰更加囂張，中宗變成了傀儡。在後宮，韋后沒有忘掉專掌詔命的上官婉兒，將她的母親鄭氏封為沛國夫人。此時的上官婉兒也大權在握，仗著中宗的寵愛，韋后的支持，與安樂公主、長寧公主一起，賣官鬻爵、累積財富。婉兒還憑著自己的才華，建議中宗、韋后開館修文，擇文士入修文館，一時間崇文之風興盛。景龍二年（七〇八年）十一月，中宗封上官婉兒為昭容，並在宮外賜地修宅。與此同時，韋后的小女兒安樂公主又與武承嗣的小兒子武延秀結了婚，婚禮極盡奢華，轟動京師。

唐中宗李顯昏庸無能，只知享樂，看不見在歌舞昇平、奢侈浮華背後潛在的政治危機。韋后與上官婉兒串通一氣，結黨營私，在朝中權勢熏天，對中宗的帝位已構成嚴重威脅。就連各家公主也各自培植自己的勢力，虎視眈眈，覬覦著最高權力。當然，中宗此時對韋后的行為，尤其是傳聞的「淫亂宮闈、干預國政」之說，也有所警覺。如許州參軍燕欽融就上奏說：「皇后淫亂，干預朝政；安樂公主、武延秀及宗楚客等人互相勾結，朋比為奸，危害國家社稷，應予以嚴懲。」中宗聽後，複雜的心情難以言喻，既為燕欽融的「危言聳聽」震怒、吃驚，又為「這也許是事實」而痛苦煩惱。他瞞過韋后，悄悄地將燕欽融召入宮中當面質問。燕欽融毫無懼色，把皇后及他人的醜行一一列舉事實，詳細說明，說得中宗瞠目結舌，不得不信。最後，中宗神色慘淡地說了句：「朕日後再召你進來。」就讓燕欽融退下。在內侍的引導下，燕欽融從內殿走出，經過一道道宮門，當來到宮院外時，忽然兩廂擁出一幫武士，為首的正是宰相宗楚客，手持敕書，說是奉皇帝詔命，立將誣陷皇后與安樂公主的燕欽融打死。霎時間，亂棒齊下，血肉橫飛，燕欽融慘遭殺害。事後，中宗儘管沒有責罰宗楚客偽造詔命的非法行為，但燕欽融所列舉的一系列事實，似無數塊石頭緊壓在中宗的心頭。他悶悶不樂，心情沮喪，對韋后也失去了平時的親近，常常有意無意地躲開她。

中宗對韋后感情上的變化，不僅使韋后恐慌，連安樂公主也不安起來。她知道，父皇無論如何也不同意她當「皇太女」，而如今母親與自己的地位說不定也會發生動搖。怎麼辦？母女商量的結果，竟然定出了一條惡毒的、滅絕人性的計謀：殺死中宗，韋后登位做皇帝，立安樂公主為「皇太女」。

中宗很喜歡吃餅。這天，他坐在神龍殿批閱奏章，韋后親手為他做了一籠餅，命宮女送去，中宗取來便吃，越吃越香，竟一連吃了七八個。誰知過了一會兒，他忽然發出一聲慘叫，兩隻手猛抓胸部，倒在榻上翻來滾去。內侍們慌忙入報韋后，等到韋后慢慢走來時，中宗已是兩眼翻白，說不出話來了。他痛苦地掙扎了一會兒，便嚥了氣。

韋后用藥餅毒死中宗皇帝後，卻祕不發喪，她先以朝廷的名義急召各位宰相入朝，然後快速調動五軍精兵進駐京師，並全部委任韋氏族人掌管軍隊，如駙馬都尉韋捷、韋灌，衛尉卿韋璿，左千牛中郎將韋錡，長安令韋播等，分別被任命為各軍將領。與此同時，她還命左監門大將軍兼內侍薛思簡等帶兵五百人，快速抵達均州（今中國湖北境內）戍衛，監防譙王李重福。又命刑部尚書裴炎、工部尚書張錫，並同中書門下三品，兼充東都留守。命吏部尚書張嘉福、中書侍郎岑羲、吏部侍郎崔湜，並同平章事，任朝中要職。一切布置完畢，韋后又令太平公主和上官婉兒一起密議，假造中宗遺詔，立十六歲的溫王李重茂為皇太子，皇后韋氏訓政，相王李旦參謀政事。遺詔既成，隨即舉哀，頒布詔令，韋后為自己專權之需要，又授意心腹宗楚客上書稱：「相王（李旦）與皇后是叔嫂關係，不能在朝堂共同執政，違背禮法。」隨後便將相王擠出了朝廷。隨之，韋后又立太子李重茂為帝，自己則監朝稱制。

此時韋后雖然已大權在握，但她仍不滿意，她想像婆婆武則天那樣，改唐為「韋」，自己登上女皇的寶座，威風凜凜，君臨天下。於是她又與自己的黨羽密謀，準備除掉新立的皇帝李重茂，自登帝位。不料，兵部侍郎崔日用擔心太平公主和相王的勢力強大，一旦事敗，連累自己，便密派寶昌寺和尚普潤向相王之子、臨淄王李隆基告密，勸他興兵討滅韋后集團。李隆基乃相王第三子，文武兼備。他早就不滿韋后及其同夥的胡作非為，便私下招兵買馬，厚絡羽林軍將領，準備伺機起事。崔日用的密告，為他提供了一個極好的機會，他決定先發制人，舉行兵變。

這天深夜，滿天星斗，李隆基換了服裝，悄悄地率領羽林軍的幾個將領進入禁苑，衝進羽林軍營中，殺死韋璿、韋播，將他們的頭砍下示眾，號召廣大羽林軍將士反戈一擊，誅滅韋后一黨，匡復李唐天下。那些羽林軍將士對韋氏一夥早就積怨很深，已到了一觸即發的時刻。他們在果毅校尉葛福順的帶領下，殺進了太極殿。太極殿停放著中宗的靈柩，韋后也睡在那裡。韋后聽到喊殺聲，嚇得連外衣都沒來得及穿，就跑進飛騎營，求他們保護。韋后萬沒料到飛騎營的將士也已造反，倒向了李隆基。他們見到韋后，舉刀將她殺死，並把她的首級割下獻給了李隆基。李隆基命令軍隊肅清宮禁，對韋后一黨格殺勿論。於是駙馬武延秀、內將軍賀婁氏、馬秦客、楊鈞等均被殺死。黎明時分，安樂公主被亂軍殺死在自己的宅第。上官婉兒被前朝邑尉劉幽捉住後，亦被李隆基殺死。

唐中宗的皇后韋氏，爭寵向上爬，目的就是要效仿她的婆婆武則天，獲得執掌朝政的權力以獲得夢想的「女皇」寶座；另一方面則是要在「母儀天下」的皇后（或「君臨天下」的女皇）位置上過窮奢極欲的糜爛腐朽生活。韋氏由被寵到弄權、淫亂宮闈，最後殺死了親夫，但「女皇」夢並沒有實現，卻落得個陳屍太極殿的可悲下場。韋氏爭寵及恃寵弄權的歷史教訓也是頗深刻的。且不說她勾結武三思淫亂宮闈，誅殺異己，陷害太子，擾亂朝綱，更為嚴重的是，她竟然下毒手謀害曾寵愛過自己的丈夫，險些造成時局的動盪。與她的婆婆武則天相比，韋氏僅繼承了武氏狠毒、淫蕩、奢靡的一面，而全無武氏的才學、能力與手段，所以，「女皇」夢終成泡影，也是必然的！

三千寵愛　馬嵬葬身

李隆基誅滅韋氏家族及其黨羽後，擁立他的父親相王李旦為帝，是為唐睿宗。睿宗在位僅二年，便宣布退位，由兒子李隆基即位，他就是歷史上有名的唐玄宗。玄宗統治的開元年間（西元七一三～七四一年），唐朝歷史進入了鼎盛時期。唐玄宗李隆基是一位很有作為的封建帝王，然而，受時代及階級的侷限，唐玄宗本身又有許多致命的缺點，比如，他過於寵愛貴妃楊玉環。

楊玉環，唐玄宗開元七年（西元七一九年），出生在蜀地（今中國四川）一個官宦世家。楊家原籍弘農郡（今中國河南靈寶縣北）華陰縣（今中國陝西省華陰縣），後遷居到蒲州（今中國山西省永濟）永樂縣的獨頭村。楊玉環的曾祖父楊汪是隋朝時的上柱國、吏部尚書。祖父做過州刺史。父親楊玄琰是蜀州（今中國四川省）司戶。楊玉環幼年喪父，被寄養在叔父楊玄璬家中。楊玄璬曾做過河南府士曹，官位雖低，但由於是官宦世家，社會地位較高。在如此優越的家庭環境裡，楊玉環自小便受到了良好的教育。她不僅有一定的文學修養，而且在音樂、舞蹈方面也有較高造詣，加上她明眸皓齒，月貌花容，天生麗質，雖然當時養在深閨，但她的姿色與風華卻早已在洛陽貴族中悄悄傳揚開來。

開元年間，是大唐帝國的鼎盛時期。年輕有為的玄宗皇帝，為了求得國富民安，選賢任能，改革弊政，勵精圖治，大大促進了社會經濟的發展，呈現出所謂「開元盛世」。據史書記載，此期「海內安富」、西京、東都的米價降到一石不到二百錢，全國各州縣倉庫都堆滿了粟帛；行人走萬里路，也用不著帶武器，「路不拾遺，夜不閉戶」。大詩人杜甫曾形容說：「憶昔開元全盛日，小邑猶藏萬家寶。稻米流脂粟米白，公私倉廩俱豐實。」經濟繁榮，百業興旺，京都內外，到處都是一派歌舞昇平的景象。

開元二十二年（西元七三四年）七月，唐玄宗李隆基的女兒咸宜公主在東都洛陽舉行盛大的結婚典禮，楊玉環受到了特別邀請，在婚禮中伴公主，做嬪從。玄宗皇帝的兒子、咸宜公主的弟弟壽王李瑁，久聞楊玉環的芳名，在這次婚禮上目睹了她的花容。此時的李瑁已到擇妃年齡，他一見楊玉環，立即便產生了愛慕之心。於是，便透過他的母親、深受玄宗寵愛的武惠妃，奏明了皇帝。在武惠妃的請求下，唐玄宗於當年十二月下了冊封皇子妃的詔書。很快，楊玉環便與李瑁成婚，變成了大唐皇子壽王之妃。婚後，楊玉環憑著自己的美貌和溫柔，得到了壽王李瑁的加倍寵愛，夫妻恩愛和美。楊氏家族在壽王的關照下，也開始興盛起來。

天有不測之風雲。開元二十五年（西元七三七年）十二月初七，深受唐玄宗寵愛的武惠妃死了。這無疑是對唐玄宗一個重大的打擊。他在宮中鬱鬱寡歡，寂寞難耐，後宮三千佳麗，均不如他意。他的心腹宦官高力士揣透了主子的心思，便推薦相貌與武惠妃相似的壽王妃——他的兒媳楊玉環。開元二十八年（西元七四〇年）十月的某天，高力士帶著玄宗皇帝的聖諭，將楊玉環從壽王府帶到了驪山華清宮。

驪山在今中國陝西省臨潼縣城東南，離古都長安城很近，風景優美，氣候宜人，還有能祛病延年的溫泉，歷來是達官貴人避寒遊玩的勝地。唐代的華清宮、溫泉華清池，就在山的西北麓，每年十月，唐玄宗都要到這裡巡幸遊玩。

有聖旨在，楊玉環不得不離別相親相愛的丈夫，隨高力士來到唐玄宗面前。她的美貌和嬌羞，立即迷住了她的公公——大唐皇帝唐玄宗。唐玄宗一見傾心，決心把她從兒子手中奪過來。儘管在唐代儒家之倫理道德尚未受到十分重視，但父奪子妻，作為大唐天子的李隆基還是有所顧忌的。為了避世人之耳目，也為使自己的行為「合法化」，唐玄宗便詔令楊玉環自請度為女道士，藉口代皇帝盡孝，為慘死在武則天手中的唐玄宗之母竇太后祈福。女道觀稱「太真觀」，就設在宮中。從此，楊玉環便有了一個皇帝賜封的道號——太真。

楊玉環再也不能回壽王府與夫君團聚，而開始以女道士的身分在宮中陪侍皇帝。

她雖名義上為女道士，也沒有經過正式冊封，但已經成為實際上的皇帝妃子。在宮中，皇帝稱她為「太真妃」，宮人稱她為「娘子」。她經常隨皇帝出席內宮宴會。有時她還與玄宗一起接見朝臣，邀見文學侍從。而且她性格豁達，喜好文學和音樂。有一次，在邀見文學侍從的宮宴上，唐玄宗問起了散隱天下的名士，以客卿身分在座的道士吳筠向皇帝和楊玉環推薦了頗負才氣的著名詩人李白。楊玉環曾讀過李白的詩，也極力讚揚李白。唐玄宗聽了非常高興，欣然命祕書監賀知章立即起草詔書徵召李白入朝，讓他供奉翰林，為翰林學士。從此，李白經常出入宮廷，創作了不少優美的宮廷詩章。例如，在一次觀賞牡丹時，唐玄宗興致大發，命翰林院李白學士寫新詩，以記當日之事。李白接到聖旨，夜酒還沒醒，便提筆寫成清麗婉約的《清平樂詞》三首：

雲想衣裳花想容，
春風拂檻露華濃；
若非群玉山頭見，

會向瑤台月下逢。

一枝紅豔露凝香，
雲雨巫山枉斷腸；
借問漢宮誰得似，
可憐飛燕倚新妝。

名花傾國兩相歡，
長得君王帶笑看；
解釋春風無限恨，
沉香亭北倚欄杆。

李白的詩作淋漓盡致地描繪出了楊玉環傾國傾城、仙女般的美貌，刻畫出了唐玄宗對她的寵愛和眷戀。雅麗的辭章配以優美的樂曲，由宮中最好的樂工李龜年唱出，使唐玄宗和楊玉環沉醉痴迷……。

楊玉環在宮中做了整整五年女道士。她曲意逢迎皇帝，為他歌舞，為他娛樂。她遵循著封建的宮廷體制，以自己的嫵媚與溫馴，贏得了皇帝的歡心。

天寶四年（西元七四五年）七月，唐玄宗頒布詔令，冊立左衛勳二府右郎將韋昭訓第二女為壽王妃。當月內，又宣布新的詔令，在鳳凰園內冊封楊玉環為貴妃。唐玄宗自廢王皇后後，就未立過皇后。因此，楊玉環雖名為貴妃，但享用差不多卻相當於皇后的待遇。

為寵廝殺

楊玉環被冊封貴妃晉見皇帝時，玄宗見她鬢髮膩裡，纖穠中度，舉止閒冶，喜不自勝，便急詔沐浴湯泉，以觀其體態。玉環肌膚瑩白豐嫩，從水中出浴，好似體弱力微，無力披上羅衣，嬌態渾然，容顏卻光彩煥發，楚楚動人。玄宗命樂工演奏他創作的《霓裳羽衣曲》。當日傍晚，又賜授金釵和鈿盒，將用名貴黃金做成的步搖，送到梳妝閣，親手為貴妃戴上。玄宗喜形於色地對後宮的人說：「朕得貴妃，如得至寶也。」隨後便乘輿作了一首曲子，名《得寶子》。此後，玄宗與貴妃行同輦、止同室、宴專席、寢專房，可謂形影不離。

自從得寵於玄宗後，楊玉環更加「治其容，敏其詞，婉孌萬態，以中上意」。她知道自己很美，也正是因為美，才能得到皇帝的寵愛。她細心地保養和打扮自己，不僅經常到溫泉沐浴，還十分注意按摩和做些能保持體形的運動。她的衣服不計其數，宮中光為她織錦刺繡的工人就有七百人。她的金銀首飾，更是精益求精，燦爛奪目，為其雕刻鑄造的工匠，也有數百人。各方官僚為投其所好，搜刮民財，爭先奉獻，以期得到皇帝的青睞。嶺南節度使張九章、廣陵長史王翼，就因貢獻最多最好，便有「進九章銀青階，擢翼戶部侍郎」的說法。

除容貌外，楊玉環聰慧的天賦，機敏的性格，也是吸引唐玄宗並受其寵愛的一個因素。《長恨歌傳》中說她：「才知明慧，善巧便佞，先意希旨，有不可形容者。」但是，貴妃最能吸引玄宗、取寵於皇帝之處還是她在音樂、歌舞方面的超常技藝。在對音樂藝術的共同愛好中，貴妃與玄宗二人情投意合。《霓裳羽衣曲》是玄宗的得意佳作，貴妃醉中依曲而舞，舞姿回雪流風。玄宗歎為知音，只有貴妃才能體會玄宗曲中意境，用舞姿完美地表現出如此的情韻。在樂曲中，貴妃善弄琵琶，她的姐妹和諸王、郡主都拜她為師，被稱為琵琶弟子。貴妃的琵琶以邏逤檀為槽，溫潤如玉，光輝可觀，上刻有金縷紅紋的雙鳳。貴妃每抱此琵琶演奏於梨園，聲韻淒清，飄向雲外。

除了琵琶，貴妃還善於擊磬，喜歡泠泠然的磬聲。貴妃制曲演奏，專攻樂器的太常寺和梨園妓都比不上她的技藝。玄宗見貴妃喜歡磬，便命人採藍田綠玉，琢為磬，飾以珍奇旒等，供貴妃使用。貴妃創作的《涼州曲》在當時廣為傳唱。貴妃不僅僅自己善於歌舞，還熱衷於訓練音樂歌舞人才。唐玄宗對此十分支持，專門買來了大批少女，供她訓練。當時著名的舞蹈家謝阿蠻，就是這時選入宮中的。楊玉環不僅讓人教給她們歌舞，而且教她們識字。與此同時，她還組織了大型樂隊，編排了各種樂章。某一次，玄宗夢見十個仙女和龍女，便譜寫出《紫雲回》和《凌波曲》，然後交與貴妃，令其組織各親王及梨園子弟歌舞演唱。演唱地點在清元小殿，由謝阿蠻舞唱，寧王李憲吹玉笛，玄宗皇帝親自敲羯鼓，貴妃彈琵琶，馬仙期擊方響，李龜年吹觱篥，張野孤奏箜篌，賀懷智打拍子。演唱從早晨一直持續到午間。因為這樣，貴妃以其自身所特有的魅力取悅於玄宗，玄宗也把越來越多的寵愛施給貴妃。

比楊玉環大三十多歲的唐玄宗已漸入老境，他越來越依戀給他溫情和歡樂的楊玉環。楊玉環雖已進入中年，但駐顏有術，依然風韻動人，豐腴的身姿更有一種成熟的美。皇帝的寵愛和依順，使她逐漸產生了感情，她將自己的終身寄託在老年的李隆基身上。她用自己的聰明和婉順，竭力逢迎和侍候著皇帝，努力在宮中保持自己母儀天下的猶如皇后般的地位。

然而，和所有的皇帝一樣，唐玄宗的感情並不是專一的。他的尊嚴更不容侵犯，哪怕是他心愛的美人，一旦觸犯他的威嚴，他也絕不容情。在楊玉環進宮之前，唐玄宗還寵愛著一個妃子，叫江采蘋，因她素愛梅花，故稱「梅妃」。梅妃苗條清秀，才思敏捷。她以自己的高雅風華吸引著皇帝，在宮中有著較高的地位。楊玉環入宮後，唐玄宗將情愛轉移到新人身上，逐漸疏遠了梅妃。專寵的貴妃當然也容不得另一個女人奪去皇帝的感情。一日，唐玄宗觀賞梅枝，牽動情思，想起了梅妃，立即命

為寵廝殺

高力士將梅妃帶到翠華西閣，與其相會。梅妃見駕，秀目含淚，被遺棄的痛苦使她分外憔悴。玄宗動了憐香惜玉之心，溫言撫慰。兩人蜜情濃意，盡情歡娛。直至天光大亮，唐玄宗也顧不得上朝理政。楊玉環聞訊趕到，高聲責問，才驚醒了他們的好夢。玄宗理屈詞窮，惱羞成怒。玉環妒性大發，毫不相讓。唐玄宗以忤逆之罪，命高力士立即將楊玉環送出宮去。

楊玉環回到她的堂兄少監楊銛家，楊氏家族為此萬分憂懼。楊銛拜求高力士為之說情，高力士慨然應允。唐玄宗自趕貴妃出宮後，也是坐立不安，神思不寧，舉止失常，飲食無味。當夜，長吁短嘆，不得安眠。深知唐玄宗心情的高力士，乘機奏請迎回楊玉環。玄宗立即准奏，並傳詔大開安興坊門（非軍國大事不得在宵禁時開此門），由高力士親自迎回貴妃。

楊玉環回到宮中，唐玄宗百般撫慰。他看到心愛的妃子淚流滿面，千嬌百媚，憐愛之情更加深厚。他向貴妃發誓，再不會發生這樣的事情。但是，當唐玄宗一看到別的漂亮女人，還是把誓言丟到九霄雲外。一次，玄宗正與風騷嫵媚的虢國夫人調情，被貴妃撞見，她萬分傷心，既害怕失去尊貴的地位，也痛恨皇帝的薄情。她不顧一切，大吵大鬧，說出了許多有失分寸的話。為此，玄宗大為不悅。天寶九年（西元七五〇年）二月，玄宗皇帝在舊宅設置五王帳，長枕大被，和兄弟們一起睡在那裡。貴妃孤單無聊，私下取寧王李憲的紫玉笛吹了起來。「梨花靜院無人見，閒把寧王玉笛吹。」玄宗知道後，大怒。立即傳旨將貴妃即刻放還本家，再不許進宮！

楊玉環第二次被逐出宮，傷心之餘，深感伴君如伴虎，皇帝的感情和誓言都是靠不住的。但是，多年的宮廷生活，使她對皇帝有了依戀之情，也割捨不下錦衣玉食、萬人景仰的舒適生活，何況她的家族也仰仗她，才得以權勢熏天，她不能失去這一切。唐玄宗自貴妃離宮，懊悔頓生，他也習慣了與貴妃在一起生活。貴妃的萬種風情、溫柔體貼時時浮上心頭，他感到沒有她在身邊的寂寞和空虛。他煩悶難耐，暴躁不安。侍奉他的人，無故遭到鞭笞和叱罵。他幾乎寢食俱廢。這時，楊家人也慌作一團。適逢河東節度副使吉溫入京奏陳機務，楊家人便請他見皇帝時多說好話。吉溫入宮見帝，為貴妃陳情。玄宗正好借此下了台階，他立即命中使張韜光賜御膳給貴妃。楊玉環剪下自己的一縷青絲，交張韜光帶給皇帝，並說：「臣妾犯了當死的大罪，然而皇上不殺我，我決心永遠離開後宮。我的一切都是皇上賜給的，只有身體髮膚乃父母所給，特獻給皇上，表達我的忠誠。」玄宗見到貴妃的頭髮，大驚失色，他害怕會發生什麼意外，立即命高力士去迎回楊玉環。

楊玉環接受了兩次被逐出宮門的教訓，更加刻意地修飾自己，用自己的姿容取悅皇帝。她也更加溫順體貼，用自己的才藝小心翼翼地侍奉皇帝。老年的唐玄宗越來越感到離不開他的愛妃，他逐漸拋開了對其他女人的慾念，對楊貴妃的寵愛更加專注。相互的依戀和需要，使唐玄宗李隆基和貴妃楊玉環之間的感情進入了一個新的境界。這種感情，在歷代帝后間是少有的。

兩情相悅，兩心相知，玄宗與貴妃愈到後來愈情投意合。在玄宗面前，楊玉環不像一個妃子，卻像恩愛家庭的嬌妻，敢說敢笑敢打敢鬧，肆情而嬌憨。幾次的衝突，基本都是由玄宗作出讓步。平日玄宗對貴妃沒有居高臨下之態，而像一位好脾氣的丈夫對待不懂事的嬌妻，下朝便來到貴妃處。冬日大雪，屋簷結了很多冰條。玄宗下晚朝回來，見貴妃正玩弄幾條亮晶晶的東西，好奇地問：「所玩何物耶？」貴妃笑答：「妾所玩者，冰筋也。」玄宗笑著對一旁的人說：「妃子聰慧，真可愛也。」二人在宮中漫遊，每走到鮮花盛開的地方，玄宗見花朵豔麗，總要摘一朵給貴妃戴在頭上。御苑千葉桃花新開，玄宗折一枝給貴妃說：「此花猶能助嬌也。」玄宗把貴妃比作盛開的花朵，秋八月，太液池中白蓮盛開，眾人於岸邊欣賞，無不歎羨。過了一會兒，玄宗指著貴妃對眾人說：「白蓮能比得上我解語花？」南方進貢一種果子，名合歡果。合歡果的名字和形狀引起了玄宗和貴妃的興趣，他們互相賞玩，愛不釋手，玄宗對貴妃說：「此果似知人意，朕與卿固同一體，所以合歡。」於是兩人緊坐在一起，把合歡果吃了。玄宗為留下紀念，還命畫工描繪此景。貴妃本身肥胖，夜晚縱歡飲酒，早晨起來，肺部灼熱難受。她常清晨走到後苑，攀花樹之枝，吸吮花露，用露水潤肺，感覺便稍好些。有時玄宗和她在華清池中遊憩，夜晚飲酒，早晨相攜到花園，玄宗折一支木芍藥，遞給她嗅其香味，這種花還頗有功效，玄宗曾說：「不惟萱草忘憂，此花香豔，尤能醒酒。」貴妃還酷嗜荔枝，荔枝在暑熱季節成熟，玄宗專門命人安排驛馬晝夜馳騁，從嶺南往長安運送荔枝。

貴妃雖然被寵愛，但她忘不了兩次被逐出宮的痛苦和恥辱。她需要玄宗給她一個切切實實的保證。七月七日是乞巧節，傳說牛郎織女在這一天鵲橋相會。女子們在這天晚上向織女祈禱，請求幫助提高自己的針指技巧。宮廷和民間一樣，也舉行乞巧宴會。唐玄宗和楊貴妃仰望著星河中的牛郎織女星，默默祈禱。她希望皇帝長壽，更希望自己得到永遠的寵幸。唐玄宗望著自己的愛妃，心情激盪，他何嘗不希望自己能活一千歲、一萬歲呢？他對楊玉環的感激與依戀之情油然而生，他拉著楊玉環的手，並肩站在長生殿前，仰頭望著浩瀚的天河，面對牛郎織女雙星，發下了誓言：「人壽難期，但願我們生生世世，永為夫妻！過了今生，還有來世！」楊玉環激動萬分，她虔誠地合起雙手，向天上的雙星說：「願生生世世永為夫妻！」大詩人白居易為唐玄宗和楊貴妃的長生殿之約，寫下了永恆不朽的詩篇：「在天願作比翼鳥，在地願為連理枝。」

皇帝的寵愛，不僅使楊玉環有了隨心所欲的豪華生活，也使她的地位日益顯赫起來。隨著楊玉環的被寵和受封，楊氏家族也因此「一人得道、雞犬升天」，立即榮耀發達起來。楊玉環的生父楊玄琰被先後追贈為濟陰太守、太尉、齊國公，母親李氏被封為隴西郡夫人、涼國夫人，朝廷專為之修建廟堂，皇帝親製碑文。叔父楊玄珪被封為光祿卿銀青光祿大夫，工部尚書。堂兄楊銛被封為殿中省少監；堂兄楊錡被封為監察侍御史，並把太華公主許配他為妻。太華公主是玄宗寵妃武惠妃所生，所以很受玄宗憐愛，得到的待遇也大大高於其他公主。玄宗在宮禁替夫妻倆蓋了豪華的宅第，以便他們隨時出入宮廷。堂弟楊鑑封為祕書省少監，和承榮郡主婚配。

就在貴妃受封之時，與貴妃同一曾祖的遠房堂兄楊釗也來到了京都長安。他奉劍南節度使之命，以節度推官的身分入朝辦事。雖然他與楊玉環關係較疏遠，但因為是貴妃的親戚，也被留在了京師，並被授予了金吾岳曲參軍的官職。楊釗以他的聰明才幹和劍南節度使章仇兼瓊供給的雄厚資財，巴結楊氏兄妹及宦官，得以隨便出入宮禁。他精於計算，在玄宗皇帝和其他人賭博玩耍時，他能為每一個人計數，既快又準確，因此引起了玄宗皇帝的重視，很快被調任為度支判官，掌管天下賦稅。楊釗相貌出眾，又工於心計，眼光敏銳，不僅很快得到了玄宗的喜愛；而且也得到了權勢顯赫的當朝宰相李林甫的賞識。他工作出色，並經常出入宮禁，取悅皇帝，結交玄宗心腹宦官高力士，幫助李林甫大興冤獄，排除異己。李林甫從而更加器重他，推舉他做了近侍大臣——給事中兼御史，不久，又取得了兵部侍郎的高官。當時，外面傳說圖儀中有「金刀」二字，於國不利。聰明的楊釗為此向皇帝請求改名，因為「釗」字正是由「金刀」二字組成的。玄宗便賜其名為「國忠」。

天寶十一年（西元七五二年），宰相李林甫病死，唐玄宗立即封楊國忠為宰相，兼領吏部尚書。就這樣，在不到十年時間裡，楊國忠便從一個侍御史而爬到了首席宰相的地位，這其中有很大的因素是得力於受專寵的楊貴妃，靠的是裙帶關係。

楊貴妃有三個姐姐，她們都美若天仙。貴妃得寵，她們也被皇帝加封為國夫人：嫁給崔氏的封為韓國夫人；嫁給柳氏的封為秦國夫人，嫁給裴氏的封為虢國夫人。並每人每月賜給脂粉錢十萬。三姐妹中，虢國夫人最為妖媚，不施脂粉，天生麗質，常常以本來面容朝見皇帝，很得玄宗的喜愛，特許她在宮苑中騎馬。唐代大詩人杜甫有詩云：「虢國夫人承主恩，平明上馬入宮門；卻嫌脂粉汙顏色，淡掃蛾眉朝至尊。」皇帝還賜給虢國夫人照夜璣，秦國夫人七葉冠，都是稀世之寶。至此，楊氏家族的貴盛達到了極點。楊氏兄妹，在長安城內飛揚跋扈，成了權貴側目的人物。

楊貴妃的三位姐姐（韓國夫人、秦國夫人和虢國夫人）和兩位堂兄（楊銛和楊錡）的住處，被時人稱之為「楊氏五宅」。他們在京城內大興土木，緊靠著宮禁，建造了壯麗的府第，比豪誇富，極盡奢華。皇帝賜給他們的巨額財富，五家一樣多。各地官員進京辦事，也必須走楊氏的門子。楊氏堂前堆滿了各地官員奉送的金銀財寶。只要楊氏一聲令下，各州府縣無不像奉聖旨一樣，戰戰兢兢，惟命是從。連十王宅、百孫院的皇子皇孫們的婚姻大事，只要韓國夫人、虢國夫人過問，也都無有不成。每當唐玄宗駕幸驪山華清宮，楊貴妃及三個國夫人都要隨駕前往。皇帝及貴妃的鑾駕富麗堂皇，「楊氏五宅」的車馬也毫不遜色。他們每家一隊，服色各異，錦繡珠玉，鮮豔奪目。五家車馬隨從合在一起，光輝燦爛，猶如天上的五色彩雲，充斥在長安至驪山的大道上。就算是在驪山，也有皇帝賜給他們的溫泉住宅。

楊氏家族的貴盛，楊氏兄妹們的驕橫跋扈，不僅使大臣貴族仰慕畏懼，就連皇家親屬也得避讓三分。如天寶十年（西元七五一年）上元節，長安城沒有宵禁，楊氏族人夜遊，車騎與廣寧公主及她的丈夫程昌胤的車騎相遇。楊氏族人明知是公主的車騎，卻不讓路。雙方爭執起來，駙馬都尉程昌胤下車喝止，反被楊氏家奴用鞭打翻在地，公主的車也被撞壞。公主向皇上哭訴，玄宗只殺了楊氏家奴一人，反而免去了駙馬都尉程昌胤的官。此事震驚朝野，也使得楊氏家族更加肆無忌憚。他們仗著皇帝對貴妃的寵愛，為所欲為，一時間，大唐的天下，成了楊家的樂園。當時民間傳出歌謠：「生男勿喜女勿悲，君今看女作門楣。」白居易也有詩云：「姐妹弟兄皆列士，可憐光彩生門戶；遂令天下父母心，不重生男重生女。」

天寶十四年（西元七五五年）十一月十六日，正當玄宗皇帝和貴妃及楊氏兄妹在驪山溫泉宮避寒遊玩時，突然傳來邊關急報，鎮守北邊的三鎮節度使安祿山「反了」，已率兵十五萬，號稱二十萬，從漁陽浩浩蕩蕩殺奔長安。朝廷頓時陷入一片慌亂之中。由於大唐四十餘年的太平天下，國防勢力衰落，幾乎沒有什麼抵禦能力，安祿山的叛軍銳不可當，很快便攻占了東都洛陽。不久，潼關又失守，老將哥舒翰被俘，京城長安危在旦夕，唐玄宗被迫接受楊國忠的建議，準備西逃巴蜀。

天寶十五年（西元七五六年）六月十二日晨，玄宗出早朝，向臣民宣布他將率軍親征叛軍，並將朝廷的日常政務交給太子。上朝的官員都沉默無語，他們都知道皇帝是在說假話。大家都在準備離京外出逃難。宦官高力士與龍武大將軍陳玄禮召集了與御駕隨行的禁軍，準備好了乘坐與裝財物的車輛。皇帝通知了楊氏家族成員，讓其隨駕一起出逃。六月十三日凌晨，太陽還未升起，唐玄宗便帶領出逃的隊伍，急急忙忙出了皇宮，離開了他在歌舞昇平中度過幾十年的京都長安城。貴妃驚恐不安，好像預感大難即將臨頭，她看著身邊已進入垂暮之年的玄宗皇帝，十分憂慮自己的命運與前途。於是，終日愁眉不展，珠淚漣漣。

六月十四日中午，烈日當空，逃難的車隊來到了馬嵬坡驛站。皇帝、嬪妃、百官、諸王及宮眷占據了寬敞的驛舍，吃飯、休息。而隨駕護衛的禁軍兵士們卻頭頂烈日，又渴又餓。他們飢疲交加，積滿了怨恨。正在這時，適逢宰相楊國忠被吐蕃使者二十餘人糾纏，要求供給飯食。突然，人群中不知誰大叫一聲：「楊國忠與胡虜謀反啦！」這一聲叫喊，猶如火山噴發，多年來由於楊國忠的專權跋扈，楊氏家族的驕橫奢侈，積聚在人們心中的怒火終於爆發出來！軍士們舉起刀槍圍了上來，殺死了楊國忠和他的兒子楊暄，他們的頭顱被割掉挑在槍尖上。聽到軍士嘩變，御史大夫魏方進上來阻攔

為寵廝殺

勸說，也被憤怒的軍士殺死。很快，反叛的禁軍在龍武大將軍陳玄禮的帶領下，圍住了皇帝的住地。唐玄宗被這一突發事件嚇壞了。他用顫抖的手拄著枴杖，走出驛門，喝令軍士們退下去。可兵士們就是不退。玄宗又命高力士去問明原因。陳玄禮回答說：「楊國忠謀反，貴妃不宜供奉，望陛下割愛正法！」玄宗聽了，心如刀割，他實在不願意離開心愛的妃子。他憶起了貴妃昔日的風姿、才藝及溫馴，想起了他們之間十幾年來的恩恩愛愛，他不願意割捨，然而，憤怒的軍士喊聲震天，隨時都可能衝殺進來，危及皇帝的性命。高力士和京兆司錄韋諤又來勸說玄宗：「現在是眾怒難犯，安危就在頃刻，望陛下速決！」玄宗顫抖著說：「貴妃在深宮，又怎知宰相造反，此事與貴妃何干？」高力士答道：「楊國忠有罪，諸將殺了他。貴妃是楊國忠的妹妹，還在陛下身邊，他們能不害怕？請聖上裁處，將士安則陛下安！」玄宗長嘆一聲，默默無言，進入驛館。驛門裡邊還有一條小巷，玄宗不忍心回寢宮，就在小巷中拄著手杖俯首而立。

貴妃早已聽到了外面軍士嘩變的消息。兄侄的死已使她心驚膽顫，將士們的呼喊更使她恐懼不已，她希望此刻皇帝能出面保護她。然而，一聲「皇上賜貴妃死」的呼喊聲打破了她的幻想。玄宗走進行宮，扶著貴妃走出廳門，到馬道的北牆口與她分手，命高力士處死她。貴妃哽咽流淚，泣不成聲，說道：「望陛下保重。我實在有負國恩，死而無憾。請允許我拜佛而死。」玄宗說：「願妃子托生到好地方。」高力士將貴妃引到佛堂前的梨樹下，用三尺白綾結束了她年僅三十八歲的生命。

貴妃剛斷氣，南方進獻的荔枝到了。玄宗皇帝看著荔枝，大哭幾聲，命高力士：「替我用荔枝祭奠她。」祭奠完畢，羽林軍還沒解圍。高力士等人便用繡被墊床，放上貴妃屍體，擺在驛站院子中，傳旨陳玄禮等人進驛館來看。陳玄禮托起貴妃的頭，確信她死了，說道：「這就是了！」羽林軍這才解除對驛館的包圍。

貴妃被埋葬在驛館西郊之外一里左右的路北坡下。有被寵必有失寵時，寵極生悲。貴妃及楊氏族人被誅殺正是這一歷史規律的體現。

玄宗自失去貴妃後，陷入綿綿無盡的懷念和傷感中。玄宗拿著荔枝在馬上對隨行的梨園弟子張野孤說：「從這裡去劍門，鳥啼花落，水綠山青，卻會引起我對貴妃的哀悼啊！」西行路上，陰雨連綿，雨打鈴聲，隔山相應。玄宗把昔日對貴妃的寵愛，化作了思念，於馬上又作了一曲《雨霖鈴》授給了隨行的梨園弟子張野孤。

長安收復後，玄宗從成都返京。路過馬嵬坡，玄宗密令宦官將貴妃遷葬別地。貴妃的墳被打開，時過一年有餘，貴妃肌膚已消入土中，胸前僅有一個錦香囊。宦官把香囊獻給玄宗，玄宗睹物傷情，把香囊置於懷中，香未消，玉已殞，玄宗心上的傷口永遠無法彌合。

回長安後，玄宗再次來到華清宮，物還在，人非舊，在望京樓，玄宗命張野孤奏《雨霖鈴》，曲未半，玄宗四顧淒涼，不覺流涕。畫工繪製的貴妃像，掛在牆上，玄宗朝夕視之而欷歔，在悔恨與回憶中度過淒涼的晚年。

大唐天子李隆基對妃子楊玉環的寵愛，作為人類情愛史上的感人樂章而成為千古絕唱。這部美好而悲涼的愛情史詩給人留下的是無盡的遐想與思考，善良的人們為此而慨嘆、而惋惜，世代相傳著那一首首優美的詩篇。但是，作為一國之君與六宮之主，荒廢了政業，放棄了立國大計，一味地追求情感的愉悅和滿足，這是對國對民的罪孽。更何況，楊氏家族恃寵跋扈，為害至深，絕非一美女楊玉環的死而能挽回。因此說，一個荒淫無度的君主與一個恃寵忘形的貴妃怎能不致禍起蕭牆？

「黑鳳」凶悍 氣煞壽皇

西元一一二六年冬，北方金國的軍隊攻陷北宋都城汴京，徽、欽二帝被俘，北宋滅亡。次年五月，徽宗之子、康王趙構在南京應天府（今中國河南商丘南）即皇帝位，是為宋高宗，後來定都杭州，史稱南宋。偏安一隅的南宋與金以淮河、秦嶺為界，成南北對峙局面。高宗趙構無嗣，收養趙昚為養子，即宋孝宗；趙昚的兒子名趙惇，即宋光宗。光宗的皇后名李鳳娘，貌美膚黑，性情凶悍刁蠻，有「宋代賈南風」之稱。

李鳳娘，宋代河南安陽人。其父李道，官至慶遠軍節度使。傳說，李鳳娘出生時，有數隻黑鳳鳥落在李道府宅前的大樹上，久久不肯離去。於是，李道便為女兒取名為鳳娘。鳳娘長大後，雖肌膚有些黑，卻美貌無雙遠近聞名。

南宋紹興三十二年（西元一一六二年），宋高宗趙構因年事已高，執政已力不從心，便禪位於已屆壯年的太子趙昚，自己當了太上皇，到德壽宮安享晚年去了。趙昚稱帝，是為宋孝宗。孝宗淳熙十四年（西元一一八七年），年已八十一歲的太上皇趙構病逝。孝宗趙昚便按禮制為亡父守孝服喪。

宋孝宗趙昚的「孝道」在宋代是出了名的。儘管他不是趙構的親生兒子（趙構無子，收養趙昚為子），但他卻視趙構如親父無二。到淳熙十六年（西元一一八九年），趙構已死去兩年，但孝宗仍在為養父服喪。每日裡他都身著白衣布袍（孝服）處理朝政。有時，因國事繁忙，不得不一兩個月才去一次德壽宮為養父靈位上香叩頭。他感到這樣既難盡人子之孝道，又影響對朝政的處理。於是，他便產生了退位的想法。一天，他對右丞相留正說：「天下之禮，莫如重家廟；天下之孝，莫如執父喪。朕若不退休，怎能每日親去德壽宮服喪？」沒過幾天，孝宗趙昚便降下詔旨，宣布傳帝位於太子趙惇，自己以「壽皇聖帝」的名義，住進了改名為重華宮的原德壽宮。

趙惇就是宋光宗，他是趙昚的第三子。趙昚原曾冊立長子趙愭為皇太子，不料趙愭命短，不久就死了。趙昚不喜歡次子趙愷而偏愛三子趙惇，便重立趙惇為太子。當時，太上皇趙構還健在，趙昚便與趙構一起，留心為太子選一位賢淑貌美的妃子，以便將來能入主中宮，做母儀天下的皇后。

一次，趙構的老朋友、善於看相的方士皇甫坦入宮，對太上皇趙構說：「臣曾見過慶遠軍節度使李道之女鳳娘，此女真是貴人之相，可為天下之母。」趙構一直對皇甫坦之言堅信不疑，聽了他的一番話，便立即命趙昚下詔聘李鳳娘入東宮，立為太子妃。

李鳳娘剛入東宮時，太上皇趙構和孝宗趙昚見她端莊秀美，不久又為太子趙惇生下兒子趙擴（後封為嘉王），非常滿意。太子趙惇也很寵愛李鳳娘，對她百依百順。

人的本性是很難長久隱藏和改變的。李鳳娘自生了兒子以後沒多久，便逐漸暴露出了其心胸狹窄、潑辣凶悍的本來面目。她經常在太上皇趙構與孝宗趙昚面前挑撥是非，製造矛盾。儘管太子趙惇對她十分寵愛，但她仍不滿足。為此，太上皇趙構非常後悔，他私下對自己的夫人吳太后說：「此婦人乃將門之後，卻缺少女人的溫柔，不守本分，我當初真不該誤聽皇甫坦的一派胡言！」孝宗皇帝趙昚對兒媳李鳳娘也很不滿，屢屢訓誡，要她恪守婦道，否則，便將她趕出東宮。李鳳娘當時表面上表示改過，可內心卻對孝宗十分憎恨。她要等待時機，加以報復。

孝宗禪位，光宗繼統，李鳳娘便由太子妃一躍而成了位主六宮的皇后。當了皇后，李鳳娘更加神

爲寵廝殺

氣起來，如果說在東宮當太子妃時尚有些顧忌與遮掩，那麼，現在她便把刁蠻凶悍爭寵妒嫉的本性暴露無遺了。儘管如此，光宗皇帝仍對她寵信有加，一往情深，事事順從，唯唯諾諾，最後，竟然到了既寵愛又畏懼的程度。李鳳娘便利用光宗對她的寵愛與畏懼，開始在朝中勾結太監，干預朝政，禍亂宮闈。

光宗皇帝在矛盾心理的支配下，不久便得了抑鬱症，終日不言不語，一副憂心忡忡的樣子。退居重華宮的壽皇趙昚聽說兒子病了，心裡很著急，趕忙派小太監請來御醫，並按光宗的病狀開了一副處方，同時又派小太監隨御醫出宮將藥方中的藥製成藥丸，準備在光宗來重華宮請安時，送給他服用。但壽皇趙昚一連等了幾天，也未見光宗到來。這時，卻有李鳳娘的心腹太監將壽皇為光宗合藥的事告訴給了皇后李鳳娘。

李鳳娘心裡明白，要想在宮中為所欲為，就必須緊緊抱住皇帝這棵大樹，時時取得皇帝的寵愛與信任，在皇帝的支持和默許下，才能達到自己的目的。所以，她便利用光宗皇帝對自己的寵愛與畏懼心理，再施以各種狐媚邀寵之手段，就能把皇帝牢牢地攥在自己的手心裡。

又過了幾天，光宗雖沒服用壽皇為他配製的藥丸，但經過一段自我調養，病情卻慢慢地好轉了。這時，李鳳娘眼珠一轉，又想出一個鬼主意，她要慫恿光宗皇帝同意立她生的兒子趙擴為太子，使之成為名正言順的皇儲。這一天，李鳳娘讓心腹太監特意到御膳房為光宗準備了一桌他平常最喜歡吃的美味佳餚，李鳳娘又特別請宮女為她梳妝打扮一番，使她更加嫵媚動人，她派人將光宗請到中宮，先使出種種狐媚手段，哄得光宗心神搖盪，情不自禁。李鳳娘便趁此機會，挑撥光宗與壽皇的父子關係，她把壽皇前幾天合藥的事對光宗講了，隨後又進讒言道：「陛下千萬不可服用壽皇拿來的藥，萬一遭遇不測，豈不是貽誤宗廟社稷嗎？」接著，李鳳娘又陪光宗喝了幾杯酒，光宗已有些醉意。李鳳娘接著說道：「陛下，擴兒已長大了，可今仍是嘉王，陛下何不早些冊立為太子，也好讓他助你治理朝政啊！」光宗聽了，當即表示同意。但他又說此事必須奏明壽皇同意才行。李鳳娘聽了，不以為然地說：「有陛下的詔旨就行了，何必去驚動壽皇呢？」光宗說：「父在，子不得自專，何況立儲乃國家大事，豈有不讓壽皇知道之理？」李鳳娘大不高興，酒席也不歡而散。

李鳳娘見光宗堅持一定要徵得壽皇同意才肯立趙擴為太子，便決計找個機會，親自去說動壽皇。又過了幾天，在重華宮的壽皇趙昚聽說兒子的病好了，非常高興，就派內侍去召光宗，讓他到重華宮飲宴，敘敘父子之情。內侍未找到光宗，卻遇見了李鳳娘。李鳳娘便哄騙內侍，說光宗又病了，正在床上休養。隨後，她便偷偷乘輦去了重華宮。

到了重華宮，見到壽皇，李鳳娘便對壽皇說：「今天皇上身體欠佳，特囑咐臣妾前來侍候壽皇」。壽皇聽了，還真的以為兒子病了。李鳳娘這天顯得特別孝順，非常關心地詢問了壽皇的身體和生活情況。她東拉西扯了一陣之後，才把話題轉向「正軌」。她試探著對壽皇說：「皇上多病，依臣妾愚見，不如馬上立嘉王為太子。」壽皇聽了，搖搖頭說：「皇上登基才一年，便要冊立太子，太早了些。再說，擴兒還小，立儲應擇賢而定，過幾年再定也不晚。」

李鳳娘見壽皇不同意馬上立趙擴為太子，立即變了臉，又露出了她那刁蠻凶悍的本色來。她怒氣衝衝地對壽皇說：「古人有言，立嫡以長。妾係你家以禮所聘娶，嘉王又是妾所親生，為何不能立？」說著，一雙鳳眼盛氣凌人，故意瞟向壽皇身邊的太皇太后謝氏。李鳳娘的這句話是故意說給謝氏聽的，她是想嘲笑壽皇與謝氏，因為光宗趙惇是郭皇后所生，並不是謝后所生。言外之意，趙擴當太子是名正言順的。壽皇趙昚對李鳳娘如此無禮，大為震怒，氣得臉色發白，半天說不出話來。過了好一會兒，才大聲叱責道：「你敢諷刺我，太無禮了！」李鳳娘並無半點懼色，怒氣衝衝地起身出了重華宮，乘輦回中宮去了。一路上，她對壽皇恨得咬碎了銀牙，心中暗暗盤算，一定得想辦法進一步挑撥光宗與壽皇之間的關係，利用懦弱聽話的光宗，整治壽皇，以出這口惡氣。

李鳳娘為了得到光宗皇帝的專寵，對其他所有受到光宗寵愛的後宮嬪妃都嫉妒得要死。她利用自己的刁蠻和凶悍及光宗對她的畏懼，便將光宗皇帝管得死死的，絕不允許他與其他嬪妃有來往。早在光宗趙惇做太子時，在德壽宮有一女官黃氏，美貌溫柔，因當時太子趙惇僅有李鳳娘一位妃子，孝宗便把黃氏賜與他。光宗即位後，便將黃氏封為貴妃，但懾於皇后李鳳娘的淫威，光宗雖愛黃妃，但又不敢去黃妃宮中。

一天，光宗趁李鳳娘不在中宮，便偷偷溜到了黃貴妃宮中。當李鳳娘回到宮中，得知光宗去了黃貴妃處，便妒火中燒，立即氣沖沖地啟駕也去了黃貴妃寢宮。到了黃貴妃宮門外，李鳳娘並不讓內侍進去通報，便邁步直闖內室。剛一進門，她看見光宗正與黃貴妃異常親熱地坐在一起飲酒談笑。李鳳娘杏眼圓睜，也不向光宗施禮，便大聲嚷道：「皇上龍體稍癒，應知節慾自重，何以跑到這裡來調情作樂？」

光宗看見李鳳娘，猶如老鼠見了貓，趕忙撇下黃貴妃，起身相迎。黃貴妃更是嚇得魂不附體，跪地行禮。李鳳娘冷冷地「哼」了一聲，正眼都不朝她看一下，就一屁股坐在了床榻上。光宗害怕鳳娘會大耍刁潑，連忙上前賠著笑臉，說著好話，然後挽起李鳳娘的衣袖，坐輦回皇后中宮了。

回到中宮，李鳳娘立即換了一副面孔。為攏住皇帝對自己專寵之心，她裝出十分關心愛護皇帝的樣子，淚珠漣漣，抽泣著說道：「臣妾並不是妒忌黃貴妃，真的是為陛下的龍體著想。陛下病體剛剛好轉，不宜縱慾過度，所以臣妾才冒昧勸諫。」光宗聽了，便信以為真，內心還十分感激皇后想的周到。

一波未平，一波又起。作為封建時代的皇帝，作為一個男人，光宗趙惇也並非不好色，他也想幸御更多的後宮佳麗，以滿足自己的淫慾。

一天傍晚，光宗在中宮安歇。臨睡前，有幾名宮人侍候他洗漱，其中有一位宮女端著銅盆及面巾之類的用品，站立在光宗身邊。光宗一抬頭，一眼就看見了那宮女的一雙又白又光潔的玉手，禁不住被撩起了一股慾火，他見李鳳娘不在，便一邊用自己的手撫摸著那宮女的手背，一邊自言自語道：「好一雙玉手！」恰在這時，李鳳娘進門，看見了這一幕。那宮女嚇得趕忙抽回手，端起盆，低著頭退了出去，光宗也裝出了一副若無其事的樣子。

第二天，光宗下早朝後正在御書房內讀書，突然進來一名小太監，說是皇后派他來給皇帝送點東西。光宗一看，是個精美的食盒，以為是皇后給他送來了什麼美味食品，便放下書，想打開食盒去品嚐一番。當盒蓋被揭開的一剎那，只嚇得光宗魂飛魄散，一下子坐到了地上，出了一身冷汗。原來，那盒中裝的根本不是什麼果脯珍饈，而是一雙被砍斷的血肉模糊的女人之手，手指上還套著一枚指環。光宗認出這正是昨晚端水盆宮女的那雙玉手。李鳳娘為妒意及醋性所促使，竟殘忍地殺害了這名無辜的宮女，並砍下了她的雙手。從這天開始，光宗又開始寢食不安，常被惡夢所驚醒。

一不做，二不休。凶悍的皇后李鳳娘殺死了宮女仍感到不解氣，她還要把光宗寵愛的黃貴妃也置於死地，以斬斷光宗的別戀之情。這一天，光宗皇帝要離開皇宮到京郊去祭祀天地和宗廟。按祭禮規定，這幾天皇帝必須在離宮過夜。光宗不在皇宮，李鳳娘認為這是她對黃貴妃下毒手的極好機會。於是，就在光宗離宮的當天晚上，她便以皇后的身分，命人將黃貴妃召至中宮。她首先責罵黃貴妃是媚惑君主的狐妖，罪同謀逆，她要執行後宮家法，對黃貴妃進行管教和懲罰。於是，李鳳娘命令幾位太監，手執木棍，將黃貴妃杖責一百。一頓亂棍過後，可憐黃貴妃便被當場活活打死。隨後，李鳳娘命人將黃貴妃的屍體拖出城外，草草掩埋。然後又派人到離宮向光宗報告，說黃貴妃突然得暴病身亡。光宗聞報大驚，他怎麼也不相信黃貴妃死得如此之快，他剛剛離宮才一天，黃貴妃就離他而去，光宗心裡明白，一定是皇后李鳳娘妒嫉黃貴妃，乘他離宮之機而害死了她。儘管如此，光宗並不敢派人調查黃貴妃死因，只在心中暗暗思念她，悲憤無比，流下一行行傷心的淚水。

第二天天剛亮，光宗懷著悲痛的心情，去祭壇祭祀天地。突然，天空陰雲密布，狂風大作，雷鳴電閃，傾盆大雨從天而降，祭壇前的蠟燭全被雨淋滅，紙錢祭物被風捲走。光宗勉強冒雨祭完了天地，渾身已被雨水淋透，落湯雞似地趕回了皇宮。

光宗因黃貴妃暴亡，心情鬱悶，再加上被雨淋著了涼，剛一回到宮中，便病倒了。光宗這次病得可不輕，終日臥床，昏迷不醒，不吃也不喝，還直說夢話。有時醒來，也是目光呆滯，眼含淚花，長吁短嘆不止。時間不長，光宗便被折磨得瘦骨嶙峋，變成了一副未老先衰的模樣。他老是做惡夢，經常夢見黃貴妃渾身是血地向他走來，他上前去拉貴妃的手，突然，貴妃的手卻變成了一雙血肉模糊的斷手，嚇得他大叫一聲，從惡夢中驚醒。

光宗的父親、壽皇趙昚已經很久沒有見到兒子了。他十分想念兒子。這天，他從一個小太監口中得知兒子又得了重病，正臥床昏迷。他一聽就急了，趕忙來到兒子的住處探視。壽皇走近兒子的床榻前，輕輕掀起帷帳，光宗正在昏睡。壽皇只見兒子面容枯瘦蒼白，已被病魔弄得不成樣子了。壽皇一陣心酸，不禁滾下了幾顆淚珠。他不忍驚動兒子，便放下帷帳，坐在那兒靜靜地等候兒子醒來。

就在這時，皇后李鳳娘從外面走了進來，一見壽皇坐在那裡，略顯驚訝，不過馬上就鎮定下來，勉強上前施禮。壽皇一見李鳳娘，氣便不打一處來。他已得知兒子的病與這個不吉祥的黑鳳有直接關係。於是，他生氣地責問道：「皇上有病，你為何不在身邊侍候？去了哪裡？」李鳳娘不慌不忙地答道：「皇上病重，不能親理朝政，臣妾為趙宋江山社稷著想，不得不去批閱大臣們的奏章。」

壽皇對皇后李鳳娘經常干預朝政，胡作非為已早有耳聞。今日見她非但不加掩飾，反而理直氣壯地說了出來，不由得更加氣惱，大聲訓斥道：「后妃不得干政，這是自太祖以來定下的家法宮規，你難道不曉得嗎？就是慈聖、宣仁（指仁宗曹皇后、英宗高皇后）兩朝，母后垂簾，也必與宰相商議後，才能決定。你自恃才高，一切大事獨斷專行，這是有違祖制的！你明白嗎？」李鳳娘聽了，毫不在乎，反而強辭奪理地爭辯道：「臣妾豈敢違背祖制，所有朝政大事，都是由皇上做主後才決定的，不信，你去問皇上！」

他們的爭吵聲，早已驚醒了病床上的光宗皇帝。但光宗並未插話，仍緊閉著雙眼在裝睡。對李鳳娘的假話，光宗並不敢出來指正。由此可見光宗對李鳳娘的畏懼感有增無減。

壽皇見李鳳娘並不想認錯，就直截了當地說道：「你也不必瞞我了，你說實話，皇上的病是怎麼得的？又為何日日加重不見好轉？」壽皇的話，一下子戳到了李鳳娘的痛處，她雖無話可說，但卻放潑耍起蠻來，一邊大哭，一邊高聲叫喊：「天有不測風雲，人有旦夕禍福，皇上也吃五穀雜糧，難道就不會生病嗎？他生病與我有何相干？你為什麼把責任都推到我身上？」

壽皇見李鳳娘蠻不講理，知道再說下去也無益，便嘆了口氣，瞧了瞧躺在帷帳內的兒子，傷心地一步三回頭地走了。

壽皇剛剛離去，李鳳娘感到氣還沒出夠，又連哭帶罵地鬧騰了一陣，才算完事。從此，她更加憎恨壽皇。她覺得壽皇是她左右光宗、擅權干政的嚴重障礙，必須想辦法剷除之。怎麼辦呢？思來想去，她感到唯一的辦法是繼續挑撥壽皇與光宗父子之間的關係，以達到讓兒子憎恨老子的目的，然後氣死壽皇。

此後，李鳳娘究竟使用了什麼手段離間光宗與壽皇之間的父子感情，史書並未記述，筆者也不敢妄加猜測。總之，自光宗這次大病初癒後，他就對老父親疏遠冷淡起來了。很長時間都不再去重華宮向父皇問安，甚至當壽皇生辰之日，他都不去祝賀了。

壽皇也感覺到了兒子對他感情上的變化。他很傷感。紹熙五年（西元一一九四年）元月，壽皇於氣急之下病倒了，病情日益加重，昏迷中還時常喊著兒子的名字。可一連三個多月過去了，光宗竟然一次都沒到重華宮探視過。這無疑更刺激了壽皇，壽皇的病情更加嚴重了。

光宗的不孝行為，激怒了滿朝文武大臣，退朝之後，朝臣們議論紛紛，指責光宗皇帝不仁不孝。有人說：「皇上太不像話了！父子至親，天理昭然，太上皇有疾已經三個多月，皇上竟然不聞不問，真乃不孝至極！」對大臣們的指責，光宗竟然裝聾作啞，不予理睬。

有的大臣實在氣憤不過，便直接上疏，請求光宗皇帝去重華宮探望父病。但所有的奏章都被李鳳娘給壓下了，光宗壓根沒見到。

立夏到了，李鳳娘非纏著光宗帶她一起去郊外的玉津園游玩不可，光宗當然不敢不從。帝后車駕出宮時，恰巧被兵部尚書羅點碰見了，羅尚書見皇帝不去探視父病，反卻攜皇后出宮遊玩，很是氣憤，於是，他便跪在路旁，懇請帝后先去重華宮探病。光宗和李鳳娘根本沒有理睬跪在路旁的羅點，揚鞭催馬，出城而去。

次日早朝，又有中書舍人彭龜年伏在殿前叩頭不起。光宗不耐煩地問他有何奏本？彭舍人仍一言不發，只是叩頭不止，直磕得頭破血流，才奏道：「今日之大事，莫過於請陛下去重華宮探視太上皇的病了！」光宗無可奈何地答應道：「朕知道了！」然而，退朝之後，他仍然沒有去重華宮。

光宗的生日名為「重明節」，時間是在金秋九月。這一年從元旦開始，光宗就一直沒去重華宮。

「重明節」快到了，朝臣們認為這是勸光宗去重華宮的最好機會，於是便聯名上疏，請光宗於「重明節」這天去朝賀壽皇，以盡人子之孝。

「重明節」這天早上，光宗在接受了百官的朝賀後，仍沒有要去重華宮的跡象。給事中謝深甫忍不住了，便出班奏道：「太上皇之愛陛下，猶如陛下之愛嘉王。如今，太上皇春秋已高，如陛下再不去盡孝探望，千秋萬歲之後，陛下有何面目以見天下？」光宗聽了這句話，雖覺有些刺耳，但心中似有感悟。沉默了一會兒後，便答應退朝後就去重華宮。

退朝之後，大臣們仍不肯離去，都站在殿外靜靜地等待著。他們要看看光宗皇帝這次是否會履行諾言。等了好半天，光宗才從屏風後面轉出來。大臣們很高興，以為光宗這次是真的要去重華宮探視父皇了。大臣們剛想上前相迎，不料皇后李鳳娘卻從後面跟了出來，她拉住光宗的手，故作嬌媚之態道：「天氣如此涼爽，官家再陪臣妾喝上幾杯嗎？」光宗只得轉身返回。這時，一個名叫陳傅良的大臣，搶步向前，一把拉住光宗的袍襟，說道：「請陛下勿回宮！」而那邊的李鳳娘用力一拉，便把光宗拉入屏風之後，這邊的陳傅良也被帶了過去。李鳳娘回頭見到陳傅良，怒聲斥責道：「這是什麼地方？難道你不怕殺頭嗎？」陳傅良只好退步，走到殿外，便放聲大哭起來。哭聲傳進宮內，李鳳娘命一太監出來喝問：「無故在此痛哭，是何道理？」陳邊哭邊回答道：「子諫父，父不聽，則慟哭。君王乃為父，臣子即是子，力諫不聽，如何不哭？」內侍回宮，把陳的話學說了一遍，李鳳娘大怒，假傳聖旨：皇帝今日不去重華宮！

從此之後，大臣們仍不斷上奏，光宗仍是不理不睬。又過了兩個多月，文武百官忍無可忍，便紛紛上疏自劾，要求辭官，以此逼迫光宗去重華宮。可光宗仍是藉故推拖。光宗寵信和畏懼皇后李鳳娘，他的行動已完全被操縱在李鳳娘的手中了。這樣的昏愚皇帝，歷史上也是少見的。

到了第二年五月，壽皇趙昚生命垂危。臨死前，他唯一的願望就是與兒子見上一面，他不時吃力地睜開眼睛，渴望兒子能來到自己的床前，丞相留正聽說此事後，心裡很不是滋味，便冒死闖宮力諫，請求光宗在壽皇死前去重華宮與父親見上最後一面，但光宗卻與留正玩起捉迷藏，他見留正進宮，便拂袖而去。留正緊追在後面，苦苦哀求，一直跟到福寧殿，光宗加快腳步，跨進門檻後，急命內侍關閉殿門，把留正關在了門外。留正被氣得大哭一場，便意冷心灰，掛印離京，回老家去了。

後來，光宗被大臣們實在追纏不過，才派自己的兒子、嘉王趙擴去重華宮與祖父見了最後一面。幾天之後，壽皇趙昚便帶著無限遺恨，離開了人世。

壽皇死後，以樞密使趙汝愚為首的朝臣們，一致要求光宗出面去重華宮主持壽皇的喪禮。光宗雖然答應了，可直到傍晚，也不見他出來，於是群情激憤，大臣們一致認為，光宗已不配再為君父。在趙汝愚的帶領下，朝臣們開始了倒皇運動。他們請出了太皇太后吳氏，請她出來主持喪禮，並以光宗皇帝多病不宜再理政為由，建議他禪位於嘉王趙擴。吳太后同意後，便以太皇太后的名義宣詔，迫光宗趙惇讓出了皇位。

光宗一退位，皇后李鳳娘的好日子也到了盡頭。此後，她便在清冷之中度過了餘生。寧宗慶元六年（西元一二〇〇年），她死於泰安宮，時年五十六歲。

趙宮「黑鳳」李鳳娘之所以能在後宮與朝廷中凶悍霸道，敢於胡作非為，架空當朝天子，蔑視退位「壽皇」，關鍵在於寵愛她的宋光宗太軟弱。李鳳娘恃寵跋扈，雖未對南宋社會造成多大直接危害，由於她的「說一不二」，致使光宗皇帝形同於傀儡，無形中便影響了皇帝才能的正常發揮。同時，由於李鳳娘的無理阻攔，朝臣們一度把主要精力都放在了如何勸諫光宗去重華宮探視壽皇這一雞毛蒜皮小事上了，以致後來竟然因此而造成了朝臣們集體辭職罷官、以示「抗議」的被動局面。也造成了最高決策層的這種「不務正業」的混亂現象，對朝政的正常運轉及國家的治理產生嚴重干擾。

萬氏專斷　天子痴情

明代自成祖之後，便把皇都由南京移到了北京。從成祖至宣宗年間，明朝封建專制主義中央集權制度進一步加強，社會經濟也有了較大發展，社會也比較安定。但自明英宗時期開始，隨之而來的便是明代中葉以後政治上的腐朽反動，皇帝昏庸、貪婪、殘暴，不理朝政；宦官專權、內閣紛爭、藩王作亂，統治階級內部矛盾尖銳、激化起來。明憲宗朱見深就是在這樣的一種社會大環境下登基稱帝的。朱見深在位期間，不愛青春貌美的二八佳麗，反而偏寵比他年長近兩輪、半老徐娘的萬貴妃，堪稱歷史上的一「怪」。

萬貴妃，原名貞兒，祖籍青州諸誠（今中國山東省益都縣附近）。其父萬貴，原為縣衙掾吏，後因罪流配邊地。當時，萬貞兒年僅四歲，便被充入掖庭為奴。稍長，侍奉剛被冊立為明宣宗皇后的孫氏。孫氏原為貴妃，因善於獻媚，爭寵有術，最後才使明宣宗朱瞻基廢掉胡皇后而改立她為皇后。宣宗駕崩後，其子朱祁鎮即位，是為明英宗，孫氏由皇后變成了太后。這時，萬貞兒已出落得花容月貌，變成了一位婀娜多姿、楚楚動人的少女了。孫太后見她聰明伶俐，又很漂亮，便命她在仁壽宮負責管理服裝衣飾等事務。據說這位萬貞兒的性情與孫太后極其相近，又加之她一直在孫后身邊侍奉多年，耳濡目染，不僅瞭解了許多宮中后妃們爭寵奪愛的內幕，同時也學到了不少這方面的「知識」。這就為她日後爭得明憲宗的寵愛，以一宮婢而榮升為貴妃，並穩立宮中，奠定了堅實的基礎。

朱見深做皇太子時，時常去祖母孫太后的宮中玩耍，每次都是由萬貞兒領著他盡情遊玩。時間久了，次數多了，兩人的關係便日益親密，後來便成了莫逆之交。當時朱見深還是個孩童，他是把萬貞兒當成了一位大姐姐。而萬貞兒卻是個有心人，她不想在宮中當一輩子宮婢，於是，她便把自己的未來押在了這位比自己小十九歲的年幼皇太子身上。她決心靠自己的姿色和媚術，征服皇太子，達到有朝一日出人頭地、入主後宮的目的。

明英宗天順六年（西元一四六二年），孫太后病逝。這時，皇太子朱見深已經十五歲，他見孫太后已死，便把「大姐姐」萬貞兒要進自己的東宮，做了自己的貼身侍女。此時的萬貞兒雖早已年過三十，但仍姿色猶存，看上去比她的實際年齡要小十幾歲，十五歲的皇太子情竇初開，已經懂得了男女之間的事，萬貞兒見太子不忘舊情，心中十分高興。她深知機會難得，此時正是利用女色勾引並牢牢拴住太子的大好時機。於是，萬貞兒便在東宮背著宮人使出了全身解數，用盡種種狐媚手段，將太子拉下了「水」，幹起了風流韻事。

天順八年（西元一四六四年），三十八歲的明英宗朱祁鎮駕崩，十七歲的皇太子朱見深即位，是為明憲宗。新皇帝即位後的第一樁大事便是冊立皇后，如按憲宗皇帝朱見深自己的想法，是想冊立自己十分寵愛的萬貞兒為皇后，然而，按照當時的慣例和禮俗，又是不可能的。因為不僅萬貞兒與皇帝的年齡相差懸殊，更主要的是她非貴望名門出身，以微賤之宮女，想一下子躍上皇后的寶座，為六宮之主，只是夢想而已。

憲宗即位後，後宮有兩宮太后，一是憲宗之母周太后，另一為慈懿錢太后。這兩宮太后為新天子選立皇后之事，費盡了心思。她們在英宗生前親自為兒子選定的十二位賢淑美女中，經過認真挑選，最後初定了王氏、吳氏和柏氏三人為皇后候選人，留在宮中，以做進一步考察。

一日，憲宗生母周太后把司禮監太監牛玉叫到宮中，命他在三女中選定一人為皇后，牛玉便說道：「先帝在世時曾屬意吳、王二女。依老奴看，此二女姿貌相當，不大好區分誰更端莊秀麗。細比較一下，好像吳女更賢淑些。」周太后聽了，當即表示贊同。於是，便由周太后做主，又徵得了錢太后的同意，擇定吳氏為皇后，隨即擇吉日舉行帝后大婚及冊後典禮。迫於禮制與母命，憲宗只得同意冊吳氏為皇后，同時也冊立萬貞兒為嬪妃。

新立的皇后吳氏，出身名門，不僅年輕貌美，而且頗有才學，然而，所有這一切都沒有引起那位青年皇帝的興趣，憲宗全部的愛情，傾注在年逾四旬的萬妃身上。所以，帝后大婚之後，憲宗皇帝極少留宿中宮，幾乎天天都去萬妃的宮中，與萬氏歡宴行樂。

憲宗皇帝的反常行為，使吳皇后又羞又惱，她十分納悶，那徐娘半老的萬妃是靠什麼手段將年輕皇帝的心牢牢地拴住了呢？自己哪一點比不上她呢？她百思不得其解……。

萬貞兒雖沒能入主中宮，登上六宮之主的皇后寶座，但她靠自己的獨到之處及與皇帝多年交情，竟使皇帝對她仍舊一往情深而不喜新厭舊，其寵幸遠遠超過新婚的皇后。所以，萬氏並未因沒當上皇后而懊喪，而仍是信心十足，她似乎堅信，憑著皇帝對自己的寵愛，那「皇后」之位早晚會是自己的。就這樣，萬妃仗著憲宗皇帝的無比寵幸，便在後宮之內飛揚跋扈、傲氣十足起來，不僅隨意打罵宮女，就連吳皇后，她也沒放在眼裡，尤其是在帝后大婚伊始，皇帝不去皇后寢宮，反而經常臨幸她的寢宮，與她朝夕相處，相親相愛，這就更加助長了她的驕氣與傲氣。因此，她每次遇見或謁見吳皇后時，總是瞪著眼板著臉，從不給面子，甚至故意擺架子。使吳皇后異常氣憤。最初，吳皇后礙著憲宗皇帝的面子，強把怒氣和怨恨壓在了心底。到後來，萬妃更加變本加厲地蔑視吳皇后，吳皇后實在忍無可忍，便對她進行斥責。可是，萬妃不僅不加收斂，反而故意對皇后惡語相譏，甚至撒潑辱罵。

一次，萬妃再次無禮，惹惱了吳皇后，她命身邊的宮人將萬妃按倒在地，親自取來一根棍子，將萬妃痛打了一頓，這下可捅了「馬蜂窩」，萬妃故意將衣襟扯破，一路飛跑，進宮找到憲宗，大哭大鬧不止。憲宗皇帝見自己的寵妃被打，勃然大怒，起身要去找吳皇后替萬妃出氣。萬妃詭計多端，採取了「欲擒故縱」的策略，故意邊哭邊阻攔憲宗，不讓他去找吳皇后，並說道：「妾妃已年長色弛，不如皇后年輕美麗，妾是請陛下准我出宮，以免皇后生氣，妾也免得再受那杖刑了！」

憲宗皇帝哪裡捨得放萬妃出宮，聽了萬妃的一番話，越發對其憐愛，並對吳皇后恨得咬牙切齒。憲宗把萬妃輕輕攙扶到御榻上，慢慢替萬妃解開衣服，見她雪白嬌嫩的肌膚上面，留下了一道道杖擊的血痕，心痛得流下了眼淚。他發誓：「如此狠毒之婦人，我若不把她廢掉誓不為人！」

次日清晨，憲宗皇帝早早就去拜見兩宮皇太后，訴說吳皇后如何心狠手辣，不懂禮法，已不堪再居六宮之首，請求太后批准，將吳皇后立即廢除。錢太后因事不關己，抱著少說為佳的態度，不置可否，而憲宗的生母周太后卻認為不可，反對廢后。她說：「冊封皇后僅一月有餘，今若廢去，豈不惹人笑話？」可憲宗皇帝廢后之心已定，堅持非廢不可。最終，周太后因疼愛兒子，也只好不再阻攔，由他去了。

第二天，憲宗升早朝，頒發了一道廢后詔書，宣布廢黜吳皇后，命吳氏移居別宮。憲宗在詔書中說：「先帝為朕簡求賢淑，已定王氏，育於宮中待期。太監牛玉輒以選退吳氏於太后前復選。冊立禮成之後，朕見其舉動輕佻，禮度率略，德不稱位，因察其實，始知非預立者。用是不得已，請命太后，廢吳氏別宮。」吳氏被廢，還牽累株連了不少人。吳氏的父親在女兒被冊立為皇后後，已被授職都督同知，如今女兒被廢，他不僅失了官職，而且被捕下獄，最後問了個戍邊之罪。當初選定吳氏為皇后的司禮太監牛玉，原本是英宗時期有名的頭面太監，並且是英宗死前與太子同受遺言者。然而，憲宗此刻將他也視為吳氏同夥，將他謫往孝陵，到那裡種菜去了。跟隨牛玉獲罪的，還有他的侄子、太常寺少卿牛倫，他的外甥、吏部員外郎楊蹤，他們也都受到了除名的處罰。還有懷寧侯孫鏜，因與牛玉沾親，也受株連，落職閒住了。這是發生在天順八年（西元一四六四年）八月的事。

又過了兩個月，因後宮虛位，萬妃便鼓動憲宗去向太后說情，將她立為皇后。但周太后因萬妃年歲太大，且出身微賤，始終沒有答應。隨後，在周太后的堅持下，命憲宗冊立了與柏氏一起被封為貴妃的王氏為皇后。

萬妃一下子鬥倒了吳皇后，不免威風大振，在宮中更加盛氣凌人，宮婢們都怕她，人人自危。就連新冊立的皇后王氏，萬妃也沒有把她放在眼裡。王皇后原本極為嫻靜，軟弱怕事，她知道皇帝極寵萬妃，且又有被廢的吳氏為前車之鑑，所以，王皇后對萬妃處處忍讓，一點都不敢與之相爭，甘願做一個傀儡皇后，也就心安理得了。

明憲宗何以被比他年長十九歲的萬妃迷得那麼深，那麼久？萬妃何以被明憲宗寵得那麼深，那麼久？當時乃至後世有許多人都感到難以理解。但據有人分析，萬妃之所以得以被久寵不衰，是因為她為人極警敏，隨時都能夠預知明憲宗的心意，滿足他想要得到的歡情。比如，明憲宗喜好去各地游幸，據說也都是由萬妃倡導的。每逢憲宗出行，萬妃都是戎裝騎馬，作為前導，使得憲宗皇帝遊興大增。

憲宗成化二年（西元一四六六年），憲宗最寵愛的萬妃為他生下了第一個兒子。憲宗得子，高興萬分。母以子貴，憲宗立即晉封萬氏為貴妃。同時，為使皇子健康成長，憲宗又派出使臣四處禱告山川諸神，保佑皇子平安。不料天不遂人願，未待滿月，這位皇子便短命夭折了。憲宗和萬貴妃都十分痛心。萬貴妃還想再生一個，可從此再也沒有懷孕。皇子是奪取皇后寶座的一張王牌，萬貴妃雖失去了這張王牌，但奪取皇后的野心不死。她害怕別的嬪妃有孕，生了皇子會與她爭寵。為此，她一面盡力纏住明憲宗，讓他沒有機會去接近別的妃嬪，一面則派出她的心腹太監和宮女，在宮中到處替她偵察，如果得知哪個嬪妃或宮女懷有身孕，便要立即向她報告，由她設法把胎兒打掉，或把母子一塊除掉。迫於萬貴妃在宮中的權勢與淫威，這些人只好忍痛服從。

一晃幾年過去了，憲宗仍然沒有皇子。宮廷內外，朝野上下都為之憂心，大臣們屢屢請求，要皇帝廣施恩澤，憲宗本人也為此愁眉不展。到成化五年（西元一四六九年），柏賢妃終於躲過了萬貴妃的防範，不但懷了孕，而且為明憲宗生下了皇次子。憲宗當然高興萬分，大舉慶賀，為皇子取名朱祐極，並立即立為皇太子。這個皇子很健康，活潑可愛，憲宗十分喜歡，可到了第二年二月，皇太子突然生起病來，病勢來得兇猛，令御醫們束手無策，僅一天一夜的工夫，便又夭折了。緊接著，那位柏妃也不明不白地死了，憲宗又失一子，號啕大哭，哭得死去活來，宮女和太監們都覺得柏妃母子二人死得奇怪，有人偷偷調查發現，果然是萬貴妃妒火中燒，派人毒死了太子和柏妃，但人們都懾於萬妃的寵勢與淫威，不敢告發。

皇太子朱祐極死後，憲宗諡之為「悼恭太子」，用太子之禮予以殯葬，但這仍無法減輕他的哀思，他非常希望再有位皇子。但實際情況是，萬貴妃由於先前的一時疏忽，致使柏妃懷孕生下了皇子，如今，她對後宮監視得更嚴，幾年過去了，憲宗仍無子嗣的消息。

轉眼到了成化十一年（西元一四七五年）。這天，憲宗思念亡子，百般無聊中召太監張敏替他梳理頭髮。在鏡中，他發現自己已經生了數根白髮，不覺悲涼起自於心，嘆道：「老之將至而無子，可嘆也！」聽到這句話，這位在安樂堂當過門監的張敏，一下子伏倒在地，一邊磕頭，一邊說道；「請萬歲爺恕奴死罪，奴直言相告，萬歲已有子嗣！」憲宗聽了，大吃一驚，趕忙問道：「此話怎講？朕的兒子在哪裡？」張敏又磕一個響頭，回道：「奴才一說出來，恐怕性命難保。請萬歲爺千萬替皇子做主，奴雖死無憾！」這時在旁侍立的司禮監太監懷恩，也跪下來叩頭，為張敏作證：「張敏所言皆是實情。皇子被養育在西內密室，現已六歲了。因怕張揚出去招惹禍患，所以才隱匿至今。」

憲宗又驚又喜，恍惚似在夢中，當下急忙傳旨，擺駕西內，派人速去迎接皇子。

此皇子的由來，還得從成化三年（西元一四六七年）說起。那一年，西南土族作亂，明憲宗派兵前往征討。平定叛亂之後，將大批男女俘虜解入京城。其中有一紀氏女，原是賀縣一土官的女兒，長得美麗機敏，被送入了掖庭。因她性情賢淑，又粗通文墨，便升為女史。不久，又被王皇后看中，命她管理內府庫藏。

一日，憲宗偶然來到內藏，問及內藏現有多少錢財物品，她口齒伶俐，對答如流。憲宗非常高興。同時又見她生得明眸皓齒，嫵媚動人，不覺動了慾念，便在紀女的住室當場召幸了她，而且使她懷了孕。

萬貴妃在宮中的耳目極多。紀女懷孕的消息很快就被她知道了。萬貴妃異常忌恨，便派一名宮女去內藏瞭解實情，命她如果情況屬實，立即將紀女抓來，嚴加懲辦。那宮女是個好心人，她不忍心皇帝的子嗣再遭不測，回去稟報時說：「紀女並非有孕，而是生了可怕的痞病，肚子鼓脹」。萬貴妃半信半疑，還是不太放心，便令紀女搬出內藏，移居與自己住處很近的安樂堂，以便不時加以監督。

十月懷胎，一朝分娩。紀氏在安樂堂終於生下了一個男孩，按說，宮女生了皇子，是件喜事，可紀女卻十分憂愁。萬貴妃殘害皇子的事，她早有耳聞。她知道自己的兒子也很難逃脫萬貴妃的魔掌，還不如趁早弄死他，或許還能保全自己的性命。於是，她流著淚，咬咬牙，將兒子用布包好，交給門監張敏，讓他帶出宮去溺死。張敏接過小皇子，心中一陣難過。他知道憲宗皇帝年紀越來越大了，先前的幾個皇子不是胎死腹中，便是急症夭折，至今仍無子嗣，大明江山將來可由誰來執掌？如果溺死了皇子，皇嗣無人，自己豈不成了千古罪人？想到這兒，張敏冒著被殺頭的危險，把皇子偷偷藏進密室，取些蜜糖、粉餌之類的食物餵養。由於張敏辦事謹慎小心，一次次躲過了萬貴妃的耳目。不久，廢皇后吳氏知道了消息，便把皇子抱到自己的住處西內，悉心加以照料，皇子才得以安然活了下來。轉眼幾年過去了，皇子已五、六歲了，一直住在西內，連門都不敢出，胎髮都沒剪過……。

憲宗派出的迎使來到西內，紀氏聽說憲宗要召見兒子，知道吉凶難卜，便抱著兒子大哭道：「兒啊，你今日一去，為娘恐性命難保？兒去，若見一穿黃袍，有鬍鬚的人，便是你的父親，你要拜見行禮！」說完，她又為兒子換上一件小紅袍，抱上了一乘小轎，由張敏等人護著，離西內去往憲宗寢宮。

此刻，憲宗正焦急地坐在床邊等候。忽見宮門前一頂小轎停下，一個身穿紅衣、胎髮披肩的小男孩從轎上跳下來，直奔堂前，小孩一見到憲宗，便立即跪倒，口稱：「兒臣叩見父皇。」憲宗悲喜交集，淚如泉湧，趕忙一把將兒子抱入懷中，置於膝上，凝視撫摸了很久，才喃喃說道：「這是我的兒子，長得很像我！」於是，憲宗急命司禮監太監懷恩去內閣報喜，並說明得子的情由，朝臣們聽了，皆大歡喜，次日早朝，一齊向憲宗道賀，憲宗又命內閣起草詔書，頒行天下，封紀氏為淑妃，移居西內，因六歲皇子尚未取名，又命禮部會議，為皇子取名朱祐樘。

這時，大學士商輅仍擔心這位皇子會重蹈前皇太子朱祐極的覆轍，再遭萬貴妃毒手，但他又不敢明說，只藉口便於照料皇子，奏請讓紀妃與皇子同住，憲宗認為有理，便准奏，命紀氏攜皇子居住永壽宮。此後，憲宗也時常駕幸永壽宮，同紀氏歡聚。

憲宗突然喜得皇子，舉朝歡慶，大家都很高興。但唯有萬貴妃一人恨得直咬牙。她好像受到了很大刺激，日夜哀怨哭泣，還邊哭邊罵，說是受了那些沒有良心的人的哄騙，絕不善罷甘休。人們從萬貴妃的神態中感到，此事絕不會就這麼風平浪靜下去。果然不出所料，在這年的六月間，已被封為淑妃的紀氏，忽在永壽宮中暴卒，緊接著，內監張敏也吞金而亡。紀氏是如何死的，傳說不一，有人說她是被萬貴妃派人暗殺而死；也有人說，是紀氏自己上吊死的；還有人說，紀氏的死，是萬貴妃讓為其治病的御醫設法用藥毒死的。好在皇子並未同時遇害。

紀妃暴死不久，皇子朱祐樘便被憲宗立為皇太子，正式成為大明皇儲。但是他的處境仍然相當危險，殺機四伏。因為萬貴妃視他為眼中釘，一直想尋機幹掉他，憲宗的母親周太后為了保護孫子，免遭萬妃毒手，命憲宗將祐樘交給她。從此，皇太子朱祐樘便住進了周太后的仁壽宮。周太后對孫兒照管得很細心，隔絕了與外間的一切聯繫。

萬貴妃謀害太子之心不死。一天，她讓人捎信，請太子到她宮中去玩。周太后知道她未安好心，但又找不出理由拒絕，便再三叮嚀孫兒去了之後千萬不要吃任何東西。太子雖小，但很聰穎，警惕性很高，牢牢記住祖母的話。到了萬貴妃宮中，萬貴妃果然拿出不少珍貴食品，讓太子吃。太子見到這些食物，只說已經吃得太飽，吃不下去了。萬貴妃見他不吃，就讓人端來羹湯，說道：「太飽了，吃不下，就喝點湯吧！」太子想不出用什麼話來推脫，一著急，就說了實話：「這湯中有毒嗎？」氣得萬貴妃半晌說不出話來。心想，才幾歲的孩子，就已如此，將來一旦登上皇位，還不殺了我！從此，太子成了萬貴妃的一塊心病。

萬貴妃之所以一直沒有能位晉六宮之主，其中最主要的一個原因，就是因為她出身微賤，這一直是她引以為恥的憾事。所以，為了提高自己的出身「地位」，她想盡了辦法，絞盡了腦汁。當時，朝中有一位閣臣，名叫萬安，四川眉州人，正統年間進士。此人既無才幹，也無學識，更缺品德。但他有一最大本事，就是善於投機鑽營，會拍馬屁。萬安為了繼續往上爬，在萬貴妃寵極一時之際，便透過內監，與萬貴妃拉上了本家，自居於子侄之輩，並時常借此向萬貴妃貢納金玉珠寶。萬安之舉，正中萬貴妃下懷，她正在為自己的門第太低而發愁，如今忽有這麼一個中在高第，身為閣臣的人來認本家，自是喜出望外，萬貴妃便授意自己的弟弟、錦衣衛指揮萬通與萬安結識，很快就聯了宗，親密交往起來。萬通的妻子，因可以自由出入內宮，萬安便透過她隨時瞭解宮中發生的一切，對他進一步投機鑽營相當有利。到成化十四年（西元一四七八年），因內閣首輔商輅致仕回鄉，萬安便在萬貴妃的「運動」下，得以升任內閣首輔，成了權傾朝野的官僚，同時也是萬貴妃幫派的核心人物。

萬貴妃還依仗憲宗對她的寵愛，斂財受賄。比如，萬貴妃經常很嚴厲地斥罵或杖責身邊的太監，因此太監們都非常怕她。於是，太監們為了少受斥責，便想方設法討她歡心，而主要手段就是為她蒐羅珍寶錢物。一時間，為萬貴妃幹此事的太監越來越多，其中有不少人，如梁芳、錢能、韋興、韋眷、王敬、汪直等，都是靠行賄萬貴妃而發跡起來的。比如太監梁芳，經常帶領一些小太監，南下蘇州、杭州及廣州等商貿繁華之處，以為宮中採辦珠寶為名，在那裡大肆搜刮民脂民膏。這些人打著萬貴妃的旗號，騷民擾民，無惡不作。有人將此事奏報給朝廷，憲宗追問起來，梁芳等人便奏稱是為萬貴妃辦事，是萬貴妃派他們出去的。憲宗聽說是自己心愛的妃子所派，也就不再追問了。此後，這些人更加肆無忌憚，有恃無恐，不僅為萬貴妃弄到不少珍奇珠寶，同時，也裝滿了他們自己的腰包。

自從無端冒出個皇太子朱祐樘，萬貴妃幾次加害又未得手，無奈之下，她便對後宮的管制放鬆下來，使得憲宗可以自由地與各嬪妃宮女交歡，廣布雨露恩澤，因此，很快又添了祐杬、祐檳、祐枟等十一位皇子。

太監梁芳等人勾結萬貴妃，大肆侵吞內府錢財，害怕將來太子即位會懲治他們，便找到萬貴妃，請她出面，在憲宗面前讒陷太子，以便廢黜他，另立皇儲。此議正中萬貴妃下懷，既然弄不死太子，那就廢了他。從此以後，萬貴妃一有機會，就對憲宗吵鬧，要求廢掉皇太子朱祐樘，另立邵宸妃的兒子興王朱祐杬。儘管此時萬貴妃已年近六旬，可仍得憲宗寵愛如初。憲宗對她又親又怕，根本離不開她，怎敢不聽她的話呢？

這一天，憲宗找來司禮監太監懷恩商量廢立之事。懷恩聽了，連連搖頭，認為不可。這下卻惹惱了憲宗皇帝，一道詔旨，就把懷恩貶到鳳陽去守皇陵了。就在憲宗想召集群臣商議廢立之際，忽報東嶽泰山發生了大地震，欽天監官員據天象所測，說此「兆」應在東宮，憲宗聽了很害怕，以為是欲廢太子而惹怒了天神，才有此震災發生。於是，他便不再提及易儲之事，這才保住了太子的地位。

萬貴妃雖然一生受寵，以一個卑微的宮女、半老徐娘之身，寵冠後宮，做了二十幾年無名有實的「皇后」，但她終感天不遂人願，主要是兒子早夭，後來一直不孕，未能名正言順地當上六宮之主，尤其是費盡心機也沒能扳倒太子，不免肝火鬱積，得了肝病，於成化二十年（西元一四八四年）春病死宮中，終年六十歲。萬貴妃一死，明憲宗好像失了魂似的，異常傷感。曾淒然地對人說過：「貴妃一去，朕亦不久於人世了！」可見憲宗對萬貴妃的寵愛至死未改。明憲宗還親自主持了萬貴妃的葬禮，一切都如皇后之制，並輟朝七日。

萬貴妃死後，憲宗抑鬱寡歡，心力交瘁，經常獨自一人以淚洗面。不久，便得了重病，於是年秋八月駕崩，追隨萬氏而去，終年僅四十一歲。

明憲宗何以對萬貴妃如此痴情？這實在不是常人按常理所能理解的。也許是欣賞，也許是依賴，總之憲宗對萬氏是言聽計從，寵愛有加。在那樣充滿威脅的環境以及皇權制度下，萬氏懂得如何自保。因此，萬氏才能仰仗天子的寵愛，為所欲為，甚至滅絕人性地去鞏固寵位。女人與女人之間血與肉的傾軋令人觸目驚心。封建社會中宮廷內部你死我活的爭鬥完全扭曲了人性，美者不再美，醜者更加醜，一切皆為皇權所致，皆是封建專制制度使然。萬氏樹黨營私，培植親信，敗壞法紀朝綱；恃寵教唆奴婢、下人騷民擾民，斂財索賄，以至於人民更加貧困，敗壞社會風氣，其罪亦大焉！

「八虎」居首　劉瑾亂政

明弘治十八年（西元一五〇五年）五月，年僅三十六歲的明孝宗病逝於乾清宮。孝宗是明朝歷史上不可多得的一位明君。他在位期間，任用賢臣，勤於治理，裁抑宦官，改變了英宗、憲宗時期太監專政的混亂局面。同時，他還力倡節儉，懲治腐敗，清正廉明，社會上一度出現了安定繁榮的局面，史稱「弘治中興」。只可惜他英年早逝，只在位十八年，他死後，武宗朱厚照繼位，年號正德。孝宗臨終時，曾把劉健、李東陽、謝遷三位顧命大臣召到身邊，不放心地對他們說：「太子雖然聰明，但是過於好逸樂啊！」言外之意對他兒子朱厚照頗為放心不下。孝宗的擔心並非沒有緣由，朱厚照的確非常聰明，他遇事有主見，文武雙全，且又歌舞、遊獵無所不能，很有做皇帝的才幹。但是，因為孝宗在位時只顧忙於政事，忽略了對兒子的管教，為他安排的少師、少傅又不甚得力，所以，明武宗始終是在小太監們的「關照」下為所欲為地生活，自幼養成了嬉戲無度、玩世不恭的惡習。這批竭盡全力討好主子的小太監中，有一位做得最為「出色」，那就是劉瑾。

劉瑾本姓談，興平（今中國陝西興平縣）人。四、五歲時，他父親結識了一位姓劉的太監，他的那種榮耀令劉瑾父親羨慕不已，自嘆年齡已過，沒有了機會，便把主意打在劉瑾身上。他強行將兒子閹割後，拜於劉姓門下，不僅兒子改姓劉，連他自己也改名劉榮，意即欲求榮華富貴。

在劉太監的關照下，劉瑾小小年紀就進宮做了太監，在乾清宮做「答應」（廝役）。當時孝宗在位，宮規頗嚴，劉瑾因冒犯宮規險些被處死，後來經人說情才僥倖被赦免。在權臣李廣的引薦下，他被派到東宮侍候皇太子朱厚照。但他沒想到，這一去，竟決定了他一生的命運。

劉瑾為人極聰明乖巧，他吸取了以往的教訓，養成了處處小心、察言觀色的習慣，不僅不再犯錯，而且千方百計地討好太子，自然太子也對他情有獨鍾。武宗即位後，劉瑾馬上被提升為鐘鼓司掌印太監，這在當時已是一個相當不錯的位置。劉瑾的心裡異常興奮，對自己的前途充滿了幻想和希望。

劉瑾一直仰慕著一個人，就是明英宗時權傾朝野的大太監王振，他希望自己也擁有王振的一切，並在心中細細加以籌劃，覺得自己此時的機遇已不在王振之下：王振從東宮侍奉英宗起家，自己也在東宮侍奉武宗；王振是以歌舞遊獵邀寵於英宗，自己現在是鐘鼓司掌印太監，皇帝出朝時的鐘、鼓、大內伎樂、傳奇、過錦、打稻等雜戲都在自己的掌握之中，武宗素愛玩樂，利用職務之便就可取悅聖上，只要聖上高興，事情就好辦多了。劉瑾思來想去，得意得不能自持。可見前代的弊端陋習影響之深。

劉瑾開始一步步去實現他的野心，他對天子大獻慇勤的功夫可謂超人一等。皇帝年幼好玩樂，他想方設法今天送隻飛鷹、明天獻隻獵犬、後天又奉上一些古董玩物，整日歌舞遊戲不斷，把個少年天子引得心花怒放。遊戲玩膩了，劉瑾又想出新點子。他湊到皇帝的耳邊悄悄對他說：「外面無奇不有，聖上如出宮走走，定能更開心！」武宗聽後滿心歡喜，立即脫下龍袍，換上便服，隨了劉瑾出宮遊玩。所玩者既新鮮又刺激，武宗沉湎於此，早把國政朝綱置之度外。而劉瑾則因討好皇帝有功，迅速被提升為內宮監太監，負責營造宮室、陵墓、冰窖、製作銅錫器的妝奩等事，還總督團營，即在京都的主力軍。

武宗身邊，有群深受寵信的小團體，都是奉命關照武宗的太監，其中馬永成、谷大用、高鳳、羅祥、魏彬、丘聚、張永、劉瑾等八人仰仗武宗的寵信，專橫跋扈、不可一世，結成了一個新的宦官集團，被稱為「八虎」。劉瑾在這「八虎」之中公認最有膽識，最有計謀，也最有口才，被稱為「利嘴劉」。憑著這三寸不爛之舌和他特有的聰敏圓滑，劉瑾在武宗心中的寵位是其他人所不及的，所以成為「八虎之首」，所有的人都要敬他三分。孝宗在世時，劉瑾做事還稍有收斂，因為他知道孝宗的為人。

孝宗去世後，他的膽子就一天天大起來，因此有恃無恐，干預朝政。孝宗的遺詔中曾經列有罷除提督軍營的監槍太監和各城門監局的條款，劉瑾作為內府團營的總督，拒不執行這一決定。他給武宗出主意說：「鎮守太監是肥缺，司禮監歷來從這上面撈到不少好處，聖上下令將各處鎮守內臣撤回，另外再派一些人去，但是這些人不能白白就職，必須每人上貢一萬兩銀子給聖上，聖上豈非一舉兩得！」武宗只顧沉湎於逸樂，即位後幾個月，侍奉遊樂的太監就增加了幾倍，國庫開支巨大，已經入不敷出，正在千方百計徵集賦稅，一聽這話，正中下懷，點頭稱是。同時對劉瑾的寵信又增加幾分，而劉瑾從中所得自不待言。

劉瑾嘗到了討聖上歡心的甜頭，一直想著要滿足武宗的玩心和貪慾。他上奏要求設立皇莊，以斂財富，得到皇上批准，於是皇莊建立並迅速增加到三百多處。其中管莊的宦官、校衛等在皇莊橫行霸道，京師百姓大受騷擾，叫苦不迭。一國之君如此昏瞶，且又上行下效，國政豈有不敗之理。

武宗在劉瑾等人的勸誘下只顧享樂，荒淫無度，朝政混亂不堪。朝中大臣對此極為不滿，上下眾說紛紜，大學士劉健、謝遷、李東陽等於是冒死進諫，紛紛上奏章陳，譴責劉瑾等人為了討好皇帝不擇手段，勸阻皇帝不能再無止境地遊樂而置國政於不顧，但成效不大。

這一時期，京師接連陰雨綿綿，兩三個月未見晴天。南京及江南、陝西一帶相繼發生地震，天上沉雷滾滾，大白天黑如夜晚，星斗可見，狂風暴雨，彗星亙空，連明代的祖陵也遭了雷擊。這一切的反常現象使人惶恐不安，均有大禍臨頭之感。儒學家、五官監侯楊源利用天人感應學說解釋給武宗說這一時期星象大變，自然界大災大難：「這都是上天發怒，用以告誡人間國君的！」武宗迷信，聽後大驚失色，但他仍不能找到弊政的根源，一方面有劉瑾等人的慫恿、誘惑，一方面多年惡習難改，所以，儘管眾臣苦口婆心，武宗依然故我。眾人上奏急了，武宗便對劉健等人大發雷霆，指著他們鼻子說：「天下的事難道都是宦官敗壞的？朝廷大臣敗壞的經常是十居六七，你們應該自己知道！」

天子發怒，按理應該沒人敢再諫，可是，武宗沒想到，朝廷上下上疏奏諫的人竟然越來越多。從內閣、六部大臣、王公顯貴乃至科道官都紛紛上書，譴責時弊，逐漸把矛頭集中於劉瑾「八黨」。劉健、謝遷等人私下議論道：「現在劉瑾八黨日受重用，已經逐漸開始左右朝政，這樣下去怎麼得了！現在看來，要斬草除根而不能扶正。」

於是他們不顧個人安危，接連上奏，堅決要求誅殺劉瑾以挽回朝政。戶部尚書韓文、御史趙佑、給事中陶潛等也輪番上奏彈劾劉瑾「八黨」。他們的奏章一次次被武宗壓在宮中不予理睬，他們不斷地上奏，朝廷上下呼聲越來越高。在這種情況下，武宗也感到事態真的很嚴重，不能不予以重視，他看出此事已激起了滿朝文武的公憤，雖然在感情上仍然對劉瑾等難以割捨，但迫於朝野震動，還是派司禮監王岳等到內閣，與閣臣們商議，他的意思是將劉瑾遣送到南京安置。

但是，閣臣們對他的意見並未採納，堅決要求誅殺劉瑾。劉健盛怒地一把推開案几，高聲道：「先帝駕崩之前，拉著老臣的手，將大事託付給老臣。如今先帝陵墓上的土還未乾，那劉瑾等輩就竟敢如此敗壞，臣死後有何面目去見先帝啊！」說著痛哭失聲。在場的王岳見此情景，也已是怒髮衝冠，王岳雖然也是武宗當太子時就在身邊服侍的宦官，但他性情剛直不阿，平時對劉瑾等人的所作所為也深惡痛絕，他雖一天三次地往返於內閣和宮中上傳下達，但心中早已站在閣臣一邊，對閣臣們的意見慨然讚許。

王岳在武宗面前將劉健等人的態度原原本本上奏給武宗，武宗不得不答應翌日早晨下旨將劉瑾逮捕下獄。劉健等人得知這一消息之後，大受鼓舞，他們又分頭活動，鼓動滿朝文武大臣，準備第二天在朝廷向武宗當面諫爭，讓武宗下詔誅殺「八黨」。

按明代的制度，六部以吏部為首，韓文等聯合上疏，必定要讓吏部尚書的名字列在首位。當時的吏部尚書是焦芳，此人一直與宦官勾勾搭搭，吹吹拍拍，投機逢迎。他是得力於太監的力量，才得以當上吏部尚書的。此時他見朝臣計議已定，王岳也站在他們那邊做為內應，連奏章都準備好了，非常震驚，經過一番考慮，他還是派人飛告劉瑾此事。

這段時間以來，劉瑾等人已如驚弓之鳥，惶惶然不知如何是好，一聽到焦芳送來的消息，其他人嚇到魂飛魄散。但劉瑾較能沉得住氣，他要眾人定下心來，立即商量對策。經過一番謀劃，他們決定要先發制人。當天夜裡，劉瑾就率領其他七人來到乾清宮，團團圍跪在武宗面前，還沒開口，就已經涕淚交流，磕頭如搗蒜，口中連連求饒，面對這些平日不離左右的寵臣，武宗面露不忍之色，決心開始動搖。劉瑾等人邊求饒邊哭訴：「如果不是皇帝開恩，在下早就被千刀萬剮餵狗了！」武宗問這是何原因，劉瑾說：「皇上不知，在下到此地步，全是王岳所害。」武宗一聽非常吃驚，忙問是怎麼回事，劉瑾說：「王岳勾結閣臣，要控制皇上的行動，所以先要除掉他們所顧忌的人。王岳在外對諫官說『諸位先生有話只管說』，在內閣議論時，又稱讚他們說得對，這是什麼意思？那駿馬、鷹犬王岳買來進獻過皇上沒有？現在卻只歸罪於我們！」武宗聽到這裡，已經是怒不可遏，大喝一聲：「把王岳抓來是問！」劉瑾緊接著又說：「狗馬鷹兔對皇上處理國家大事有何損害？外官們之所以敢這樣肆無忌憚地喧嘩，毫無顧忌，就因為司禮監沒有得力的人，否則皇上想做什麼就做什麼，誰還敢多嘴！」劉瑾真不愧為「利嘴劉」，這些話說得著實厲害，他不僅要挑撥皇帝與閣臣之間的關係，而且還有更大的野心。明朝制度規定，凡重大事情的奏章必須彙總於內閣，由內閣大學士提出處理意見，然後再送宮中，讓皇帝批覆方可執行。而皇帝的批示實際上往往由司禮監秉筆太監根據皇帝的旨意代批，或由皇帝委託司禮監秉筆太監代批。所以秉筆太監的權力極大，甚至可以專擅朝政，這樣的位置怎能不令劉瑾垂涎三尺呢？

劉瑾的話說得武宗直點頭。其餘的人也紛紛應聲附和，並一同推舉劉瑾做司禮監。昏庸的武宗完全相信了這批寵臣的讒言，連夜下令：劉瑾入掌司禮監兼提督團營，立即上任。其他七人也被委派重任，分別掌管東廠、西廠等要害部門。接著傳令逮捕王岳等人，將他們放逐到南京去充淨軍。這些巨大變故都發生在瞬間，朝臣們一無所知，政治鬥爭歷來就是這樣嚴酷無情。

次日早朝，眾大臣們按原計畫韓文等上奏請求誅殺劉瑾及其他七人，沒想到事態竟然與他們的預料相反，他們不禁個個目瞪口呆。見此情景，劉健、謝遷、李東陽三位顧命大臣紛紛請求辭職，武宗惟獨留下了李東陽，只為他在處理劉瑾等人問題上態度稍微和緩一些。武宗還任命焦芳入閣，接著派人到押解王岳的途中追殺了王岳。至此，劉瑾等人的地位更加鞏固，自然也就更加趾高氣揚，他在一步步去實現他的夢想。

劉瑾透過這次爭寵鬥爭，掌握了要職，更掌握了武宗，他知道在皇帝面前的寵位已無人可代，行動起來也就更加無所顧忌。

劉瑾的制勝法寶還是取悅皇帝，為此他可謂費盡心思。而他在奏陳請批的時候，總是選在皇帝玩

為寵廝殺

興正濃的時候，他知道皇帝心裡高興，總是有求必應，有時武宗為了不受干擾，還乾脆斥責他說：「我用你們這些人是幹什麼的？這樣來纏我！」而這正是劉瑾求之不得的。久而久之，劉瑾就習慣了自作主張，或以遵旨為名，左右朝政。

掌了大權的劉瑾為鞏固他的寵位，是不會放過曾差一點置他於死地的朝臣們。他開始大肆活動，結黨營私，排斥異己。按照劉瑾的意志，宮中公布了一系列所謂「奸黨」的名單。劉健等五十八人還被強令跪在金水橋邊聽候宣布。此情此景實乃前所未有，欲施報復的人必然是要置敵人於死地而後快，劉瑾這才不過剛剛開始罷了。

內閣大學士劉健、謝遷等人都是頗有威望的重臣元老，他們憤然辭職使朝廷上下嘩然。給事中呂翀、劉茝等六人，南京六科給事中戴銑、御史薄彥微等上疏請求「斥權閹、正國法、留保輔、託大臣，以安社稷」，結果被當眾打了板子。劉瑾借聖旨將他們關入錦衣衛北鎮撫司監獄，其中戴銑因被打得太重，命沉黃泉。劉瑾還傳令把負責守衛南京、曾經幫助呂翀、劉茝遞奏疏的武靖伯、趙承慶的俸祿削減一半；強迫應天府府尹陸珩、南京兵部尚書林瀚退職還鄉。兵部主事王守仁上疏為戴銑等辯解求援，劉瑾大怒，假托聖旨將王守仁廷杖五十。王守仁被打得皮開肉綻，嘶聲哀號，多次死而復甦，被貶為貴州龍場驛丞。劉瑾仍不甘心，派人守在路上準備殺掉。王守仁行至浙江錢塘，覺出有人跟蹤要加暗害，便趁夜色正濃，偽裝投江自盡，才得保性命一條。

此時的劉瑾已將十六歲的武宗握於股掌，控制了朝廷大權，終日耀武揚威，專挑別人的毛病，吹毛求疵地指責官員們的所謂過失，各官員皆膽顫心驚，度日如年。戶部尚書韓文平生耿直不阿，曾聯合九卿上疏誅殺劉瑾，劉瑾豈能善罷甘休！他整天派人監視韓文，以便揪住把柄加罪於他。偏該韓文倒霉，輸入內庫的銀子中被發現摻有假銀，劉瑾借題發揮，一口咬定這事與韓文有關，起碼也是失職所致。欲加之罪，何患無辭！韓文縱有一百張嘴也難以辯解，最後終於被降職致仕（離休）。韓文忍氣吞聲，離京而去，劉瑾哪肯如此輕易放過韓文，他暗中派人跟蹤韓文，還想伺過加罪。韓文深知自己的處境，只得單乘一頂藍色小轎，帶些簡單的行李，一路上投宿荒村小店以保平安。可他萬萬沒想到，告老還鄉還沒過上幾天清靜的日子，又被以遺失部中冊籍為名抓入監獄。一關就是幾個月，然後又被罰米千石才被釋放，以後又被藉口罰米兩次，韓文一家就這樣被搞得傾家蕩產。這些也僅是遭受迫害者其中幾例而已。

劉瑾的權勢越來越大，連公侯貴族、皇親國戚也沒人敢與他平起平坐。平時人們見了他必要下跪作揖，就是武宗上朝時，劉瑾也是站在武宗的右側，群臣拜完皇帝，還必須向東北作揖，因此人們都稱武宗是「坐的皇帝」，劉瑾是「立的皇帝」。武宗無力也無心治理國家，成了劉瑾利用的傀儡。劉瑾不僅代武宗發號施令，而且把玉璽也帶回家裡，代武宗批示奏疏。下面上奏給皇帝的奏摺必須先用紅色的帖子送給劉瑾，稱為「紅本」，然後再上報通政司，稱為「白本」。奏疏中對劉瑾只准稱呼「劉太監」，不准寫他的名字，否則必定受罰。除此而外，劉瑾還四處安插黨羽，結黨營私，仗著劉瑾的勢力，其餘「七虎」也紛居要職，橫行一時。

儘管人們表面上不得不逢迎劉瑾，但內心中忌恨他的人不斷增加。為了排斥異己，劉瑾開始在全國實行特務統治，他親手設立了內行廠，由他親自指揮。不僅偵察、鎮壓一切反對他的官民，而且東廠、西廠也必須受他監視。為此，偵事機關已增到四處：錦衣衛鎮撫司衙門、東廠、西廠、內行廠。其中內行廠最為殘酷，四處抓人之後便是用刑殘酷，罪無輕重，一律受刑，受罰者帶著一百五十斤重的枷發配充軍，枉死者不計其數。不僅如此，各廠還仗勢欺人，四處招搖撞騙、敲詐勒索，為此，百姓們怨聲載道卻又不敢惹，生怕招來橫禍，家破人亡。

爲寵厮殺

廠衛橫行在全國形成了一股告密的壞風氣，上上下下，人人自危，處處恐怖，致使當時政局愈加腐敗。

劉瑾由受寵而專權，由專權而斂財，在他橫行期間，受賄索賄，大發橫財。家中藏有金銀數百萬，各種珍寶難以計數。錢謙益在其編撰的《列朝詩集》丙集中，收集了時人描述劉瑾耗資數十萬銀子所建的玄明宮（供奉玄天上帝的宮殿）為「千門萬戶誰甲乙，玄明之宮推第一」。為了建造這所極盡奢侈的宮殿，可謂「千人舉杵萬人和」、「千人力盡萬牛死」、「南國楩樟盡，西峰土石窮」。僅為了開一塊供香火的貓竹廠地，劉瑾就拆毀了官民房屋一千九百餘間，發掘了民墳兩千五百餘冢。僅一個閹官，竟然橫行至此，可見一國之君的武宗昏聵到何種地步。

劉瑾爭寵專權激化了統治階級內部的明爭暗鬥，也引起了百姓的仇恨。劉瑾曾下令把在京師謀生的外地傭工全數驅逐，一時間無數百姓無計生存。不知他出於什麼樣的心理，竟然要所有的寡婦一律嫁人，結果是民工罵，寡婦哭，京師騷動，斷了生計的民工聚到一起一千多人，公開搶劫，聲言寧可不要命，也一定要殺死劉瑾。劉瑾見狀，不免心虛，他怕出大亂子，所以沒敢大張旗鼓地鎮壓。

劉瑾的所作所為引起的公憤越來越強烈。儘管過去那些公開反對他的人死的死，逃的逃，被放逐，被免職，不同程度地遭到迫害，但是站出來進諫武宗、反對劉瑾專權亂政者仍然大有人在，而且一直未斷。

南京監察史蔣欽在劉瑾公開宣布「奸黨」名單以後，氣憤不已，獨自上疏怒斥劉瑾弄權，力請武宗「亟誅（劉）瑾以謝天下，然後殺臣以謝瑾」。劉瑾豈能容他，將蔣欽重打三十大板之後投入監獄。蔣欽為人耿直，不服劉瑾淫威，過了三天，又上疏表示自己與劉瑾不共戴天的決心。傳說蔣欽起草上疏那天夜裡，天色漆黑，案前的燈一跳一跳地閃。忽然一陣隱隱約約的怪叫聲傳來，嚇得蔣欽毛髮倒豎。片刻，他定下神來，心中暗想：「這可能就是鬼叫之聲啊！莫非是先人的鬼魂不讓我上疏，免得慘遭大禍？」隨之長嘆一聲，繼而又下定決心：「我業以身許國，不能再想自己的事了。如果辜負了國事，給先人帶來恥辱，反而是不孝！」他咬著牙提起筆：「死就死吧，上疏絕不能改。」

這次上疏後，蔣欽又被打了三十大板，舊創新傷已使蔣欽力不能支，三天之後慘死在獄中。蔣欽以命上疏無效，但這種拚死直諫的精神實在可嘉。

劉瑾一人專寵也引起其餘「七虎」的深深嫉妒。他們無論如何也接受不了劉瑾那一人之下、萬人之上的地位，一場狗咬狗的爭寵鬧劇是在所難免的了，隨之而來的即是劉瑾的末日。

「八虎」之中，有一位太監名叫張永。此人長於習武知兵，「八虎」得勢後，被任以提督團營，兼領神機營的事務，握有軍權。本來張永與劉瑾關係很好，但兩人的性格卻又截然相反，處事方式也不同。劉瑾受寵後，根本不把其他七人放在眼裡，他們有什麼事求辦，經常受白眼遭拒絕，張永勢力較大，對劉瑾也就不太恭敬，漸漸地兩人矛盾越來越深，以至於事事相悖，相去甚遠，劉瑾對此早已耿耿於懷，便在武宗面前進讒言，說張永野心大，現在不能再用，乾脆把他調到南京算了。武宗聽後將信將疑，還未及作出決定，劉瑾就不再允許張永進宮，趕他盡快上路。

張永急急晉見武宗，為自己申辯，指出這分明是劉瑾要加害於他。武宗無奈，召劉瑾前來，本想當面為他二人調和一下，沒想到他們三說兩說便吵了起來，張永氣粗，掄起拳頭便打，其他人急忙上前勸阻，連武宗都親自上前，才算把他們勸開，畢竟兩人都是武宗的左膀右臂，武宗非但沒責怪他們無禮，反而要人置酒，勸他們和好。二人在武宗面前也不敢太放肆，表面上是平息了下來，但彼此結怨越來越深。

正德四年（西元一五〇九年），安化王朱寘鐇叛亂，以討劉瑾為名，起草檄文，興兵起事。朱寘鐇這個人生性狂妄，聽算命先生說他應該大富大貴，便做起皇帝夢來，經過密謀籌劃，決定起兵圓夢。武宗聽到奏報，大驚失色，急忙派右都御史楊一清總制軍務，楊一清為人機智勇敢，曾駐紮陝西多年，熟悉邊防事務，屢立功勛，只為不肯討好逢迎劉瑾，便被設罪下獄，後來經很多官員相救才得出獄，出了獄又被免職還鄉，先後罰米六百石。這次平定叛亂，被重新啟用。武宗派張永作為督軍，與楊一清同去，並親自戎服送張永到東華門，表示十分關照和信任，劉瑾在一旁看了，心裡酸溜溜的不是滋味。

楊、張二人趕到寧夏，那裡的游擊將軍仇鉞已經平息了叛亂，並把朱寘鐇生擒了。楊、張二人無仗可打，便在寧夏做些安撫工作，然後押送朱寘鐇回京師，一路上二人交往甚密，因都與劉瑾結怨，話題也多圍繞此內容，相談十分投機。楊對張說：「這次平定叛亂，仰仗您的大力，但是外患易除，國家的內患怎麼辦呢？」張永問：「你指的什麼？」楊一清往張永身前湊了湊，在手上寫了一個「瑾」字，張永領會其意，但是面露難色：「這個人每天不離皇上左右，樹大根深，耳目眾多，難啊！」楊一清一拍大腿：「您也是皇上的親信，所以這次討賊皇上才將此重任託付與您，由此可見皇上的心意。如今已經大功告成，凱旋而歸，回去求見皇上議論軍情大事，乘機再揭發劉瑾的奸詐，把上上下下的人情仇怨都說給皇上，提醒他這是心腹之患，皇上聽信您的話一定殺掉劉瑾。除去劉瑾，最受重用的就是您了。這樣定能矯正過去所有弊病，收拾天下人心，那麼您就可以與東漢時期的呂強、五代時的張承業並列，千年之中只稱頌你們三人了。」

一番話說的張永怦然心動，多年來眼見劉瑾飛揚跋扈，他雖然也得志，但落在劉瑾名下豈能甘心，但他還是擔心：「如果不成功怎麼辦？」楊一清說：「只要您說話，事情一定成功。萬一皇上不信，只要您跪在地上磕頭，以死相求，剖心瀝血說明決非妄言，皇上一定被您說動。如果請得聖旨，立即行事，不能有一點遲緩，否則必然招來大禍。」張永終於下定決心，一拍桌子站起身來：「好！老奴怎能顧惜餘生而不報答主子呢？」為了爭權奪寵，二人決定鋌而走險。

張永回到京師以後，立即請求在八月十五日獻俘（向皇帝獻上抓獲的罪犯）。劉瑾卻提出先暫緩幾天。

原來劉瑾不僅野心極大，還非常迷信。一個術士俞日明給他算命，說他的堂孫劉二漢應該大富大貴，遂起了謀反之心，正好劉瑾的哥哥、都督同知劉景祥死了，定在八月十五日那天下葬。劉瑾想乘百官都來送葬時作亂。有了這樣的陰謀，張永獻俘之事他是定不能答應的。但是已經有人將這一消息悄悄地告訴了張永，張永心中有了底數，決定先下手為強。

八月十一日，張永提前向武宗獻俘，儀式結束後，武宗設宴慰勞張永，劉瑾在旁侍候，因心中有鬼，劉瑾是坐立不安。晚上，劉瑾先告退，張永按原定計畫，向武宗告發劉瑾陰謀不法，同時從袖子裡抽出早已寫好的狀子，曆數了劉瑾十七條罪狀。武宗本來心裡高興，多喝了幾杯酒，現在一聽，興致皆無，低著頭說：「劉瑾負我！」張永說：「皇上，這件事要做決定宜早不宜遲，否則的話我必定粉身碎骨，聖上恐怕也會受牽連的。」

這時，在場的馬永成等人也附和張永，連連作證，武宗最後終於拍案下了決心，下令連夜逮捕了劉瑾，將他關在菜廠，並派人查封了他在宮內外的住宅。

劉瑾雖然有所感覺，並沒想到會是如此結果，始料未及，已成為階下之囚。

第二天早朝，武宗把張永的奏章交付給內閣。畢竟劉瑾多年來恭侍左右，武宗不忍處死，下旨將劉瑾降為奉御，貶往鳳陽居住，讓他去照管皇陵的香火。

這一事件非同小可，滿城官民驚駭不已，大街小巷中人們都在談論這件事，紛紛做著各式各樣的猜測。

獄中的劉瑾並沒有死心，他太瞭解武宗了。武宗心軟，這也是劉瑾抱有希望最重要的原因。他可憐巴巴地上了道白帖，訴說自己赤身被綁，沒一件衣服，乞求皇上給兩件衣服遮體。武宗果然下令給劉瑾故衣百件。張永知道此事後大驚失色，他生怕武宗一時心軟，像上次那樣饒了劉瑾，放虎歸山，那樣的話，他是肯定沒命的。於是，張永竭力慫恿武宗親自去抄劉瑾的家。

八月十四日，武宗率人抄劉瑾的家，其結果令武宗大吃一驚。人們在劉瑾家裡搜出了一顆玉璽，金銀累計數百萬兩，還有珠寶玉帶等違禁品，又察出劉瑾平時常用的扇子內藏著兩把鋒利的匕首。武宗頓時大怒：「這奴才果然反了！馬上押送監獄！」

武宗下令三法司、錦衣衛會同百官在午門外聯合審訊劉瑾。審訊的當天，刑部尚書懾於劉瑾平日的權威，噤若寒蟬，不敢審問，劉瑾也傲慢無禮，態度強硬，甚至受了刑棍後還神態自若，口中振振有詞，強詞奪理。但是人證物證均在，幾個回合下來，劉瑾已經無言可對，只得低頭伏法。隨後，他的黨羽吏部尚書張綵、掌錦衣衛都指揮楊玉、掌鎮撫司指揮石文義等被捕下獄。武宗這次是真的下了決心，下令把劉瑾千刀萬剮，凌遲三日，然後砍頭示眾，將劉瑾的招供和判決書以及處死他的畫圖在全國各處張貼，對他的族人和同黨一律格殺勿論。

行刑那天，劉瑾被押赴市曹，一路上人山人海，圍觀者無數。當時刑部主事張文麟親眼目睹了劉瑾行刑的全過程，詳記如下：「……凌遲數例該三千三百五十七刀，每十刀一歇一吆喝，頭一日例該先剮三百五十七刀，如大指甲片，在胸膛左右起。初動刀則有血流寸許，再動刀則無血矣。人言犯人受驚，血俱入小腹、小腿肚，剮畢開膛，則血皆從此出。至晚押（劉）瑾順天府宛平縣寄監，釋縛數刻，瑾尚能食粥。次日則押至東角頭。先日瑾就刑，頗言（宮）內事，以麻核桃塞口，數十刀氣絕，時方日昇在彼，與同監斬御史具本奏。奉聖旨：『劉瑾淩遲數足，剉屍，免梟首。』剉屍，當胸一大斧，胸去數丈。」據說劉瑾被處刑那天，過去被劉瑾所害的人家多以一錢買下劉瑾身上片下來的一片肉，祭祀被冤死者，甚至有生啖劉瑾的肉以洩憤的。

劉瑾的親信張綵在獄中，屍體被亂刀斫得粉碎。內閣大臣焦芳、劉宇、曹元，尚書畢亨、朱恩等一共六十多人，分別被降職或流放。

明代是中國歷史上太監專權最盛的朝代，自明朝中葉起便宦禍不斷。大太監王振、汪直等人興風作浪，大搞所謂「土木之變」、「奪門之變」，禍及全國。劉瑾是繼他們之後又一位權傾朝野、爭寵作亂的大太監，雄居當時「八虎」之首。他一生的所作所為又為明代的宦禍推波助瀾，實在是太監亂政的一個典型。劉瑾一生為爭寵可謂費盡心機，得寵後又專橫跋扈，亂政專權，在當時那種政治條件下，最後終遭千刀萬剮勢成其為自然。劉瑾的人雖死，但他一生的活動所帶來的社會影響並未因此消失。他不僅承襲了前代宦官的種種惡習，而且開啟了勾結朝官、組成閹黨的先河。在他身上所表現出的種種特徵，代表了中國古代宦官爭寵專權的某些規律，加深了明代的宦禍，並對這一時期的歷史發展帶來巨大負面影響。

寵至極頂 臣不忠賢

由朱元璋開創的大明王朝經過二百餘年的風風雨雨，到明神宗、光宗及熹宗統治時期，階級矛盾、民族矛盾和統治階級內部矛盾都非常尖銳、激烈。作為最高統治者的皇帝，深居皇宮，不理朝政；大臣們則分門立戶，追勢逐利；而窮苦的老百姓則賦重役繁，怨聲載道，大明江山，危機四伏，江河日下。尤其是明熹宗上台之後，寵信重用宦官魏忠賢，大樹閹黨，迫害忠良，使已破敗的明朝末年之統治，雪上加霜，走到了崩潰的邊緣。

魏忠賢，明隆慶二年（西元一五六八年）正月出生於河間府肅寧（今河北省肅寧縣）。其父魏志敏，母親劉氏，都是走江湖賣藝的戲子。幼年時的魏忠賢不務正業，閒遊放蕩，不讀書不識字。長大後，更是吃喝玩樂，整日沉溺於酒色和賭博中。後娶了一馬氏女子為妻，還生了一個女兒，但他仍不改嫖賭之惡習，逐漸成了當地一個臭名昭彰的無賴。

不久，他跟隨母親進京投親。在客店裡，他又結識了一班無賴光棍，終日抓骰子，鬥紙牌，暴賭狂飲，惹事生非。在一次聚賭中，魏忠賢手氣不好，越賭越輸，最後落得個分文皆無的結局。賭伴們見他窘態畢露，便紛紛拿他尋開心，當眾凌辱他。魏忠賢受不了眾人的耍笑，一氣之下，拋妻棄女，逃離家門。為了出人頭地，他冥思苦想，最後選擇了入宮當太監這條「黃金」之路。於是，他自己動手割去了生殖器，透過關係，投入宮中服役。

一個二十二歲的有婦之夫，毅然做出如此抉擇，是要下相當大的決心的，更何況在信奉「身體髮膚受之父母，不敢毀傷」的封建時代，割掉男根是件有辱門楣、很不光彩的事。由此可見魏忠賢其人，不只是為了生計，最重要的是野心！當然，當時的魏忠賢並未想到，他的這一舉動改變了他的一生。他還在遮遮掩掩，將自己的名字改成李進忠，以掩人耳目。後來在宮中有了立身之地，他才改回魏姓。「忠賢」據說是皇帝賜給他的名。

魏忠賢被選入宮是在明神宗萬曆十七年（西元一五八九年）。開始，他在司禮秉筆太監孫暹手下當差，屬於宦官中的微賤者，只能幹些灑掃庭院之類的體力活。所以，魏忠賢鬱鬱不得志。他悄悄離開皇宮，跑到了四川，去投靠稅監丘乘雲。誰料他先前的種種惡習，已被比他早入宮的另一個太監徐貴偷偷報告給了丘乘雲。因此，丘乘雲不僅未重用魏忠賢，反而下令將他囚禁在一間小房子內，不給他任何食物，打算活活餓死他。幸虧有個宣武門外柳巷文殊庵的秋月和尚，平素與魏忠賢交往密切，這時恰好雲游到四川，聽說了此事，便在丘乘雲面前為魏忠賢求情說好話。丘乘雲這才放了魏忠賢，並給了他十兩銀子，打發他回京。秋月和尚又給魏忠賢寫了一封推薦書，給他的好友內宮監馬謙太監。在馬謙的關照下，魏忠賢二次入宮，並慢慢地站穩了腳跟。

魏忠賢二次進宮，為了達到真正出人頭地的目的，開始使出渾身解數，不斷巴結、攀附有實權的管事大太監。中國封建制度的弊政即在於此，一旦有了權貴做靠山，便能雞犬俱升！魏忠賢的成功正說明了這一點。魏忠賢首選目標是大太監魏朝，魏忠賢不惜一切討取魏朝的歡心，而且藉機與魏朝結拜為兄弟，可見魏忠賢其人何等工於心計！魏朝很快便把魏忠賢推薦給明光宗皇帝的妃子王才人，當上了管理王才人伙食的典膳太監。

這位王才人是皇長子朱由校的母親。皇長子是未來的皇帝，魏忠賢利用管膳這種方便條件，不時接近朱由校，經常送些美食或珍玩給他，以討朱由校的歡心。後來，朱由校當了皇帝，是為明熹宗，而魏忠賢便理所當然地成了新皇帝熹宗的親信太監。

熹宗朱由校在當皇孫時，有位乳母客氏，定興（河北定興縣）人。其夫名侯二，他們還有個兒子叫侯國興。客氏是在十八歲那年被選入皇宮的。入宮後，客氏便給朱由校當奶媽。據說客氏面色紅潤，體態豐腴，為人放蕩。客氏入宮兩年後，侯二便死去了，客氏從此便一直住在皇宮陪伴朱由校，二人情同骨肉。朱由校自小由客氏帶大，因此，對她的感情也相當深厚。

朱由校當皇帝時才十七歲。由於他念念不忘客氏對他的撫養，所以，在他當皇帝還不到一個月時，便封客氏為「奉聖夫人」，並賜給她方二寸餘、四爪龍鈕、重兩百餘兩、刻有「欽賜奉聖夫人客氏印」的金印一顆。客氏成了熹宗的親信人物，也成為魏忠賢邀取皇寵的又一個階梯。

魏忠賢開始向客氏大獻殷勤，目的是博得客氏的歡心，進一步取得皇帝寵信。客氏本是大太監魏朝的「對食者」。所謂「對食者」是明代宮中的一種慣例，即變相夫婦。明朝太監都要輪流在乾清宮值班，可是他們又不能在宮中做飯吃，而宮婢們卻有伙房做飯，於是，太監會結交一名宮婢，請她供給吃食。這種關係被稱為「對食者」或「菜戶」，俗稱「搭伙」。

按理說，魏朝應該是魏忠賢的大恩人，沒有魏朝的積極推薦，魏忠賢很難有機會爬上寵位。但世上恩將仇報的人多的是，魏忠賢也不例外，而且他完全是有目的過河拆橋。魏忠賢將客氏從魏朝手中奪走，明目張膽地由他與客氏組成「對食者」。據說，魏忠賢雖已閹割，但並未割盡，頗懂得房中術，加上年輕時就是個嫖妓的能手，因此，便很快贏得了客氏的歡心。從此，客氏與魏忠賢日益親密，把魏朝忘在了腦後。由此，魏朝對魏忠賢大為不滿，兩人為奪客氏爭風吃醋，最後竟對罵並動手打了起來。事情的經過是這樣的：一天晚上，魏忠賢與魏朝都喝醉了酒，在乾清宮的暖閣上，兩人爭著擁抱客氏，隨之便互相對罵爭吵起來，當時已是深夜，熹宗朱由校已經上床睡覺。二人的爭吵打鬥聲傳到了熹宗的耳朵裡，他便命人將二魏喊到御榻前令他們跪下，聽候發落。客氏喜新厭舊，熹宗早已有所覺察，於是熹宗當場便問客氏到底喜歡誰？客氏指向魏忠賢。就這樣，熹宗便宣布把客氏許配給了魏忠賢。魏朝只得灰溜溜地退了出去。

魏忠賢有客氏的幫助，日益得到熹宗的信任。不久，魏忠賢便從惜薪司提升為司禮秉筆太監，兼提督寶和等三大店舖。司禮監秉筆太監是皇帝身邊最親近的人，要時常代皇帝批閱大臣們的上奏章表。但魏忠賢是個不識字的睜眼瞎子，本無資格擔任，可有客氏的幫忙，糊塗皇帝便將此權勢傾國的要職送給了他，魏忠賢大權在握，從此便與客氏狼狽為奸，在宮中恣意橫行，胡作非為。

魏忠賢為了迎合熹宗好玩不善理政的心理，便極盡心機，予以導引，使其沉湎於糜爛的生活之中，以便自己擅權攬政。魏忠賢唆使皇帝挑選粗壯的宦官三百人，手持龍旗，於左邊列隊；又令宮女三百人，手拿鳳旗，列隊於右邊，大搞所謂「內操」。當時有人曾寫詩予以諷刺：「春晴殿閣鼓聲高，宣召中宮禦內操。不似吳王軍令肅，美人歡笑擁旌旄。」「天子宮中肄六韜，紅妝小隊舞蠻刀，一聞炮火心驚戰，昨日言官諫內操。」非常明顯，這樣的操練不倫不類，不過是討皇帝開心罷了。此外，魏忠賢還經常引誘皇帝與伶人、歌伎們一起廝混，縱狗策馬，射箭打獵，把國家大事丟在一邊。

明熹宗朱由校從小就有一大嗜好，喜歡製作機關、工藝品之類的東西。據說他常自己動手做水玩具。用大木桶、大銅缸之類，鑿孔、裝上機關，形成水珠競噴或瀑布倒懸的小景觀；或者借水的上衝力，使一小木球隨著水勢忽上忽下，盤旋不止，久而不墮。他還特別喜歡自己做木匠活，不但會使用錛、鑿、斧、鋸，而且還能蓋房子、刷油漆，尤其精於雕琢製作小型器件。他每天從早到晚做個不停，完工了即自我欣賞，喜歡一段時間，不久就扔在一旁。在做這些木工活時，不允許別人觀看，除非是特別親近的人。而魏忠賢、客氏每次都站在一旁喝彩，並且讚不絕口：「這是老天爺賜給萬歲爺如此聰明，凡人哪裡做得到啊！」熹宗聽了非常得意，做得更起勁，對魏忠賢也越發寵信，魏忠賢則更是投其所好，想了好多點子，滿足熹宗的嗜好。

熹宗做木工活的時候，也是他注意力最集中的時候，絕不會為其他事情分神。如果這時有大臣來向他奏報國事，他會很不耐煩。魏忠賢卻抓住這一時機，專找熹宗全神貫注地做活時送上奏章。對別的人熹宗會嚴厲斥責，而對魏忠賢則往往不問究竟，便隨口說：「我知道了，你去辦理好了！」久而久之，魏忠賢仰仗皇帝的寵信，乾脆有時就不再奏報，自己批閱奏章，處理國事，由他代替了皇帝的旨意。大臣們對此雖然明瞭，但都知魏忠賢在皇帝面前的位置。沒有辦法，只得按照他的意志去辦，這就為魏忠賢擅權提供了方便條件。

魏忠賢在取得皇帝的寵信，掌握了朝廷大權之後，便開始結黨營私，擴大閹黨集團，把那些肯於攀附、阿諛、投靠自己的人統統拉入黨內，成為黨羽，為己所用。天啟初年，於萬曆年間形成的東林黨與閹黨之爭，至此形勢已發生了很大變化。魏忠賢專權後，那些被東林黨罷了官的人，紛紛投靠魏忠賢，如司禮監太監王體乾、李永貞、石元雅、涂文輔等都成了他的黨羽。魏忠賢還自兼領東廠，用黨羽田爾耕掌錦衣衛事，許顯純為鎮撫理刑，監視內外動靜，伺機鎮壓異己。

對於朝中大臣，魏忠賢採取的是順我者昌的方針，並以陞官晉爵作為手段。於是，在魏忠賢的淫威下，一些趨炎附勢之徒，紛紛投在魏忠賢麾下，先後集有八十多名大臣，形成了臭名遠揚的「閹黨」，諸如「五虎」、「五彪」、「十狗」、「十孩兒」、「四十孫」等都是閹黨中的骨幹。其中，以「五虎」、「五彪」尤為親信。所謂「五虎」全是文官，有僉都御史崔呈秀、兵部尚書田吉、工部尚書吳淳夫、副都御史李夔龍、太常卿倪文煥」。「五彪」全是武官，他們是左都督田爾耕、錦衣衛都指揮僉事許顯純、錦衣衛指揮崔應元、東司理刑楊寰、東廠理刑官孫雲鶴。此外，「十狗」中以吏部尚書周應秋為首。周應秋善於巴結，他為了攀上魏黨高枝，曾絞盡了腦汁。據說周家的廚子善烹調，尤其擅長燒豬蹄。於是，周應秋便經常請魏忠賢的侄子魏良卿到家中吃飯，每餐都要獻上拿手好菜燒豬蹄，魏良卿吃得高興，酒足飯飽之後，便在魏忠賢面前替周應秋說了一些好話，他便立即發跡了，官至吏部尚書，成了魏忠賢的忠實爪牙之一。當人們知道了周的發跡原因之後，便嘲諷他為「煨蹄總憲」。

不僅僅一般官員成了魏忠賢的走狗，就連當時的內閣首輔大學士顧秉謙、魏廣微也都成了魏忠賢的閹門黨羽。當時百宮中的一些宵小，都拜倒在魏的門下，充當乾兒子。時已老態龍鍾的禮部尚書顧秉謙捋著長鬚對魏忠賢說：「本欲為兒，惜須已白。」於是顧秉謙不顧廉恥，竟讓自己的四個兒子都認魏忠賢做祖爺，他自己則甘願當了魏忠賢的間接「兒子」。魏忠賢心花怒放，賞給顧秉謙紋銀二百兩。近人岳鴻舉寫詩譏諷顧秉謙：「乾兒義子拜盈門，妙語流傳最斷魂。強欲為兒無那老，捋鬚自嘆不如孫。」魏廣微也積極效仿，要求魏忠賢收認他為侄子。魏忠賢見他年歲太大，不忍使其降輩，結果認做兄弟。這二人因賣身投靠，都深得魏忠賢的賞識。自天啟六年（西元一六二六年）以後，朝廷內外大權均已歸於魏忠賢，自內閣六部以至四方總督、巡撫，幾乎全被「閹黨」所占據。

魏忠賢依仗自己已經取得的寵位與權勢，開始不斷地排斥異己，打擊政敵，殘害無辜，在朝廷內外，興起一次次冤獄。

魏忠賢從他的拜把兄弟魏朝手中奪走了客氏後，仍不罷休，不久，他假傳聖旨，把魏朝趕出了京城，發配到鳳陽守皇陵。魏朝（此時已改名王國臣）在半途逃跑，被魏忠賢派出的爪牙在薊縣北山寺中逮捕，押解到獻縣時，被活活勒死。

為寵廝殺

大太監王安，為人剛直，性情疏闊，是熹宗之父光宗臨死時的託孤之臣。後來，王安見魏忠賢權勢益大，曾教訓過他。這使魏忠賢懷恨在心，總想找機會報復。不久，機會來了。熹宗命令王安掌司禮監，王安因故辭讓不任。於是，魏忠賢便唆使給事中霍維華彈劾王安，客氏又從中添油加醋，於是熹宗下旨，另用王體乾掌司禮監，革除王安的職務，降王安為南海淨軍，勒令自裁。王安到南海之後，只能幹些太監中最低賤的活，等於做苦役，還被斷絕了飲食，餓得只能用蘆葦充飢。三天之後，便被另一名太監，魏忠賢的心腹、提督南海子的劉朝殺死，替魏忠賢出了氣，報了前仇。

魏忠賢與客氏在朝中胡作非為，引起了以張皇后為首的後宮嬪妃們的不滿，她們不時向皇帝告發魏忠賢與客氏的劣行惡跡，因而，便引起了魏忠賢的惱怒，他先後採取了種種卑鄙殘酷的手段，予以打擊陷害。先是客氏偵知張皇后有了身孕，便指使心腹宮女，藉口為皇后按摩，設法使皇后流產，致使熹宗無子絕後。魏、客二人隨之又誣告皇后不是其父張國紀的親生女。他們買通死刑強盜孫二，讓他胡說皇后是自己的親生女，以此來誣陷張皇后出身不正，以達到熹宗廢后的目的，此計未成後，他們又誣告皇后的父親張國紀謀反，想以此株連皇后，不料熹宗並未相信，這一惡招又落空了。張皇后雖然未被廢掉，但她生的三男二女，都先後被魏忠賢的爪牙們暗害，一個也沒有活成。

張皇后沒被害成，魏忠賢又把魔爪伸向了後宮其他嬪妃。光宗的趙選侍，因對魏氏不滿，被他知道後，假傳一道聖旨，逼其自殺身亡。裕妃張氏，懷孕後，客氏與魏忠賢瞞著帝后，硬是把裕妃囚入冷宮，不給飲食，剛好天降大雨，裕妃口渴難忍，便接喝屋簷水解渴，結果中毒而死。成妃李氏，被客氏和魏忠賢禁閉半個多月，雖然身邊預先藏有食物，未被餓死，後來也被貶為宮人。宮嬪馮貴人曾勸皇帝停練內操，魏忠賢便假傳聖旨，說她犯了誹謗罪，迫她自殺而死。魏忠賢勾結客氏，殘害後宮，已達到了無以復加的程度。他們利用皇帝的昏庸懦弱，草菅后妃之命，為歷朝歷代所罕見。

魏忠賢大樹閹黨，把持朝政後，對異黨東林黨人及一切與自己政見不合的政敵，對所有不滿自己行為、彈劾過自己的大臣，統統給以嚴厲打擊，置之死地而後快。因此，天啟年間，冤獄不斷，朝堂內外，常被血雨腥風所籠罩。

魏忠賢用以誣陷忠良、大興冤獄的工具是明代特有的特務機構「東廠」與「錦衣衛」，統稱為「廠衛」。當時魏忠賢便是以司禮秉筆太監身分兼領廠事，魏忠賢所控制的廠衛特務機構，黨羽布滿天下，無論任何人，膽敢對魏忠賢稍有不滿，一旦被這些黨羽偵知，立刻就將其抓進監獄，嚴刑拷問，拚命逼供。有的甚至被割舌、剝皮，並株連九族。

魏忠賢以為用殘酷的高壓政策，就能鉗住朝臣之口，就可鎮住百姓之不滿，以此來維護他們的既得權益。恰恰相反，魏忠賢與客氏恃寵擅權的不法行為，早就引起了朝中正直大臣們的強烈不滿。早在天啟初年，就有御史畢佐周、劉蘭等人想拆散魏忠賢與客氏，以削弱其勢力，他們曾建議熹宗把客氏遣送出宮，大學士劉一燝也極力贊同。但熹宗對客氏戀戀不捨，藉口照顧皇后而沒有採納。後來雖在大多數朝臣的壓力之下，客氏一度出宮，但很快便又被熹宗召回。

天啟四年（西元一六二四年）六月，給事中傅櫆與魏忠賢的外甥傅應星結拜為兄弟，向皇帝誣告中書汪文言，將他捕入詔獄，並牽連左光斗、魏大中，目的在於擴大冤案，誣陷更多的人。魏忠賢的種種罪行，深深激怒了副都御史楊漣，他拍案而起，在府中與崑山文人張一宿磋商後，由張一宿起草了著名的彈劾魏忠賢二十四條大罪的奏疏，疏中引用當時流傳於長安的一句民謠：「天子之怒易解，忠賢之怒難調。」並說即使把魏忠賢寸寸臠割也不足以盡他的罪惡。奏疏寫成後，楊漣打算在午朝時面奏，不料次日免朝，楊漣擔心隔一個晚上會洩露祕密，就按例封進。奏疏剛呈送給熹宗皇帝，魏忠賢知道了，便惴惴不安，害怕災禍臨頭，就請求大學士韓爌去為他說情，但被拒絕。不得已，他便趕緊跑到皇帝面前去哭訴，請求辭去東廠職務。這時，客氏、王體乾也百般為他辯解。結果，昏庸的熹宗皇帝不僅沒治魏忠賢的罪，第二天，反把楊漣痛斥責罵一頓。楊漣感到非常氣憤，希望能上朝時伺機面奏。魏忠賢得知後，就遏制熹宗一連三天不上朝。到第四天，熹宗出御皇極門，兩邊侍衛刀劍加倍於平時，侍班的宦僚更加嚴謹，並規定左班諸臣不許擅出奏事，但跟隨楊漣上疏的人很多，包括東林黨人黃尊素、李應升，給事中陳良訓、魏大中及御史袁化中、周宗建等，不下百餘疏。而熹宗仍置之不理，還下了一道措辭嚴厲的諭旨，極力袒護魏忠賢：「朕在襁褓時，便靠魏忠賢護衛，至聖母去世後，朕飽嘗憂患，平時的服食起居，多虧了魏忠賢伺候。當皇考彌留之際，曾說宦官中忠心正直，不避形跡的，只有魏忠賢一人。現在居然被楊漣一再誣告，而大小臣工又隨聲附和，不斷來打擾朕。天下大事，事事都是朕親自裁斷的，魏忠賢有何專擅？有何疑忌？朕追念往事，何忍忘忠賢今昔之勞，動不動就聽信謠言，拿忠賢問罪！」有了熹宗的「寵信」這張保護傘，任何彈劾奏疏都成了一張廢紙，魏忠賢仍然可以為所欲為，掌權如故。

魏忠賢靠著皇帝的無上寵信和保護，愈加囂張妄為，他要藉機把所有反對他的政敵統統除掉。魏忠賢的黨羽、大學士顧秉謙偷偷地為魏忠賢開了張黑名單，讓魏忠賢分別收拾他們。魏忠賢首先接受心腹王體乾的建議，啟用廷杖，威脅廷臣。廷杖是明朝祖傳懲處大臣的一種刑罰。廷臣不論職位高低，只要惹惱皇帝，就可以下令把該大臣拖下殿去痛打一頓，有的則被當場擊斃。執行廷杖時，由司禮監的太監監杖，由錦衣衛的旗校手執大木棍，輪換著行杖。從正德年間開始，太監劉瑾當權，又規定被廷杖者必須脫光衣服，這樣打得更重。這種殘暴的懲罰方式，時時威脅著大臣。魏忠賢便決定利用廷杖報復彈劾他的大臣。

不久，有工部郎中萬燝上疏指責魏忠賢：「魏忠賢完全盜竊大權，生殺予奪，在他掌握之中，致使內廷外朝都只知道有魏忠賢，而不知道有皇上，這樣豈可以還讓他留在皇上左右一天呢？」萬燝的上疏，正好撞在了魏忠賢的「槍口上」，魏忠賢立即假傳聖旨，將萬燝用杖擊斃。

魏忠賢的爪牙、內侍曹大、傅國興挾人命劫財途中，就被御史林汝翥杖責。幾天後，魏忠賢知道了此事，便傳旨要逮捕林汝翥。林汝翥害怕自己會落得個像萬燝那樣的下場，死於廷杖之下，慌忙逃往外地。魏忠賢懷疑他是躲到同鄉葉向高家中去了，便派人包圍了葉向高的住宅，入內搜查，侮辱婦女。葉向高是當朝首輔大臣，是反魏忠賢勢力的後台。葉向高深感自己受到了莫大侮辱，同時感到身為宰輔，對魏黨如此恣肆，自己卻無能為力，遂上疏辭官，返回了故里。葉向高辭官，這在魏忠賢專權的道路上，無疑是去掉了一大塊絆腳石。隨之，林汝翥被提回，挨了一頓棍子，雖幸未被打死，卻也失去了官職。

其後，魏忠賢又把毒手伸向了與楊漣關係密切的汪文言。汪文言是內閣中書，魏忠賢指使黨羽阮大鋮以交通左光斗謀取奸利之罪名，矯旨把汪文言逮捕下獄。天啟五年（西元一六二五年）五月間，由魏忠賢的得力爪牙、錦衣衛指揮，掌北鎮撫司許顯純對東林黨人汪文言嚴刑拷打，又假造口供，牽連到趙南星、楊漣、左光斗、魏大中、繆昌期、袁化中等二十幾個人。不久，便逮捕了楊漣、周朝瑞、左光斗、顧大成、袁化中，押在北鎮撫司，誣指他們收納熊廷弼的賄金，隨即對楊、左兩人非法拷打，但他們都未承認收受賄金。至七月間，左、楊、魏在同一天晚上被獄卒處死。又過了一個月，袁、周二人也相繼死在獄中。製造了楊漣冤獄後，魏忠賢又以遼東經略熊廷弼侵盜軍資十七萬的罪名，將其砍頭並「傳首九邊」，毀壞了遼東邊防，為建州女真蠶食遼東提供了方便。

魏忠賢欲對東林黨人一網打盡。不久，便藉故罷了尚書李宗延、張向達、侍郎公鼐等五十餘位大臣的官職，造成朝署為之一空。株連所及，連稱讚楊漣奏章的大臣也不放過，中書令吳懷賢在讀楊漣

為寵廝殺

奏章時，曾拍案稱讚，被家奴告發後，便被魏忠賢殺死；武將蔣應陽剛剛為熊廷弼被害鳴冤，也慘遭殺害。至同年十二月，魏忠賢等人又以朝廷的名義，把東林黨人姓名榜示全國，共三百零九人，榜中除了東林黨人，還有東林黨的同情者和雖非東林黨但也反對閹黨的正直官吏。凡是榜上有名的，生者削職為民，死者追奪官爵。

魏忠賢及其黨羽還經常利用廠衛的特務爪牙，製造白色恐怖，殘害無辜之百姓。由魏忠賢直接指揮的東廠特務們，仗勢欺人，到處橫行霸道，凡是被他們捉到的人，不管是否有罪，先毒打一頓再說。如國戚李承恩是寧安大長公主的兒子，家裡放著公主賞賜給他的東西。魏忠賢的爪牙們誣陷他偷竊皇帝乘坐的御車，佩戴皇帝用的物件，結果被判了死刑。老百姓在閒談時，如果觸犯魏忠賢，每每被逮捕屠殺，甚至剝皮、割舌。被害者無法統計。在全國，尤其是在京師，充滿血腥味的恐怖氣氛，沉重地壓在人們心頭，透不過氣來。大家在路上見面時，只能交流一下眼神，從不敢交談。

魏忠賢隨著皇帝對他寵信的加深和權位的上升，生活方面也愈加奢靡腐朽。有些太監為討好魏忠賢，竟尊稱他為「九千歲」，魏忠賢當然樂得接受，意思是魏忠賢的地位與稱「萬歲」的皇帝只一步之遙了。魏忠賢每年都要到全國各地遊玩幾次。每次出遊，總是坐著四匹馬拉的十分華麗的彩車，上面加有羽幢青蓋，車子奔馳如飛，饒鼓響箭的聲音在揚起的黃塵中轟鳴。車子兩邊有龐大的儀仗隊、護衛，緊隨車子飛跑。其他還有供應食物的廚子、作樂的優伶、百戲及輿隸等跟隨在車後，數以千計。車隊所經之處，官吏士紳在路旁跪拜，高呼「九千歲」，而魏忠賢卻趾高氣揚，連正眼都不瞧他們一下。

每年的正月三十日是魏忠賢的生日，所以每當元宵節剛過，大小官僚就忙著準備為魏忠賢祝壽。送禮者在大門外排成了長隊，從早至晚，絡繹不絕。等到正月三十這天，前來拜壽的官員更是擦背摩肩，你擁我擠，甚至有的人為了能擠上前去，把衣服都扯破了，腳也踩傷了。乾清宮門內的台階上，堆滿了官員們送來的各樣禮物。拜壽的人一般進門就喊：「九千歲」。更有甚者，有人竟扯破了嗓子高喊：「九千九百歲爺爺！」整整一天之內，「千歲」之聲不絕於耳。

與魏忠賢相好的客氏，由於皇帝的寵愛及依靠著魏忠賢的權勢，也是耀武揚威，不可一世。她每年都要回老家三四次，行前，都要由熹宗皇帝親傳特旨，派出隨行人員數百人，組成盛大的儀仗隊，前呼後擁。司禮監當班監官、典簿及文書房官員等，都跪在寶寧門內的路旁叩頭，客氏朝誰瞟一眼，點一下頭或笑一下，都被看做是莫大的榮幸。後人劉若愚在《酌中志》中曾記載了客氏出行的聲勢：「燈火簇烈，照如白晝，衣服鮮美，儼若神仙，人如流水，馬若游龍。」京中百姓還以為是熹宗皇帝出巡的儀仗呢。當她的儀仗隊經由乾清宮門前朝臣都必須下轎的地方時，她卻根本不下轎，大搖大擺地就過去了。她家中僕人成群，見她到家，都爭先恐後到廳堂上參拜，向她叩頭請安，高呼：「老祖太太千歲！」她一高興，就撒下一大把銀子進行賞賜。

魏忠賢與客氏互相勾結，當他們的權勢達到極頂時，連皇帝都不放在眼裡了。如魏忠賢在紫禁城內組織太監和宮女演練內操時，鳴金擊鼓，燃放火器之聲，驚天動地，擾得後宮不得安寧。魏忠賢身著盔甲，騎著高頭大馬，檢閱操練隊伍。有時熹宗皇帝也在現場，魏忠賢連馬都不下，鞭馬急馳，毫無臣禮可言。天啟五年（西元一六二五年）五月十八日，熹宗到西苑遊玩，恰巧魏忠賢與客氏先他一步也來到西苑，並坐上皇帝的專用龍船，遊蕩於湖中。熹宗晚至，魏、客二人假裝未看見，不肯讓船。熹宗因二人都是他所寵愛者，也不計較，便上了一隻小船，由兩個小太監搖櫓划船。魏忠賢與客氏在大船上敲鑼打鼓，歡樂暢飲。熹宗在小船上卻淒淒冷冷，毫無情趣。突然，湖面颳起一陣狂風，把小船吹得左搖右擺，失去重心，一下子翻到了湖裡。結果，兩個小太監全被淹死，熹宗雖被岸上會水的太監救起，也差點丟了性命。

隨著魏忠賢的氣勢熏灼，趨炎附勢者為討魏忠賢高興，也是挖空心思，絞盡腦汁。天啟六年（西元一六二六年）六月，浙江巡撫潘汝楨為了拍魏忠賢的馬屁，第一個上疏請建立魏忠賢生祠，就是在魏忠賢活著時為他立廟。潘汝楨在奏疏中稱：「東廠魏忠賢，心勤體國，念切恤民，浙江百姓對他戴德無窮，公請建生祠。」昏瞶的熹宗皇帝竟然立即批准，詔示：「宜從眾請，用建生祠，著即該地方營造，以垂不朽，祠名永恩。」潘汝楨得到皇帝御批，便立即下令百姓們聚資營造魏祠。許多窮苦人家被弄得傾家蕩產。兩個多月後，在潘汝楨的親自督造下，全國第一座魏忠賢的生祠，便聳立在杭州西子湖畔。其規模之宏偉，建築之精巧，堪與帝王宮殿媲美，祠中的魏忠賢塑像，用純金鑄造，腹中五臟六腑都是用珠寶瑪瑙製成，衣著華麗，與帝王服飾相當。

該祠落成那天，潘汝楨率當地文武官員向魏忠賢塑像三拜九叩，一時間鞭炮齊鳴，鼓樂喧天，弄得烏煙瘴氣，一派阿諛奉承之聲。隨後，消息傳開，全國各地不少官員都到杭州禮拜、學習，準備回去效仿建祠。

至天啟七年（西元一六二七年）春天，為魏忠賢建祠之風越刮越厲害，全國各地，上至封疆大吏，下至普通武夫、商人、奴僕、流氓等等，競相效尤，紛紛為之建祠。如蘇州的「普惠祠」、松江的「德馨祠」、揚州的「沾恩祠」、淮安的「瞻德祠」、北京的「隆恩祠」、「廣仁祠」、「茂勳祠」以及河南、河北、山東、山西、湖廣、四川等地三十餘縣，均建了魏祠。這些生祠都建得十分講究。如南京的魏祠，共三大間，供奉魏忠賢畫像三幅。正間的一幅，魏忠賢身著朝服，坐在太師椅上，兩旁各有一位小太監執團扇和牙笏肅立。正間裡還供奉一尊木雕魏忠賢像。左面一間的魏忠賢像，畫魏氏身穿金盔金甲，兩邊有執刀劍的武士侍立。右房內的魏忠賢像則穿便衣，頭戴方巾，兩旁皆小太監恭候。在丹樨左側，豎立一塊巨大的石碑，上刻魏忠賢入宮始末，在丹樨之右的大石碑上，則大書魏忠賢輔佐幼帝等「功業」。祠外建有儀門，建此祠花費達數十萬兩白銀。

蘇州巡撫劉詔給魏忠賢建祠，不惜工本，耗費頗巨。魏忠賢的頭像上帶有冕旒，依照的是皇帝佩戴的帽子。還有的地方給魏忠賢像用珍貴的沉香木，大小身形及五官手足等都與真人一模一樣。天津巡撫黃遠泰，在所建的魏祠竣工時，對雕像五拜三叩首，嘴裡不住地念叨：「某事賴九千歲扶植」，「某月荷九千歲提拔」，表現出對魏忠賢一派感恩戴德的醜態。更有甚者，如松江監生陸萬齡，甚至荒唐地提出在京師國子監西面建魏忠賢生祠，與孔子平起平坐，祭祀孔子的父親啟聖公時，讓魏忠賢的父親配享。

各地建祠，你爭我比，耗費了百姓無數資財。每修一座祠，至少花銀幾萬兩，多者達數十萬兩。僅開封一地，因修建生祠就拆毀民房兩千餘間。臨清更甚，一次拆民房萬餘間。這種禍國殃民的做法，招致天怒人怨，百姓唾罵。同時，也遭到一些正直官員的反對，但反對者又無一不被魏忠賢及爪牙害死，如薊州道台胡士容、遵化道台耿如杞，就是因為不同意修建生祠和不對魏像下拜而被抓進監獄，白白送了性命。

魏忠賢一人受寵掌權，全家人跟其沾光，可謂「一人得道，雞犬升天」。魏忠賢為培植自己的勢力，壯大閹黨隊伍，首先把自己原在老家務農的族侄魏良卿過繼為兒子，然後便任用魏良卿在錦衣衛管文件的簽發，兼掌南鎮撫司的大權，以進一步強化特務統治。不久，在魏忠賢的一手扶植下，魏良卿被封為肅寧伯，皇上還賜給他良屋美宅和莊田鐵券。最後，魏良卿一直升至寧國公之位。拜封那天，京中諸府衙門都送去了吹捧他的賀文，以致使京城店舖中凡可以製作賀文掛軸的綾、羅、綢、緞之類，很快被購買一空。此外，魏忠賢的族孫魏希孔、魏希孟、魏希堯、魏希舜、魏鵬程，親戚董芳名、王選、楊六奇、楊祚昌等，都官拜左、右都督及都督同知、僉事等職。連他的相好客氏的弟弟客光先，也被擢至都督之職。此後，魏忠賢又貪攬袁崇煥的軍功及報建三大殿的功勞，假熹宗之手，大封族人及死黨，族孫魏良棟、魏鵬翼還是個嬰兒，也竟然被封為太子太保、少師。

一般來說，靠諂媚邀寵而得勢者，一旦失寵或沒了靠山，很快便被扔進谷底，摔得粉身碎骨。正當魏忠賢在寵位與權力的頂峰上為所欲為的時候，天啟七年（西元一六二七年）八月二十六日，明熹宗朱由校因縱慾過度，突然死去。皇位由朱由校的弟弟、信王朱由檢繼承，是為崇禎皇帝。

熹宗一死，魏忠賢便如坐針氈，惶惶不可終日，預感到末日來臨了。據說，魏忠賢想乘熹宗死去的機會，圖謀篡政奪取皇位。魏忠賢將兵部尚書、死黨崔呈秀叫來，密令他放棄守孝，入朝視事，以伺機兵變奪權。但崔認為時機未到，不能妄動，魏忠賢這才作罷。

崇禎皇帝一直對魏忠賢及其閹黨的所作所為極為反感。他當皇帝後，便尋找機會，準備將魏忠賢及其一黨澈底剷除。崇禎皇帝首先罷免了魏忠賢死黨、兵部尚書崔呈秀的官職，隨後又將第一個為魏忠賢立生祠的浙江巡撫潘汝楨罷官遣鄉。崇禎皇帝著手清除閹黨的兆頭一出現，閹黨內部便開始瓦解。閹黨、御史楊維恆第一個向崇禎帝上書攻訐崔呈秀。接著，主事陸澄原、錢元愨等也紛紛彈劾魏忠賢。有個嘉興貢生、錢嘉拍案而起，上疏彈劾魏忠賢十大罪狀：與皇帝並列、危害皇后、大搞內操、目無皇祖、剋扣藩王封贈、目無聖人、濫收爵位、掩邊將軍功、搜刮百姓、行賄受賄。崇禎接到此奏疏後，立即派人將魏忠賢叫到面前，讓太監把此奏疏讀給他聽。魏忠賢聽完，嚇得失魂落魄，魏忠賢想用重金收買侍候崇禎皇帝的太監徐應元，請他給予通融，但遭到了崇禎帝的斥責。

十一月，崇禎帝詔旨將魏忠賢發配到鳳陽當淨軍。魏忠賢在去鳳陽途中，仍賊心不死，率一夥死黨亡命徒，身懷利刃，前呼後擁，招搖過市。崇禎帝聞報後，立即下令兵部，讓錦衣衛派人火速將魏忠賢一夥逮捕押京審判。魏忠賢的死黨李永貞聽到消息後，連忙派人趕在錦衣衛之前，密報魏忠賢。此刻，魏忠賢正與乾兒子李朝欽等人宿息於阜城南關尤氏旅店。他知難逃一死，便與李朝欽痛飲至四更天，隨後一起吊死在店中。

崇禎帝下令把魏忠賢的屍體肢解，懸其首級於河南示眾。同時將客氏抄家，在浣衣局令乾清宮牌子趙本岐將客氏笞殺，然後焚屍揚灰。客氏之子侯國興、其弟客光先與魏良卿等被斬首於鬧市，並暴屍街頭，抄了他們的家產。魏忠賢及其黨羽惡貫滿盈，均落得個可恥的下場。

魏忠賢可謂明代宦官中受寵至極、貪弊至甚的一個典型。綜觀其一生，能夠由一個無賴爬至「九千歲」的寶座，其實所用伎倆並不複雜，也無更特殊之處，無非是心黑、貪婪、逢迎。心黑者，不惜殘害無辜，甚至有恩於他之人；貪婪者，不顧廉恥，大發不義之財；逢迎者，拋開國家社稷，一味討皇帝歡心。於是乎，順我者昌，逆我者亡，加深了明代的宦禍，加速了明朝的滅亡。但是，中國的封建制度的特徵之一是一朝天子一朝臣，魏忠賢這一天啟年間的重臣寵宦在離開熹宗帝這一靠山之後，便不可能再保住寵位，只落個死無葬身之地。他的死，一方面說明他一生爭寵弄寵禍亂朝廷惡貫滿盈，死有餘辜，另一方面，也進一步暴露了封建專制制度的弊端。寵位之哄未因魏忠賢之死而終結，相反，卻愈演愈烈，這是封建制度所決定的歷史必然。

柔佞奸相　和珅貪財

大清王朝定鼎中原之後，經過康熙、雍正和乾隆時期的治理，使明朝末年遭受嚴重破壞的社會經濟、文化有了很大程度的恢復與發展，出現了所謂的「康乾盛世」。然而，海內昇平，諸業穩定，也便助長了最高統治者的享樂、奢靡、腐敗之風。清朝自乾隆後期開始，在繁榮的背後，已有衰敗的危機顯露。號稱「十全老人」的乾隆皇帝，自認為已功德圓滿，便開始不思進取，一味追求虛榮，講究排場。乾隆的所作所為，便給他身邊的一些阿諛奉承、溜鬚拍馬之徒創造了「進取」的條件。這其中有一人表現最為突出，他就是乾隆朝的寵臣、大貪汙犯和珅。

和珅，字致齋，滿洲正紅旗人，姓鈕祜祿氏。生於乾隆十五年（西元一七五〇年）。其家並不顯貴，父名常保，襲三等輕車都尉之職，曾任福建副都統。幼年和珅，相貌英俊，聰明乖巧，比較招人喜愛。年十歲左右，進八旗子弟學校——咸安宮官學，學習《四書》、《五經》及漢、滿、蒙、藏文字。由於和珅好學上進，成績良好，頗得他的老師吳省蘭、吳省欽的賞識。在學校，他除了正課之外，還常常習詩練字，並取得了一些成績，使他成了當時八旗子弟中的佼佼者。

乾隆三十四年（西元一七六九年），二十歲的和珅承襲了其父常保的三等輕車都尉的世職，同年，又以滿洲官學生員的身分被選到宮廷鑾儀衛當差。當時，官居刑部尚書、兼戶部侍郎、正黃旗滿洲都統的英廉看中了年輕的和珅，便將自己的孫女許配給了和珅。

在英廉的薦舉下，和珅於乾隆三十七年（西元一七七二年）被授予三等侍衛之職，充任粘竿處侍衛，負責皇帝的儀仗事宜。粘竿處侍衛經常伴駕，接近皇帝，很容易陞遷。加上和珅聰明能幹，知書識禮，能說會道，又相貌堂堂，一有機會就會飛黃騰達。

機遇終於來了。乾隆四十年（西元一七七五年）裡的一天，由和珅等人扈從乾隆帝出宮。乾隆帝在輿車中閱讀邸報，當看到某處一名要犯因看管不嚴而逃跑時，隨口就誦了句《論語》上的話：「虎兕出於柙，龜玉毀於櫝中，是誰之過歟？」旁邊的不少侍衛聽了，都大眼瞪小眼，不知道皇上說的是什麼意思。和珅讀過《論語》。記得典之所出，當即接口道：「典守者不得辭其責。」乾隆帝舉目觀瞧，見答話者是一位氣宇軒昂的年輕侍衛，很高興，便把他叫到自己面前，微笑著問他讀了哪些書，以及他的家世等等。

乾隆帝回到皇宮，仍念念不忘這位他認為才貌出眾的侍衛，此後，便對和珅「恩禮日隆」、「恩寵有加」。很快，和珅便被封官加爵，一躍而為朝廷首輔重臣。從乾隆四十一年（西元一七七六年）至乾隆四十五年（西元一七八〇年），短短的五年之內，和珅的官職便由戶部侍郎、軍機大臣等升至戶部尚書、議政大臣，高官得做，駿馬得騎，平步青雲，掌管了朝中財政大權（戶部）、用人權（吏部）、司法權（刑部）和文化大權（《四庫全書》正總裁），集諸權於一身。從爵位上，和珅從三等輕車都尉晉陞為一等男、忠襄伯、一等忠襄公。他的全家也從正紅旗抬入正黃旗。

和珅得寵至極，官階爵位突升，時人頗難理解，於是便演繹出了一些「傳聞」，為此事添加了不少神祕色彩。據說，早在弘曆（乾隆皇帝）當皇子的雍正年間，有一個妃子，容貌姣好。某次，十幾歲的弘曆見該妃正對鏡理妝，便情不自禁地從她身後伸手捂她的兩眼。那妃子驚慌失措，不知是皇子，就舉起梳子向後猛擊，恰巧擊中了弘曆的前額，留下一條傷痕。雍正帝皇后見到傷痕，追問緣由，弘曆不敢隱瞞，便說了實情。皇后大怒，下令該妃子自縊。弘曆又驚又怕，也不敢為心愛的妃子求情，就偷偷地在已吊死的妃子脖上點了個小紅點，默默祈禱說：「今生今世是我把你害死了，如果你死後有靈，二十年後再聚吧。」後來，據說乾隆皇帝見了和珅，感覺和珅就是那妃子轉世，於是，便對和珅格外垂恩寵戀。

傳聞當然不足為信。其實，和珅的發跡開始是偶然的機遇和肚子裡的墨水，後來和珅的得寵榮升，完全靠的是他「為人狡黠，善於逢迎。」這也是中國封建社會大多數受寵官員的一貫手法，因為人君大都喜歡阿諛奉承、溜鬚拍馬的臣子。和珅自從升為侍衛後，常在乾隆皇帝身邊，對乾隆皇帝的性情喜好、生活習慣都留心觀察。由於他「善體聖心」，把乾隆皇帝的個性、特點、愛憎都瞭解得十分清楚。什麼時候幹什麼，什麼時候要什麼，他幾乎都能猜出，有時不等乾隆開口，他就把要做的事情早準備好了。和珅花費心機，曲意奉承，從方方面面博取乾隆皇帝的歡心。因此，他才獲得了乾隆皇帝對他的無比寵信。

和珅「逢迎」乾隆皇帝，無處不顯其能。比如，乾隆皇帝自命風雅，喜好吟詩作賦，和珅便依仗幼年的「詩底」，進一步在詩賦上下功夫，以作隨時應答。乾隆皇帝好虛榮，講排場，和珅便陪駕巡幸江南，遊覽避暑山莊等地，且不惜重金大興土木，擴建圓明園、避暑山莊，甚至為乾隆皇帝的退位作好了療養的準備，修建了寧壽宮。乾隆皇帝性喜古董，雅愛收藏，和珅會挖空心思羅致進奉。乾隆帝篤信佛教，和珅就弄一金佛奉上。和珅會無微不至地照顧、關心乾隆的生活。如乾隆帝咳嗽時，他能慇勤地捧上痰盂。

和珅知道，要取得皇上的寵信，不僅僅對皇上本人要曲意逢迎，同時對皇上身邊的人、親屬等也應極力討好，以使他們能在皇上面前替自己說句好話，那作用也是不小的。比如，乾隆皇帝特別疼愛小女兒和孝公主，常說：「我這個小女兒長得像我，一定有福氣。」「可惜不是男孩，要是男孩我一定立為太子。」公主性格剛毅，經常女扮男妝，跟隨父親打獵。和珅為取寵於乾隆，就特別討好這位公主。一次，和珅陪乾隆和公主去游圓明園，走到一家由皇商經營的店舖門前，見有一件大紅呢袂衣掛在那裡，公主見了，微露喜悅之色。公主臉上這細微的表情，一般人不會去注意，可善於察言觀色的和珅卻看在了眼裡，他以高價把這件衣服買了下來，進獻給公主，頗得公主歡心。

平時，和珅還以小恩小惠，賄買乾隆皇帝身邊的一些宦官，這些人雖地位卑微，但他們常在皇帝身邊，無意間的幾句美言，對和珅的前程都起很大作用。凡此種種，和珅的所作所為，無不十分「迎合」乾隆皇帝的心意，由此更受寵幸。甚至，乾隆竟把自己的小女兒和孝公主下嫁給和珅之子豐紳殷德做妻子。當年，英國使者馬戛爾尼曾得出這樣的結論：「乾隆皇帝對自己兒子的愛護，遠不如對和珅的寵幸。」

和珅之所以深得乾隆皇帝的寵愛，也不僅僅在於他善於「逢迎、討好皇帝」，他還具備辦事幹練的才能，的確幹了幾件頗使乾隆皇帝高興的「大事」。

第一件事就是利用主掌財政的便利，為乾隆皇帝外出巡遊「籌措」到大筆錢財。乾隆皇帝喜好外出巡遊，據統計，從乾隆四十五年（西元一七八〇年）到五十九年（西元一七九四年）的十五年間，他兩次巡幸江南，三次登臨五台山，並巡幸了盛京、曲阜和天津等地。每次出巡，都要耗費大量錢財。而乾隆帝又不想動用國庫的錢。於是，就給主管戶部及內務府事務的和珅一個極好的表現機會。他為了聚斂到可供乾隆帝揮霍的大量錢財，便獨出心裁，設立「密記處」，實行「議罪銀製度」。所謂「議罪銀製度」，就是花錢抵罪的意思，即破財免災。「議罪銀制度」的實行，地主官員就有了公然向皇帝「行賄」的名目。大員們不可能沒有一點過失，為了免於被皇上抓住把柄，就趕快交錢認「罪」。更有甚者，有些地方官員本無過失，但為求早日升遷，便想走獻納行賄之捷徑，隨便為自己找一條「罪行」，然後把白花花的銀子送上去就行了。這種「議罪銀」制度在清代一共實行了十五年（乾隆四十五年至五十九年），為乾隆皇帝聚斂了大量的財富，彌補了他外出巡幸及大興土木的巨額開銷的缺額。據有關史料記載，乾隆末年，平均每年有五項重大的「議罪銀」，罰銀總數每年近三十萬兩之多。名目也五花八門，比如，有某個地方的老百姓自殺身亡，當地官員便將此作為自己的「過失」，交納「議罪銀」八萬兩。另一個地方的犯人越獄，當地大員借此交納議罪銀三萬兩。這些錢八成以上繳到內務府銀庫——皇帝的私人腰包裡去了。乾隆皇帝當然高興，對和珅焉有不加寵愛之理呢？

和珅在主管密記處、主抓「議罪銀」的同時，為自己也撈取了不少好處。從和珅的府宅到辦公的公署有一條狹長彎曲的小巷子。自從實行「議罪銀」制度以後，常有一些穿官服的大員徘徊於這條小胡同裡，目的是為了面見和珅，托請他代奏代交「議罪銀」，這些人當然不會讓和珅「白盡義務」，大量的賄銀，流進了和珅的腰包。因為清朝的官服上都有繡有圖案的「補子」，時間長了，人們便給這條巷子起了個雅號「補子胡同」，還有人為此作了一首諷刺詩：「繡衣成巷接公衙，曲曲彎彎路不差，莫笑此間街道窄，有門能達相公家。」

在和珅接管戶部之前，因乾隆皇帝的無度揮霍和不斷用兵，國庫已日見支絀；內務府銀庫也逐漸入不敷出，以致要由戶部銀庫「接濟」。而和珅主管戶部、實行「議罪銀」制度後，大量聚斂錢財，不久，便使內務府銀庫「歲為盈積」，乾隆皇帝私庫膨脹，和珅的寵位也日益牢固。

和珅辦的第二件深得乾隆皇帝賞識的大事，是處理李侍堯的貪汙案。李侍堯是降清的明將李永芳的四世孫，時任雲貴總督兼武英殿大學士（宰相銜）。李侍堯「短小精敏，過目成誦」，且頗具將才，曾深得乾隆皇帝倚重。可他因「年老位高，平日兒畜和珅」，視和珅為兒輩，不買帳，因而便得罪了和珅。和珅為此很氣惱，總想尋個機會整整他。乾隆四十五年（西元一七八〇年），雲南糧儲道有個叫海寧的人因調職入京謝恩，和珅把他請入府中，與他交談中，詢問李侍堯在雲貴總督任上的所作所為。從海寧的話中，和珅掌握了李侍堯貪汙的證據，隨後便奏明乾隆帝。乾隆詔令和珅前往雲南查辦此案。和珅在辦案過程中，不僅查清了李侍堯貪汙的事實，而且還查出了雲南吏治廢壞、各府州縣財政的嚴重虧空等問題。回京後，他還向乾隆皇帝面陳了雲南的鹽務、錢法、邊防、貿易、外事等問題的現狀和解決問題的意見。乾隆帝非常滿意。於是，不僅查出了李侍堯（後乾隆開恩，免其死）貪汙之事，同時和珅還因辦事幹練而連獲褒獎和晉陞。此後，和珅還參辦了貪官王亶望、伍拉納等案件，既討好了皇帝，也抬高了自己的身價。

和珅逢迎、討好乾隆皇帝，目的是為了得到皇寵。但當他一旦獲得了寵位和高官顯爵之後，便開始利用這種條件，在朝廷內外拉幫結黨、排斥異己，擅權跋扈、胡作非為。

和珅與乾隆皇帝結成兒女親家之後，由朝廷重臣變成了皇親國戚雙重身分，身價驟增十倍，更加驕橫跋扈，膽壯氣粗起來。為了鞏固自己的權位，和珅四處糾集同類，結黨營私，組織自己的「和家班子」。

他首先把自己的胞弟和琳拉到自己的麾下。在和珅的幫助下，和琳先得杭州織造之肥缺，繼又遷升湖廣道御史、四川總督等職。在和珅暗中參與下，和琳又因彈劾湖北按察史李天境而獲乾隆帝「伉直」的嘉獎。此後和琳被清廷賞戴三眼花翎（死後晉贈一等公爵）。和琳理所當然地要為兄長效力，以報薦舉之恩。和珅還把大學士傅恆的兒子、乾隆帝的親侄子福長安引進軍機處，充當他的幫兇，以便聯手對付政敵阿桂。蘇陵阿是滿洲正白旗人，歷任內閣中書、吏部員外郎等職，是和琳的姻親，因此關係，也被和珅提拔為戶部尚書、兩江總督。蘇陵阿無德無能，且貪婪無比，及赴兩江總督之任，竟對下人說：「皇上叫老朽到這兒掙一份棺材錢來了。」後來軍機大臣、首輔阿桂去世，和珅竟然把兩耳重聽、老眼昏花、不辨親友、舉動要人攙扶的七十餘歲老翁蘇陵阿推薦為東閣大學士，同時擔任軍機，時人笑為「活傀儡」。

紈褲子弟國泰，也是和珅的同黨。國泰在山東巡撫任上因貪贓枉法被御史錢灃彈劾後，和珅不僅不用力查辦，反卻百般維護，以減輕其罪行。當時，乾隆帝命和珅與錢灃同往山東查辦此案，和珅為使國泰有所準備，銷毀罪證，便在啟程之前，急派心腹火速先行，為國泰傳遞消息。誰知錢灃也多了個心眼，他沒有與和珅一同啟程，而是先行一步。走至半路，便遇到和珅送信的心腹。錢灃假作不識，未動聲色，等那位信使送信回來，錢灃便命人抓住此人，並搜出了國泰給和珅的回書，內雜不少暗語，意思是告訴和珅，說府庫虧空已無法填補。後來和珅到達山東，仍想敷衍了事，開庫按查時，見庫錢並不缺少，就下令「起行還往」。不料錢灃十分仔細，發現庫中之銀規格不一（庫銀五十兩一錠），便下令封庫。第二天，錢灃通知各商人，誰借錢給府庫，趕快來認領，否則一律沒收入官。結果商人紛紛前來領錢，國泰貪汙、虧空庫銀兩百萬兩的大案終於曝光，和珅愛莫能助，也只得順水推舟，查辦了國泰。除上述諸人外，和珅還把自己的老師吳省蘭、李璜、李光雲等提升為高官，拉入自己的幫黨之內。

和珅在拉幫結黨、組成親信班子的同時，對與他政見不合、疏遠他或攻擊過他的異己分子，則予極力排斥打擊，甚至置之於死地。和珅排斥打擊的頭號政敵是大學士阿桂。阿桂出身於滿洲顯貴世家，是乾隆朝軍功卓著的重臣，既得皇上倚重，也得民眾之心。阿桂是軍機首輔大臣，地位也高於和珅。二人的矛盾起始於鎮壓蘇四十三領導的回民起義。當時乾隆任命和珅為欽差大臣，偕大學士阿桂前往督師。阿桂因前事治河未畢，令和珅領兵先行。不久，部將海蘭察首戰告捷，和珅為邀功，便想乘阿桂未到前線，打個大勝仗，以博得乾隆皇帝的歡心。因此，根本不懂軍事的和珅，在大戰條件尚未成熟之際，就強令出軍攻擊起義軍，結果清軍大敗，連總兵圖欽保也歿於戰陣。和珅見事不妙，便想方設法推卸責任，謊稱海蘭察等將領不聽調遣，故而敗陣。阿桂到達前沿後，先是聽信了和珅的話，欲治罪海蘭察等人，後來，他作了進一步調查後，知道了兵敗的真正原因，便斥責了和珅，由此，二人便埋下了不和的種子。

和珅受寵後，對皇上一味逢迎，也使耿直的阿桂十分鄙視，儘管二人同在軍機執政，阿桂總是對和珅避而遠之。和珅幾次排擠打擊阿桂，都因乾隆帝的從中調和未有達到目的。因為乾隆還算一代明君，他既寵信和珅，同時又非常看重阿桂的才學能力，於是乾隆帝想了個兩全其美的辦法，在繼續委任阿桂為首輔大臣的同時，又常常把他派往京外各地去督辦諸事。如乾隆四十四年（西元一七七九年）派阿桂到儀封、蘭陽治河；同年秋，再派他去河南治河；四十九年（西元一七八四年）派阿桂鎮壓甘肅回民起義；次年，又派他勘察河南河工；五十一年（西元一七八六年）去勘清口堤工；五十二年（西元一七八七年）去督察睢州十三堡地方黃河缺口，五十三年（西元一七八八年）按湖北荊州水災……。這樣一來，阿桂雖名為首輔，卻經常不在京師，朝廷軍機大事，悉由和珅一人決斷，和珅大權在握，卻仍不滿足，處心積慮地排斥打擊阿桂，直至阿桂死去。

和珅出力排擠打擊的還有軍機大臣王傑。據說王傑頗具才學，且性情耿直，敢於直言，對和珅的所作所為非常看不順眼。一次，王傑在軍機處值班，和珅看著王傑的手說：「你的手好嫩啊。」王傑當即回諷道：「手雖嫩，卻不撈錢！」和珅聽了又羞又惱，甩袖而去。此後，和珅便處處刁難王傑，王傑無法忍受，藉口「足疾」退出了軍機處。再如，兩江總督書麟，閩浙總督覺羅長麟都因違忤和珅，先後被遣戍新疆。內閣大學士嵇璜年老持重，「遇事端謹有識」，不與和珅同流，和珅便在皇帝面前講他的壞話，因而屢遭乾隆帝的訓斥。兩廣總督朱珪，曾任皇子顒琰的老師，乾隆召他進京任大學士，和珅忌妒，暗中將顒琰給朱珪的賀詩獻給乾隆，並暗示這是收買人心，交結不正常，激起乾隆大怒，朱珪幾乎丟了性命，被降為安徽巡撫。

阿桂死後，和珅便升任軍機處首輔大臣，獨攬軍政大權，更加肆無忌憚，利用皇帝的寵幸，私自改變內閣、六部及軍機處的制度。他擅自規定軍機處人員不設具體定額，人員由軍機大臣自行選拔，也不必通知皇帝，以便於扶植親信。另外，又在軍機處上下行文中獨署己銜，改變過去大臣給皇帝的奏章直達御前的舊制，規定先向軍機處提交副本，這樣，他就把各地上奏皇帝的權力控制起來，既控制了言論，又防備了大臣對他的彈劾。尤其是各地官員給皇上的貢品，皇上收不收、收多少，都要由和珅決定。這個辦法的實行，和珅既可以培植親信，又可以從中漁利，真是一舉雙得。

和珅在朝中大權在握二十年，顯赫一時。就是和府的家奴差役，也都仗勢欺人，橫行無忌。和珅經常派出差役四處探查，探詢百姓對他的反映，「攜徒眾持兵刃為暴民間，官吏莫敢問。」一次，有幾個和珅的「鷹犬」來到博山縣酗酒滋事，被縣役抓去。知縣武虛谷升堂審問，那些人根本不把一個地方的七品官放在眼裡，仍是趾高氣揚，不但不認錯，反而出言不遜大鬧縣衙。武知縣大怒，將他們拘捕起來。和珅知道消息後，不僅放了人，還將知縣免了官。

和珅因寵而擅權，跋扈朝野，眾多朝臣大都敢怒不敢言，雖有正直之士曾奮起彈劾和珅，但終因和珅勢力強大，黨羽眾多，又有皇上當「保護傘」，所以，他們都遭致了失敗，反被和珅打擊迫害。如，有一位名叫管世銘的侍御，正直敢言，在與友人飲酒時說出要彈劾和珅的話，「是夕侍御歸邸舍遽卒」，不明不白地死了。御史曹錫寶不敢正面觸及和珅，就上書彈劾和珅的家奴劉全，揭發劉全營建的私宅比皇宮的房子還好。曹錫寶寫好奏摺後去徵求同鄉吳省欽的意見，誰知吳省欽是和珅的老師，也是和珅的同黨。吳將此事報告了和珅。和珅向劉全傳遞消息，令他連夜將房舍裝飾突出部分拆掉。待奉旨勘察到現場時，當然是什麼也未查出來。結果曹錫寶反以誣告罪被罷官，革職留任。

還有一位叫尹壯圖的雲南籍官員，於乾隆五十五年（西元一七九〇年）上奏「議罪銀」制度不合政體，指出地方督撫大員有過失應該罷斥，交幾萬兩罰銀充公，只會助長貪汙，即使清廉的官員也不得不借助屬員的資助，此後屬員貪贓，官員則不得不為之庇護。尹壯圖的意見十分中肯，擊中了時弊，但乾隆帝卻大不高興，下旨尹壯圖指實復奏。尹壯圖本是據理分析，一時拿不出證據。但他知道全國有不少地方的府庫已虧空，就再次上奏，請求朝廷派滿洲大員同往密查。和珅深知此中利害，如果查出各省府庫虧空的實情，自己掌權以來貪汙營利的罪名就會成立。於是，他急忙向皇帝推薦自己的黨羽、戶部侍郎慶成與尹壯圖同往密查。和珅的陰謀尹壯圖毫不知曉，仍被蒙在鼓裡，對慶成未做任何防備。慶成為了使各地方府庫有時間借款填充，每到一地，先「游宴數日」，各府庫乘機大做「手腳」，待到查究之時，被查諸省府庫皆未虧空，尹壯圖則最終被「下刑部治罪。」

和珅在為皇帝斂財的同時，他一刻都沒有忘記打著皇帝的招牌，貪婪地為自己撈取大量錢財。他有幾種慣用手段，一是索賄受賄。和珅受寵於乾隆皇帝，並且掌有宰相實權，地方官員升遷，和珅一句頂千鈞，所以，一般官員，都要巴結他，以重金賄賂他。一次，有位張姓官員受一巡撫派遣向和珅行賄，送上白銀二十萬兩，本想藉機見見和珅，聯絡一下「感情」，可結果不僅未見到和珅，連和府的大管家劉全都未露面，只是一個年輕的「門子」出來打發了事。

和珅主管「議罪銀」制度的實施，同時也是代奏人，那些向皇帝送銀子的人，誰不得同時向和珅送上一份呢？和珅索賄受賄的渠道多種多樣。比如，乾隆皇帝經常外出巡幸，在巡遊江南出發之前，都要由和珅奉旨籌辦各項事宜，諸如物色能工巧匠，購買名貴木材，建造龍舟，令各地疏濬水路、整修旱道，規模巨大，場面豪華。和珅行文沿途各省、撫台、衙門，令地方官抓緊時間修建行宮，迎接聖駕。各地方官深恐接駕不周，惹下大禍，便紛紛向和珅行賄，以重金買通和珅，請他從中周旋，乾隆南巡一次，和珅的腰包鼓脹一回。

和珅在承辦各項事務中，所受賄金不計其數。為了存放金銀珠寶，和府所蓋的庫房年年增加，仍是不夠用。有一年，陝西撫台派員押送賄銀二十萬兩來到和府，府上的一個內監問是什麼貨色？護送者答：「足色紋銀」，內監連看都沒看，便告之手下的人，將這些「粗貨」放入外庫。兩淮鹽政使征瑞，先後向和珅行賄白銀四十萬兩，數量之巨，駭人聽聞，而和珅卻認為極其正常。和珅索賄，官員行賄，錢來何處？一是搜刮民財，二是貪汙公款。於是，腐敗之風，瀰漫全國。

和珅斂財的第二種手段是貪汙。和珅一直掌管著各地方官員上貢給皇帝的貢品、禮物的收轉渠道。和珅即利用這一特權和便利條件，從中貪汙、剋扣貢品，歸為己有。按常規，凡大臣進貢的貢品，乾隆一般只收一兩件，所以，凡透過和珅之手送入內宮的，除一兩件外，其餘全部留在了和珅府內。不透過和珅而直接進獻的，因與皇帝的特殊關係，和珅出入宮中也可以隨手取得。比如，有個叫孫士毅的官員出使安南歸來，在宮門外等候晉見乾隆皇帝，恰巧和珅經過，便問孫帶了什麼寶物獻給皇上？孫出示了手中捏著的一件寶貝——用明珠雕成的鼻煙壺，大如雀卵。和珅眼饞得很，便愛不釋手地對孫說：「送我如何？」孫面露難色，趕忙解釋道：「我已奏知皇上了，不便相送」。和珅冷笑一聲，沒再說什麼，拂袖而去。過了幾天，和珅又碰到了孫士毅，和珅主動上前，對孫說道：「我也得了個鼻煙壺，只不知比你那個怎麼樣？」孫上前仔細一瞧，和珅手中所拿正是前幾天自己進貢給皇上的那件。

和珅經常把大臣們及外地官員貢給皇帝的貢品中上等品扣下，留給自己，而把次等的獻給乾隆皇帝，可謂膽大包天。他家的珍珠寶石比皇宮裡的個兒還大，質還好，量還多。一次，乾隆帝的七皇子不慎在皇宮玩耍時打破了父皇的一件心愛碧玉盤。他怕父皇怪罪，就跑來找和珅幫忙。和珅開始不管，七皇子趕忙送上一串名貴珍珠，和珅才從家裡拿來一個碧玉盤給他。皇子一看，這個碧玉盤比打碎的那個要貴重好幾倍。此外，和珅還大量貪汙他主管的修建各種大工程的用款，數額巨大，難以計數。

和珅還利用寵信及職權，大肆兼併占用土地，和珅將土地租給貧苦農民，自己從中收取地租田賦。和珅手中有餘錢，還大放高利貸，以牟取暴利。據薛福成《庸庵筆記》記載，和珅家有當鋪七十五處，「通州、薊州當鋪，資本十餘萬，與民爭利」，是絕對有根據的。

乾隆執政後期，好大喜功，自稱「十全老人」，性喜巡遊，倦於政事，而和珅則處處逢迎，深得皇帝歡心和寵幸，和珅總攬朝政，貪婪成性，身為皇子的顒琰（後來的嘉慶皇帝），早就對和珅的所作所為氣憤和不滿。但鑑於父皇的權威，他也是敢怒不敢言，只好忍著。

乾隆六十年（西元一七九五年），在皇位六十年的乾隆帝已是八十五歲的老翁了。乾隆帝當年登基稱帝時，曾發下誓願，如果自己的皇位滿一甲子（六十年），就傳給皇子，絕不超過自己的祖父康熙皇帝六十一年的在位時間。一天，他召集和珅及諸大臣商議立太子準備讓位的事。和珅一聽乾隆要退位，就難保住自己的權位和寵信，乾隆一旦讓位於新皇帝，自己的地位很可能不穩，甚至完蛋。於是，他上前奏道：「我國歷史上帝堯活到一百歲，在位七十三年才傳位于舜。聖上龍體康泰，精力充沛，再在位一二十年傳與皇子，也不算遲，何必急於議論此事呢？」乾隆講了他的心意，和珅也再無話可說。乾隆命人從「正大光明」匾後取來立儲密匣，裡面有一幅御筆親書的絹條：「傳位十五皇子顒琰」。隨後，詔令草擬詔書，待九月三日正式宣布退位及立皇太子。

和珅平時並未將十五皇子顒琰放在眼裡，這回已知立顒琰為皇儲，和珅便於九月二日送給未來新皇帝一對金玉如意，以討其歡心。顒琰不為其所動，但此時仍不露聲色，他要待時機成熟後，再行一舉剷除之。

次年元旦，乾隆皇帝正式退位，讓位於皇子顒琰。顒琰即位，改元嘉慶。然而，退位為太上皇的乾隆皇帝仍不願放權，他在《上諭》中稱：「歸政後，凡遇軍國大事，及用人行政諸大端，豈能置之不問，仍當躬親指教。」然而，乾隆帝年歲已高，繼續執政已力不從心，於是，他更加依靠豢養了二十多年的寵臣和珅，和珅成了乾隆的「代言人」，根本不把新皇帝嘉慶帝放在眼裡。和珅派自己的黨羽吳省蘭為嘉慶帝的侍讀，實際是他派到嘉慶帝身邊的耳目，以監視嘉慶帝的言行。他還把嘉慶帝原來的師傅、兩廣總督兼左都御史朱珪降為安徽巡撫，以削弱嘉慶帝的勢力。所有這些，嘉慶帝看在眼裡，記在心上，卻隱忍不發，並處處表現出與和珅無爭的樣子。即便有人彈劾和珅「越權」時，嘉慶帝反而卻說：「朕正依靠和相公處理大事呢。」嘉慶帝的韜晦之計，的確麻痺了和珅，使狡黠的和珅放鬆了警惕。

嘉慶四年（西元一七九九年）正月初三日，太上皇乾隆病逝。隨即，親政了的嘉慶皇帝便以迅雷不及掩耳之勢，向他父親的寵臣和珅舉起了屠刀。正月初四，嘉慶帝下令褫奪和珅軍機大臣、九門提督的官職，令其為乾隆守靈，不得擅離。正月初五，大臣王念孫、劉墉等上疏彈劾和珅。正月初八，嘉慶帝下令逮捕和珅。旨諭云：「和珅欺罔擅專，罪情重大，著即革職，鎖交刑部嚴訊。」同時，派大臣查抄和珅家產。正月十一，宣布和珅二十條大罪。正月十七日，宣布查抄和珅家產，一共一百零九個項目。

在查抄和珅家產的清單中，有房屋兩千餘間，田地八千餘頃，銀號四十二家，當鋪七十五家，古玩鋪十五家。有珍珠一百七十九掛，東珠八百九十四粒，紅寶石頂子七十三個，翡翠翎管八百三十五個，奇楠香朝珠六百九十八掛。有赤金大碗五十對，金銀元寶各一千個，赤金四百八十萬兩，沙金兩百餘萬兩，白銀九百四十萬兩，洋錢五萬八千元，貂皮一千五百零二件，雜皮一千兩百四十三件。查抄的和珅全部家產估算，共和白銀八到十億兩之巨。當時清政府年總收入為七千萬兩白銀，和珅當政二十年，其家產比清廷十年的總收入還要多。就連和珅的家奴也都成了巨富。如大管家劉全被沒收的家產折合二十萬兩白銀；和府太監呼什圖籍沒家產也有十餘萬兩銀子之多。在查抄中人們發現，和珅家裡妻妾眾多，美女孌童、豔婢俊僕、侍衛太監等，不少於皇宮；和家的房屋華麗得像圓明園。他在河北冀州修的墳塋，有正殿五間，東西配殿各五間，外牆周長兩百丈，大門稱宮門，牆外房屋兩百餘間，稱為「和陵」。

和珅罪惡昭彰，十惡不赦，靠著皇寵和手中的權力，大批的民脂民膏流進了和珅的口袋中。在嘉慶帝公布了和珅的二十條大罪之後，朝臣們紛紛要求處斬和珅。但在和珅兒媳、嘉慶帝的妹妹、和孝公主的哀求下，嘉慶皇帝「不忍令肆市，著即賜自盡。」

正月十八，和珅被賜死時，面對白練一條，寫下一首絕命詩：「五十年來幻夢真，今朝撒手謝紅塵。他時水泛含龍日，認取香煙是後身。」

和珅死後，屍體被草草埋葬於薊州劉村。

和珅本是大清朝顯赫一時的朝臣，也是中國歷史上以權謀私的典型人物。他的一生成功也好，失敗也罷，無不打著時代的烙印，濃縮著封建制度的種種弊政。凡為官者，多數為貪，但貪到和珅這種程度者實在是極少。和珅恃寵弄權，得意忘形，最終送了性命，而錢財、權勢則生不帶來，死不帶去，實乃令人慨嘆。只是歷代掌權者貪風不絕於世，確是留給後人的一大啟示：為貪者戒之！蒼天在上，手莫伸，伸手必被捉！

梳頭太監 得寵終生

西元一八四〇年，爆發了中英鴉片戰爭，西方列強用堅船利炮敲開了古老中國的大門，從此，中國便走上了半殖民地半封建化道路，腐敗、反動的清政府也成了帝國主義的走狗與幫兇。西元一八六一年，咸豐皇帝病逝，他的妻子、清朝末年守舊勢力的代表、剿殺維新派的兇手那拉氏慈禧太后便開始了長達近半個世紀的垂簾聽政生涯。此間，在慈禧太后的身邊有一位頗受她寵信、對她關懷備至、體貼入微的閹宦，此人名叫李蓮英。

李蓮英，原名李英泰，字靈傑，入宮後賜名「連英」，後被誤寫為蓮英。清朝道光二十八年（西元一八四八年）十月十七日出生於直隸河間府大城縣李家村。李蓮英家境貧寒，兄弟五人，他行二。由於父母早亡，無人管教，李蓮英從小就偷雞摸狗，是當地有名的無賴。稍大之後，更不務正業，被人拉入販私團夥，幹起了販賣硝磺的買賣。在一次販運過程中，被人舉報，李蓮英遭刑拘，被抓進了本縣監獄。出獄後，他無以為生計，便跟人學習縫製皮鞋。因此，綽號「皮硝李」便代替了他的原名「李英泰」。

做皮鞋的活兒又髒又累，收入也不豐厚。李蓮英剛幹了兩年，就又開始「跳槽」，想擺脫清貧，找一份既不用辛勤勞作，又能吃香喝辣的美差事。明清京郊直隸一帶是盛產太監的地方。李蓮英有位同鄉叫沈蘭玉，當時就在北京皇宮慈禧太后身邊當太監。李蓮英聽說沈蘭玉在宮中養尊處優，生活很好，很是羨慕。「對！進宮當太監去！」李蓮英想到這兒，便隻身來到北京城，託人找到了沈蘭玉的住處。在李蓮英的一再懇求下，沈蘭玉念及同鄉之情，便引導他先淨了身，然後推薦他進了皇宮，在慈禧太后的梳頭房做了一名小太監。

梳頭房裡有許多太監，各有分工，並不是每個人都能有幸為太后梳頭，尤其是剛入宮的小太監。當時，梳頭房裡的太監地位比較低。李蓮英不甘心就這麼默默無聞地在梳頭房待上一輩子。他常常冥思苦想，怎樣才能博得太后的寵愛，以便出人頭地呢？

之後機會終於來了。慈禧太后非常愛美，一直刻意追求穿著打扮，尤其特別鍾愛自己的一頭烏髮，經常喜歡變換著做成各種新奇的髮型。最近，她聽說京城又在流行一種新髮式，她就命令為她梳頭的太監照這種新髮式為她梳頭。梳頭太監按慈禧的描繪，梳了一遍又一遍，可慈禧一照鏡子，覺得離自己想像的式樣差得太遠。於是，再換一個太監。可這位太監左梳右梳，仍是不合慈禧的心意。一連換了幾個太監，誰也沒能梳成慈禧要求的那種髮型。

慈禧為梳不成新髮式而大不高興，主管太監也為此事而憂心忡忡。某一日，沈蘭玉偶然在太監們休息的「闥闥房」裡談及此事。說者無意，聽者有心，李蓮英靈機一動，立即感到他出人頭地的機會來了。此後，每有閒暇，李蓮英便偷偷喬裝溜出皇宮，到大街上觀看婦女們的髮型。李蓮英是流氓出身，曾常常去妓院狎妓。以他的親身體會，妓女們的髮型一般來說是最新潮的。於是，李蓮英就跑遍了京城各大有名的妓院，仔細觀察妓女們的新型髮式，然後銘記在心。回到住處，再回味揣摩，苦苦練習，幾天之後，李蓮英終於學會了做這種新式髮型。

李蓮英非常興奮，急忙去找同鄉沈蘭玉，並偷偷送了禮，然後便央求沈蘭玉推薦他去給慈禧太后梳頭，做新髮型。沈蘭玉等人這些天正在為太后的髮式而犯愁。聽李蓮英說他會梳這種髮式，沈蘭玉當然高興，立即帶他去見慈禧太后。走在去後宮的路上，李蓮英的心「咚、咚」跳個不停，他默默地為自己祈禱：願神靈保佑，此去一舉成功！因為他知道，自己後半生能否飛黃騰達，就全憑這次梳頭了！

來到慈禧寢宮，李蓮英便使出全身解數，按照自己從妓女頭上學來的最新流行髮型式樣，精心地為慈禧梳成了一個最新髮型。慈禧太后妝成之後，對著大鏡子左顧右盼，仔細觀瞧，看著那從未見過的新髮式，不由得心花怒放，幾天來因髮式不如意而籠罩在心頭上的陰雲，一掃而光。慈禧太后立即賞了李蓮英，便指定要李蓮英以後專為她梳頭。李蓮英由此便開始受到慈禧太后的格外恩寵，發跡起來了，也為他日後當上太監總管，權傾朝野，奠定了基礎。

李蓮英當上了梳頭太監之後，為進一步得到慈禧太后的寵愛，格外注重察言觀色，不久便摸透了慈禧太后的全部好惡。所以，在日常服侍太后生活的過程中，凡事未等慈禧開口，李蓮英已經早就準備妥當了，因此，慈禧太后便對他更加寵幸，甚至一刻也離不開他了。

李蓮英突然受寵，一下子成了慈禧太后身邊的紅人，致使不少與李蓮英同時入宮甚至比他早入宮的太監們的嫉妒，不少人還不失時機地在太后面前進讒，說李蓮英的壞話。然而，這些人在服侍慈禧日常生活方面，卻誰也比不上李蓮英。太監們輪流休假，每當李蓮英休假，由別的太監代他值班時，沒有一個不挨慈禧太后斥罵，因為這些人誰也不如李蓮英對慈禧的好惡揣摩得那麼準。太監們挨了慈禧的打罵，只好哀求李蓮英不要再休假。那些經常背地進讒者，後來也不敢在太后面前對李蓮英說三道四了。

李蓮英很聰明，他知道要想在寵位上站穩腳跟，還要在其他方面討慈禧太后的歡心。所以，在處處小心謹慎的情況下，他挖空心思尋找討慈禧高興的機會。慈禧的寢宮離太監們值班的房間比較近，有時慈禧高興了會過來坐一坐，與太監們話家常。這本是一件極平常的小事，其他太監誰也沒因此而聯想過什麼。可李蓮英卻眼珠一轉，想到要借此來進一步與太后聯絡感情，再博太后的歡心。太監值班房內共有十把座椅，慈禧每次所坐，並不固定。李蓮英留心觀察，慈禧每次來過之後，他就把慈禧坐過的椅子用黃緞布精心地包上。在中國古代，黃色是皇帝和皇后專用的顏色，其他人一律不准使用。這些椅子一經李蓮英用黃緞布包上，其他人就再也不敢坐了。時間不長，慈禧先後坐過的八把椅子，全被李蓮英蒙上了黃緞子，十分醒目。後來慈禧知道了此事，對李蓮英的忠心、細心大加讚賞，也就更加另眼看待他了。

李蓮英還處處投慈禧之所好，以便進一步邀寵。慈禧喜歡化妝成各種佛教傳說中的人物拍照片。比如，慈禧要扮成觀音大士，頭戴毗羅帽，外加五佛冠，左手持淨水瓶，右手執柳枝，站在盛開的荷花叢前。李蓮英則身著戲裝，頭戴武士帽，雙手合十，兩臂肘上捧著金剛杵，裝扮成護法神韋馱天尊。

李蓮英受寵之後，尤其是當了總管太監，地位上升，腰包也就鼓了起來。他在北京城內已修建了豪華的府宅。為了炫耀自己，還在府宅大門上掛一塊「總管李寓」的橫匾。一次，李蓮英陪慈禧到恭親王奕訢家去，恰好從李蓮英府宅門前經過。慈禧一眼便看見了大門上的「總管李寓」四字，並側過臉連瞧了好幾眼。慈禧當時雖沒說什麼，但這個小動作卻被狡猾的李蓮英看見了。到了恭親王府，慈禧剛一落座，李蓮英便找個藉口向慈禧請一會兒假。慈禧同意後，李蓮英飛快奔回家中，趕快命人將大門上的「總管李寓」之匾摘下來。然後又一陣風似的趕回恭親王府，跪在慈禧身邊稟道：「奴才在宮中當差，總也不回家，那些家人不懂規矩，竟然在奴才的大門上掛了『總管李寓』幾個字，時才被奴才發現了，立刻請假回家，把字摘了，並把那個混帳的家人打了一頓板子，送交內務府嚴辦，以儆倣尤！」慈禧聽了，哈哈大笑，誇讚道：「小李子，既然你已經處理了，就不必再交內務府了！」李蓮英為討慈禧歡心，謹小慎微，由此可見一斑。

慈禧太后篤信佛教，每年她過生日那天，都要舉行「放生」儀式，以祈積累「陰功」，長命百歲。這一年，慈禧太后六十歲生日快要到了。李蓮英認為這又是一次討好太后、表現自己的大好時機。慈禧每年生日「放生」，基本都是在頤和園放鳥和魚。於是，李蓮英便在鳥和魚的身上打上了主意。

事先，他命人買了許多鳥，偷偷地進行「訓練」。最後，直到把鳥訓練得能在打開籠子後，在天空中飛上一圈，然後再自動回到籠中。慈禧太后六十歲生日到了。這一天，慈禧在眾人的陪同下，首先來到了頤和園的佛香閣下，只見在「雲輝玉宇」牌樓下邊的地上，擺著一溜鳥籠子，籠子裡關著各式各樣的小鳥，嘰嘰喳喳，啪搭啪搭，惹人喜歡。時至正午，李蓮英恭恭敬敬地請慈禧太后「放生」。慈禧太后在一位宮女的攙扶下，逐一將鳥籠子打開。剎那間，百鳥騰空，紛紛飛走。慈禧太后放空了地上擺著的所有鳥籠，李蓮英吩咐小太監又搬來一批鳥籠，慈禧太后再從頭「放生」一次。就這樣，慈禧一連「放生」數次，所有的鳥兒都飛走了。

這時，只見李蓮英一揮手，又有幾個小太監拎來幾隻鳥籠子，一字排開。這些便是經過李蓮英「訓練」過的鳥。慈禧太后照例打開籠門，鳥兒們拍動翅膀，飛上天空。這些鳥兒在空中飛了一圈後又紛紛飛回各自的籠中。慈禧太后很納悶，就回過頭來問李蓮英：「小李子，這些鳥兒怎麼不飛走哇？」李蓮英趕緊跪下磕頭，並回道：「喳！奴才回老佛爺的話，這是老佛爺慈悲之心所致，這些鳥兒對老佛爺感恩戴德，才不忍心飛走，這也是老佛爺上承天意，下順民心所致，是吉祥佳瑞之兆，老佛爺定然萬壽無疆！」伶牙俐齒的李蓮英一番阿諛吹捧，只聽得慈禧身旁的許多人臉上都露出了不

為寵廝殺

易察覺的訕笑，就連慈禧太后自己也感覺到吹捧得有些「肉麻」。她猜測這些鳥是李蓮英事先調教過的。慈禧怕周圍的人恥笑她昏庸無知，於是，把臉一沉，對李蓮英大聲訓斥道：「膽大的奴才，竟敢在我壽誕之日，把馴熟了的鳥拿來讓我放生。你如此這般，是想騙取賞銀，還是存心愚弄我？」

慈禧突然發怒，使本來歡樂的氣氛一下子變得緊張起來。隨行的大臣、太監和宮女們個個斂息屏氣，面面相覷。李蓮英似乎預料到會有這麼個結果，所以，他才做了兩手準備。他絲毫沒有緊張和害怕，他給慈禧磕了兩個頭，然後從從容容地回答道：「奴才萬萬不敢愚弄老佛爺，的的確確是老佛爺洪福齊天，上天才降下吉祥。如果是奴才欺騙老佛爺，就請老佛爺以犯上之罪處死奴才。不過，在老佛爺降罪之前，奴才還有個大膽的請求。」慈禧太后鐵青著臉，沒好氣地說道：「說吧！你這奴才還有什麼請求？」李蓮英向前跪爬了兩步，再磕一個響頭，才說道：「老佛爺放生的盛典還沒有進行完畢，湖畔尚有百桶金色大鯉魚，等待老佛爺放生。自古以來，有訓練鳥的，可是還沒有聽說能訓練魚的。奴才懇請老佛爺放魚，以測天意。奴才即或能訓練鳥兒可斷不能訓練魚兒呀！放生鯉魚之後，老佛爺再降罪不遲。」

慈禧想想，李蓮英的話也在理，便在眾人的簇擁下，越過牌樓，來到昆明湖畔。只見沿湖石階之上有著數百個大桶，桶內的大鯉魚，金翅金鱗，活蹦亂跳。慈禧太后走到其中一個桶前，輕輕用手扶了一下桶幫，說了句：「放！」小太監們便一擁而上，把一百桶大鯉魚全都放到昆明湖中去了。岸上的人們都瞪大了眼睛，盯著水中的那些大鯉魚。說也奇怪，那些金紅色的大鯉魚剛往湖中游了一段後，又都紛紛掉過頭來，游向岸邊，並齊刷刷地排成一個大橫排，停在湖邊的石階下，魚頭朝向岸上的慈禧，尾巴微微擺動，好似在朝拜一般。岸上眾人，包括慈禧太后在內，一時都看呆了。

這就是李蓮英為討好慈禧太后而留的「第二手」。此間奧祕，只有李蓮英的幾個心腹知道。李蓮英為策劃此舉，可謂是機關算盡，絞盡了腦汁。原來，李蓮英事先密令幾個心腹小太監買來許多魚蟲，裝進一些小紗布口袋裡，然後再把這些小紗布袋用線固定在湖邊石頭台階下邊的水中。紗布網眼比較大，魚蟲可以從網眼中慢慢游出來。於是，台階下邊的水中，便集中了一大片魚蟲。當鯉魚被放進水中後，發現湖邊台階下有許多魚蟲，必然會游過來吃魚蟲，從而自然排成一列，乍看去，真像「朝拜」一般，其實是在那裡覓食。

李蓮英的這一招確實奏效。慈禧太后的臉立刻「由陰轉晴」，並露出了笑容。這時，滿面春風的李蓮英，不失時機地急步走到慈禧面前，雙膝跪倒，高聲奏道：「啟奏老佛爺，上天有眼，老佛爺洪福齊天，愛民如子。今日是老佛爺的六十壽誕，天降吉祥，放鳥，鳥不飛走；放魚，魚不游去，這是有目共睹的吉祥瑞兆，哪裡是奴才指使的呀？這是天意呀！若說奴才愚弄老佛爺，奴才萬萬不敢，若說今天奴才要討賞銀，卻是討定了。老佛爺萬壽無疆！」說完，李蓮英又連磕三個響頭，手舞足蹈地仍不肯站起來。眾大臣和太監、宮女們也都不知其中奧祕，也認為是天意所為，便一齊跪下，三呼「萬歲」！這回慈禧老太太可高興壞了，眼睛笑得眯成了一條縫，有了騰雲駕霧的感覺。她當時一激動，便當眾把自己脖子上戴的一串朝珠取下來，親自給李蓮英戴上。

李蓮英為了邀寵、固寵，除了耍手腕、吹捧阿諛之外，還時時注意宮廷中的政治動向，抓緊一切機會，在政治上投靠慈禧，甘當慈禧的心腹和走狗。早在咸豐皇帝在世時，咸豐帝曾與大臣肅順背後議論，擔心自己死後，慈禧可能會母以子貴，干預朝政。咸豐還把慈禧與漢武帝時的鉤弋夫人進行了比喻，言外之意，是對慈禧頗不放心，暗示想把她處置了。李蓮英碰巧那天在宮中當班，在暗中無意聽到了咸豐皇帝的這番話，李蓮英為了取得慈禧的信任和寵幸，連夜從狗洞中爬出皇宮，溜到慈禧的妹夫醇親王奕的家中，把他偷聽到的咸豐皇帝的話一字不漏地告訴了奕夫婦。慈禧的妹妹聽了，非常

為寵廝殺

害怕，徹夜未眠。第二天一大早就趕入宮中，與姐姐慈禧研究對策。隨後，慈禧的妹妹便領著年幼的外甥、皇太子載淳去給咸豐皇帝請安，藉機替慈禧說了不少好話，並以帝后之情和父子之情打動咸豐皇帝的心，從中斡旋、排解。從而暫時打消了咸豐皇帝要廢黜慈禧的念頭。李蓮英由於這次告密有功，被慈禧視若心腹。

李蓮英靠各種手段取媚於慈禧，同時也贏得了慈禧的寵信。慈禧喜歡看戲，每次都讓李蓮英坐在她身邊。慈禧在用膳時，碰到有可口菜餚，寧肯自己少吃，也要留給李蓮英。如果有李蓮英喜愛吃的飯菜時，乾脆一口不動，讓小太監送去給李蓮英。李蓮英四十歲生日，慈禧按賞賜總督、巡撫大員的規格，賞賜給李蓮英大量的蟒緞，還親筆寫了「福」、「壽」字，送給李蓮英。

李蓮英使用各種辦法討得了慈禧太后的至高寵幸，同時，慈禧太后也得到了李蓮英更加無微不至的關懷與照顧。比如，慈禧太后生了病，李蓮英親自為她熬煎湯藥，端到床前，一匙一匙地餵。並且幾天幾夜衣不解帶，服侍在慈禧的病床前。當慈禧心情稍好時，李蓮英便發揮自己善講故事、出口幽默的特長，為慈禧講笑話，為她消愁解悶。當慈禧病痛發作時，李蓮英則「割股灼艾，以分其痛。」後來，慈禧逢人便講「李蓮英有孝子之心，非常人所能比。」

庚子八國聯軍攻入北京，慈禧等人倉皇西逃。由於道途比較艱辛，李蓮英時常置自己的冷暖而不顧，更加盡心盡力地照顧安排好慈禧的飲食起居。一日，車駕途經山西某阪道時，因路面不平，慈禧太后乘坐的馬車突然向一側傾斜，眼看慈禧太后就要從車中摔下來。說時遲，那時快，李蓮英急步衝上前去，用肩抵住車幫，才使慈禧太后轉危為安。而李蓮英卻因用力過猛，傷及腰肋，口吐數口鮮血。李蓮英養傷時，慈禧太后經常至榻前撫慰，並說要厚賞他。李蓮英則流著眼淚說：「這是奴才應盡的職責，談不上什麼功勞。老佛爺能逢吉康安，奴才就是死了也不後悔。」

李蓮英在向慈禧太后邀寵、討好的同時，當然也沒有忘記在位的光緒皇帝。因為他害怕有朝一日太后結束垂簾聽政，還政於光緒，會對自己的前途不利，所以，他便想方設法去巴結光緒皇帝。思來想去，李蓮英便在自己年輕貌美的妹妹身上打開了主意。他要把自己的妹妹送進後宮，給光緒當妃子，以取得接近皇帝的捷徑。可光緒皇帝對李蓮英的媚態一直很反感。所以，他對李蓮英的妹妹根本不感興趣，未予理睬，更談不上納為妃嬪了。李蓮英見沒拍成光緒皇帝的馬屁，便回過頭來，繼續巴結慈禧太后，把妹妹送到慈禧宮中，去陪侍慈禧太后。李蓮英的妹妹果不負其兄的厚望，沒幾天，便得到了慈禧太后的寵愛，有時連吃飯都讓她作陪，並親暱地稱她為「大姑娘」，這位李大姑娘有了慈禧的寵愛，身價倍增，不少皇親見了她都要以禮相待，而那些為了討好慈禧太后的官員們，則爭相讓自己的眷屬去巴結李大姑娘。

本已得寵的李蓮英，如今又有妹妹的幫助，更是紅上加紫，威焰灼人，滿朝文武，均未放在他的眼裡。如有哪位大臣對他有輕蔑之舉，他便伺機進行報復。比如，李鴻章由直隸總督入朝為首輔大臣，自以為功高爵顯，便瞧不起同僚，對太監李蓮英當然也不會高看一眼。李蓮英對李鴻章瞧不起他很生氣，便想找茬戲弄他一下。一天，李蓮英見到李鴻章，對他說：「老佛爺要維修頤和園，但國庫又拿不出多少錢來，公為國家重臣，何不出點錢，為眾臣起個帶頭作用？」李鴻章當然願意討好慈禧太后，聽李蓮英這麼一說，連連點頭稱是。李蓮英又說：「這樣吧，我先讓人領您到頤和園看看，查看一下應該修的地方，將來出錢多少也好有個譜兒。」李鴻章認為李蓮英說得在理，便跟著一名小太監進入了頤和園。清代頤和園是皇家園林，屬於禁地，沒有詔旨，王公大臣也不准私自入內。那邊李鴻章剛一進園，這邊李蓮英便馬上上奏光緒皇帝，說李鴻章無詔旨擅入禁地，不知何意？光緒皇帝大怒，便下詔將李鴻章交部議處。李鴻章知是受了李蓮英的捉弄，但也是啞巴吃黃連，有苦說不出，白白受了一次窩囊氣。

李蓮英對那些他看不起的官員，還經常使用地痞流氓們慣用的手法，極盡汙辱之能事。一次，李蓮英閒著沒事，來到了儀鸞殿旁的一間大臣休息室喝茶聊天。隔著玻璃窗，李蓮英見大學士福錕朝屋門走來。李蓮英急忙往口中含了一大口碎茶葉，站在門裡。當福錕剛一推簾邁腳進門檻時，李蓮英假裝沒看見，將口中的茶沫猛然向門外吐出，恰好全都吐在了福錕的臉上。福錕準備要罵人時，一抬頭發現是李總管，只好忍住怒意。李蓮英卻故意笑著說：「實在抱歉，不知中堂到此。」福錕用手擦了擦臉，憤憤而去。

李蓮英仗著自己受寵於慈禧太后，以至到後來連光緒皇帝都不屑一顧了。這其中除了光緒皇帝有位無權及未納他妹妹為妃之外，還因為一件小事，使李蓮英開始結怨於光緒皇帝。事情的經過是這樣的：慈禧太后喜愛聽戲，李蓮英為投太后所好，博其歡心，便拜梨園京劇演員為師，學唱京劇。李蓮英天賦較好，後來竟能在不少劇目中串演不同角色，如老生、老旦、黑頭等，尤其是擅演黑頭，惟妙惟肖。一次，慈禧太后與光緒皇帝一同在皇宮閱是樓西明間觀看京劇《黃金台》，李蓮英在劇中反串田單。該劇有一處劇情是田單查夜猝見太子，驚慌失措，踢飛了燈籠。台上的李蓮英因用力過猛，致使一道具燈籠被踢下舞台，落到觀眾席上，並恰巧擊中了光緒皇帝的前額。光緒皇帝大怒，詔令將李蓮英打四十板子。李蓮英這回可真害怕了，趕忙跪哭，請慈禧太后為他求情。慈禧心疼李蓮英，便對光緒皇帝說：「小李子也不是故意的，四十板子就免了吧！」太后的話，光緒皇帝不敢不聽。李蓮英儘管沒挨到板子，但從此卻對光緒皇帝心懷不滿。因為李蓮英也清楚，朝廷大權仍握在慈禧太后手裡，光緒皇帝不過徒有虛名罷了。因此，李蓮英一遇機會就在慈禧太后面前進讒，說光緒皇帝如何不尊重太后，挑撥太后與皇帝之間的關係。以致後來光緒皇帝主張維新變法時，李蓮英始終站在守舊的慈禧太后一邊，攻擊新法不可行，反對維新變法。

李蓮英因有慈禧的寵愛，有慈禧太后這個最大的保護傘，便在朝廷內外營私舞弊，貪汙受賄，窮奢極欲。李蓮英在有清一代太監中是向上爬得最快也最高的一個。同治六年（西元一八六七年），李蓮英十九歲，即被封為太監二總管。同治八年（西元一八六九年），太監安德海被殺，二十一歲的李蓮英即晉陞為太監大總管。正如《李蓮英墓葬碑文》中所記的那樣：「此掖廷人破格之舉，自開國以來未有若是之光榮者也。」慈禧太后還不顧祖制，親賜李蓮英二品頂戴，貴穿黃馬褂。從此，李蓮英權傾朝野，炙手可熱。

慈禧還不顧輿論反對，居然於光緒十二年（西元一八八六年）親派李蓮英以監軍的身分，與醇親王奕、北洋大臣李鴻章一起去視察北洋海軍。是年九月，李蓮英隨奕、李鴻章檢閱了旅順、威海衛、煙台等處砲臺及水陸操練。這就開創了有清以來太監干政的惡劣先例。清朝祖制，太監干政是要犯死罪的，安德海已成前車之鑑。李蓮英自知有太后撐腰，但也不是無所顧忌。所以，此次出巡，李蓮英極為謹慎，一改往日在宮中的那種跋扈神態，唯唯諾諾，出行之前，他特地把二品頂戴改成了四品頂戴，因為清朝祖制規定太監最高不過四品。到了船上，他不敢去住專為他準備的僅次於七王爺的豪華客艙，而是主動要求住在七王爺的套間裡。同時，他不與任何官員接觸，平時只在奕身邊站班侍候，低眉斂目，不置一詞，自言是太后派來伺候七王爺的。晚上，還親自動手給七王爺奕洗腳。就這樣，檢閱歸來，李蓮英不僅未遭彈劾獲罪，反而博得了奕的好感。李蓮英在各方面謹慎圓滑，也是他終生受寵，未遭厄運的一大訣竅。

李蓮英在慈禧的恩寵下，還大肆斂財，收受賄賂。李蓮英首先是夥同慈禧賣官鬻爵，從中剋扣貪汙。「一任清知府，十萬雪花銀」。花錢買官者大都要走李蓮英的「後門」，先送上一筆賄金，然後才能買到官位。於是乎，白花花的銀子，便流進了李蓮英的腰包。及至八國聯軍攻入京師，慈禧一行逃往西安時，李蓮英仍未忘記串通慈禧太后，以「國難」初期，廉價賣官，一個道台的「價格」只在一萬兩銀子，而李蓮英索賄的銀子，也並不比這個數少多少。平時，李蓮英更是肆無忌憚地向地方官員敲詐勒索了。因為許多地方官為了升遷晉職，都要孝敬老佛爺慈禧太后，而李蓮英又是慈禧的大紅人，那些人自然要先買通李蓮英了。比如，在慈禧太后慶祝六十壽辰時，全國各地的大員們，爭相恭送壽禮，以博慈禧太后好感。這些人因遠離京師，不知「行情」，便紛紛向李蓮英送禮，以打聽各種消息，諮詢主意。李蓮英由此又大大地發了一筆橫財。

李蓮英詭計多端，斂財亦是如此。有一位官員要為慈禧太后送禮，便從洋商手裡買來一台自鳴鐘。該鐘在打點時，鐘上的閣樓中就出來一個小機器人，手中捧著一個條幅，上面寫著「萬壽無疆」四個字。報完時之後，小機器人會自動捲起條幅，退回閣樓。但那位官員不知道這個做工精巧的鐘能否得到慈禧太后的歡心，就去向李蓮英詢問。李蓮英一看，不由得暗暗高興，覺得發橫財的機會又到了。於是，他裝出一副很關心的樣子對那個大臣說：「這小鐘倒是挺討人喜歡的，不過，萬一那機器小人失靈了怎麼辦？如果那條幅展開只露出三個字，成了『萬壽無』而缺個『疆』字，老人家，您這頂戴花翎和身家性命不都玩完了嗎？您說是不？」那位官員聽了，嚇出了一身冷汗，十分感激李蓮英的指點，急急忙忙去退了貨，張羅著買別的禮品去了。隨後，李蓮英又使人故意在洋商住處附近把他所說的一番話傳播開來，這下子洋商可倒了楣，這座造工精美、價格昂貴的機器鐘，再也沒人買了。這時，李蓮英派人到洋商那裡，用非常低廉的價格把這座鐘買到了手。然後，他找一手巧的工匠，把小機器人手中條幅上的字改寫成四個「壽」字，每一個「壽」字用一種字體，這樣，即便機械發生故障，條幅上只有「壽」字，再不必擔心出現「萬壽無」這樣的不吉字句了。最後，李蓮英又把那位官員找來，用高價把座鐘賣給了他。那官員一則為討慈禧歡心，二怕得罪李蓮英，明知李蓮英在其中搗了鬼，也只好再花冤枉錢買下了這座鐘。李蓮英略施小計，就大大地撈了一把。

李蓮英對那些想透過他陞官的人，只要對方肯出大價錢，一律會設法授以高官顯位。比如孫毓文，就是因為甘心賣身投靠李蓮英，不顧人們的恥笑，送了厚禮，並結拜為異姓兄弟，才榮升為軍機大臣的。當然，由於李蓮英做事比較謹慎，有時索賄受賄並不明目張膽，而是採取比較隱蔽的手法，以遮人耳目。比如，曾有一位姓關的地方官（道台），很有錢，便來到北京城，想花錢弄個高官。但苦於送禮無門。於是有人給他出主意說：「如今若想陞遷，只有走李總管的門路。」可他又聽說那李總管的門並不容易進。怎麼辦呢？關道台正在發愁之際，恰巧在京為官的一位朋友來館驛看他。寒暄過後，那位朋友便邀他去游白雲觀。關道台正在為找不到送禮弄官門路而發愁，雖無心思遊玩，但礙於朋友盛情邀請，也只得隨朋友上了車，來到了白雲觀。進了觀門，有一位鶴髮童顏的老道士迎接了他們，並以「流霞酒」和「青精飯」招待他們。朋友向老道士詢問觀中近況，老道士告訴他：「最近幾天一直很忙，剛才宮中李總管來此誦經，明日太后還要駕臨進香，所有人等正忙著準備接駕呢。」一旁的關道台聽說李蓮英曾來此誦經，便向道士詢問他多長時間來一次？道士看了關道台一眼，並沒有回答。

飯後，關道台與朋友到院中樹蔭下乘涼，關道台便乘機將他此行來京的目的及要賄走李蓮英的「後門」之事向朋友講述了一遍。朋友想了想說：「我與道士雖很熟，但李蓮英卻不容易接近，我即便求道士幫忙，成功的可能性也不大。」關道台說：「我此次進京，前後花費已不少。如果此次能成功，對您我當另有厚報。」於是，朋友便求道士為之通融。他們相約明日具體詳談。

第二天，關道台雖早早就到了白雲觀門口，但因當天有慈禧太后駕臨，白雲觀戒嚴，閒雜人等一律迴避，不得入內，闞道台自然是沒見到老道士。第三天，老道士出觀辦事，闞道台又白跑了一趟。一直等到第四天，闞道台與朋友再一次來到白雲觀，才見到了老道士。老道士將闞道台迎入一房內，經過一番討價還價，最後以四十萬兩白銀「成交」，其中給李蓮英三十二萬兩，其餘為道士的「好處費」。又過了不多日，一道諭旨頒下，闞道台終得被放某省巡撫。他心裡自然明白，這是李蓮英收了賄銀後「運動」的結果。一些地方官員聽說此事，紛紛舉重金託人厚賄李蓮英，以謀得官職的提升。李蓮英自然是「來者不拒」，大量的白銀流入了腰包，而行賄者自然也都達到了預期目的。

據有人粗略統計，「庚子事變」之前，李蓮英已斂得白銀達數百萬兩。西逃之時，因時間倉促，他所藏的資財被人洩露，大部分被外人所攫得。回京之後，未出數年，他又得白銀不下二百萬兩，堪稱當時巨富。所以，至李蓮英死後，於宮廷內外留下了大量的遺產。據說僅在宮中的銀子就達三百多萬兩，宮外的銀號、金店存款尚未統計在內。宮內的太監們為爭奪李蓮英的遺產，因分贓不均，竟大打出手。後來隆裕太后寵幸的太監小德張，見自己也撈不到這筆財富，便奏明隆裕太后，將李蓮英存在宮中的錢財全部充公。結果，這筆巨款竟落入了隆裕太后的腰包。這自然是後話。

李蓮英斂財受賄，專權跋扈，也曾引起一些正直大臣的反對，比如御史朱一新，就曾向光緒皇帝上奏，抨擊李蓮英干預朝政和軍事，把李蓮英比做唐朝的監軍太監。結果因慈禧太后的庇護，李蓮英不僅未獲致罪，朱一新卻被藉故免了官職。

自光緒三十四年（西元一九〇八年）六月以後，七十四歲高齡的慈禧太后病情日益加重。據說，李蓮英深知寵愛自己的慈禧太后將不久於人世，他擔心慈禧太后一死，自己必然要遭人暗算。所以，他在慈禧生前謀劃了兩件事：一是害死與自己有隙怨的光緒皇帝，以避免日後遭其毒手。此事見載於慈禧御前女官德齡的《瀛台泣血記》，其中寫道：「萬惡的李蓮英眼看太后的壽命已經不久，自己的靠山，快要發生問題了，便暗自著急起來。他想與其待光緒掌了權來和自己算帳，不如自己先下手的好。經過了幾度的籌思，他的毒計便決定了。『近來奴婢聽許多人說，萬歲爺的身子很不好！』湊某一個機會，他就悄悄地向太后說，語氣是非常的奸猾。『奴婢願意去瞧瞧他，或者可以使他的身體好起來』。他這一串說話的深意，當時太后究竟有沒有聽清楚，實在沒有人敢斷定了。但為稍存忠厚起見，我們不妨姑且說她因為病中精神恍惚，所以沒有窺測到李蓮英的真意。就在李蓮英說過這一番話的第二天，光緒便好端端地也害起厲害的病來了。當下少不得就召御醫進宮診視，無奈他們誰都想不到其中會有下毒的陰謀。診下他的脈，一個也說不出是什麼病症。只得隨便煮一些開胃安神的藥讓他喝，只有光緒自己心裡是明白的。他料定必是給李蓮英在飲食中下了毒，存心要謀殺他。但李蓮英究竟下了什麼毒呢？應該怎樣才解救得轉，他就無法可想了。那時只有一個人是可以救他的，那就是太后。可惜太后到底不曾出來干涉。於是她就在無形中幫助李蓮英達到了目的。」

第二件事是李蓮英在慈禧死前勾上了光緒皇帝的皇后隆裕，並得到了隆裕皇后的歡心與寵愛。果不出李蓮英所料，慈禧太后剛死，他就被解除了太監總管的職務，並離開了皇宮。攝政王載灃早已垂涎李蓮英的財富，想藉機除掉他，侵吞他的巨額財產。可是，這時隆裕太后卻出面庇護了李蓮英，所以載灃也沒能扳倒他。就是這樣，李蓮英狡詐機敏，保身有術，得寵終生，最後於宣統三年（西元一九一一年）老死於家，終年六十三歲。

李蓮英邀寵有術，加之其為人謹慎奸猾，所以能終生得寵。李蓮英得寵之日，正值慈禧太后當政之時。這一時期也正值中國封建社會走向衰敗沒落之際，新舊勢力鬥爭非常激烈。以慈禧太后為代表的反動腐朽的封建舊勢力，極力反對變法維新。在這場新舊勢力的鬥爭中，李蓮英理所當然地站在了慈禧的一邊，充當了剿殺維新派、維護舊勢力的爪牙與幫兇，對近世中國社會的發展與進步，無疑是產生了阻礙作用。此外，李蓮英或公開或祕密地賣官鬻爵，大肆收受賄賂，一方面，嚴重破壞了清代的吏治制度，助長了官場（社會）的腐敗；同時，由於大量錢財流進了李蓮英的腰包，既影響了國家的財政收入，也使窮苦百姓陷入更加貧困之中。可以說，近世中國屢遭外強凌辱，淪為半殖民地，除了各種社會原因外，統治者慈禧應負主要責任，而她的寵宦李蓮英「助紂為虐」，也難脫其咎！

歷代皇朝風雲實錄⑥：為寵廝殺

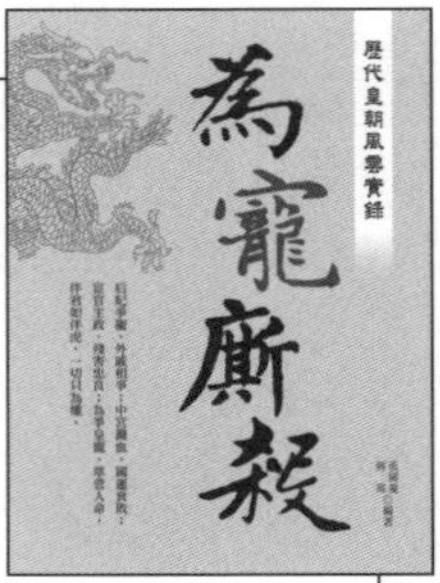

作　　者　張國慶、蔣瑋

發 行 人　林敬彬
主　　編　楊安瑜
副 主 編　黃谷光
助理編輯　林怡芸
內頁編排　林怡芸
封面設計　王艾維
編輯協力　陳于雯・曾國堯

出　　版　大旗出版社
發　　行　大都會文化事業有限公司
11051 台北市信義區基隆路一段 432 號 4 樓之 9
讀者服務專線：（02）27235216
讀者服務傳真：（02）27235220
電子郵件信箱：metro@ms21.hinet.net
網　　　址：www.metrobook.com.tw

郵政劃撥　14050529 大都會文化事業有限公司
出版日期　2016 年 2 月初版一刷
定　　價　280 元
ISBN　978-986-6234-93-4
書　　號　History-070

◎本書由遼寧人民出版社授權繁體字版之出版發行。
◎本書如有缺頁、破損、裝訂錯誤，請寄回本公司更換。

Cover Photography:IMAGEMORE/19788020,19788048.

大旗出版 BANNER PUBLISHING　大都會文化

國家圖書館出版品預行編目 (CIP) 資料

歷代皇朝風雲實錄⑥：為寵廝殺 / 張國慶，蔣瑋 編著
-- 初版 . -- 臺北市 : 大旗出版 : 大都會文化發行 , 2016.02
256 面 ; 17×23 公分

ISBN 978-986-6234-93-4（平裝）
1. 中國史

610.4　　104027780

《歷代皇朝風雲實錄④：變法之殤》

■ 作者：趙東艷

■ 定價：280 元

■ ISBN：978-986-6234-88-0

變法，是歷代皇朝史上「改革」的代名詞，變法成敗往往成為左右國家未來命運的重要轉捩點。成功者名留青史，使國家獲得興盛的活力與動力；失敗者徒留悲歌，國家衰敗不止、苟延殘喘直到滅亡。不過，無論成敗，在歷史上都會成為後世學習借鑒的血淚教材。

一個國家需要變法，表示國家已在存亡的抉擇之際，也是忠誠之士們獻身的殘酷舞台，歷史上無一例外。商鞅變法是史上極少數的成功例子，但他的下場卻十分悽慘，而范仲淹、王安石、張居正等人，都是著名的失敗案例，而近代的「戊戌變法」更總結了變法失敗的結果——即「改革不成革命成」的不變歷史進程。

《歷代皇朝風雲實錄③：忠奸抗衡》

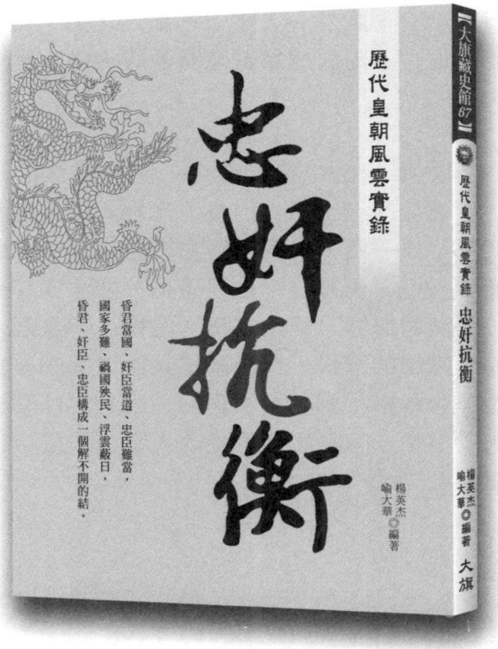

- 作者：楊英杰、喻大華
- 定價：280 元
- ISBN：978-986-6234-86-6

誰是忠臣？誰是奸臣？芸芸眾生，攘攘諸官，模樣都差不多，人性又複雜多變，在蓋棺之前，大多難以定論。

奸臣們會說：我是忠臣（或君子），你是奸臣（或小人）；君主會說我用的人都是忠臣，殺掉或放逐的才是奸臣；而面相專家則說可根據一個人的相貌舉止來判斷，一般奸臣大多有個「狼顧」之相。這種說法影響最大，所以科舉取士後授官之前要經目測一關。這不是選美，而是剔醜，即留下「國」字、「田」字臉形者，排斥那些臉形像「申」、「甲」、「由」字者。

受此影響，戲曲、小說中的奸臣都被臉譜化，從而把一個最複雜的問題簡單化，奸臣一出場便可認出，總之誰醜誰就是奸臣！

《歷代皇朝風雲實錄②：相位爭奪》

宰相是中國封建時代輔佐君主管理國家事務的最高行政長官，處於一人之下，萬人之上，乃「位極人臣」之位，因此成為封建官僚政治中，權力鬥爭的焦點。

但因為宰相是由皇帝任免，因此諷刺的是後者往往更重於前者；而「相位」作為人臣的最高權位，鬥爭不比一般，綜觀中國封建歷史，相位的爭奪不僅更激烈、更複雜，也更殘酷，裡頭總交織著陰謀，伴隨著血腥。相位有限，但往往不是個人之爭，而是團體的黨爭，也不單是人臣之間的爭奪，有時也是帝權與相權的互相角力，因此，什麼樣的人當上了宰相，有時比什麼樣的人當上了皇帝還要來得重要！

■ 作者：王若

■ 定價：280 元

■ ISBN：978-986-6234-85-9

《歷代皇朝風雲實錄①：血濺龍袍》

皇帝是統治階級集團的最高代表，絕對的權威、無限的權力、至高無上的地位，使皇帝這一社會角色既有現實性又具神祕性。

透過篡權登極的人並不都是壞人，而被篡奪帝位的人也並不都是好人。篡奪君權者，不能視為個人罪孽，不能以手段的不正當來否定政治上可能有的進步。是何種力量與思潮把篡位者推上了歷史的舞台？這種人當了皇帝後，又對社會、歷史起了什麼作用？產生了什麼影響？

■ 作者：魏鑒勛

■ 定價：280 元

■ ISBN：978-986-6234-82-8

大都會文化　讀者服務卡

書名：**歷代皇朝風雲實錄：為寵廝殺**

謝謝您選擇了這本書！期待您的支持與建議，讓我們能有更多聯繫與互動的機會。

A. 您在何時購得本書：______年______月______日

B. 您在何處購得本書：____________書店，位於____________(市、縣)

C. 您從哪裡得知本書的消息：

1.□書店　2.□報章雜誌　3.□電台活動　4.□網路資訊

5.□書籤宣傳品等　6.□親友介紹　7.□書評　8.□其他

D. 您購買本書的動機：（可複選）

1.□對主題或內容感興趣　2.□工作需要　3.□生活需要

4.□自我進修　5.□內容為流行熱門話題　6.□其他

E. 您最喜歡本書的：（可複選）

1.□內容題材　2.□字體大小　3.□翻譯文筆　4.□封面　5.□編排方式　6.□其他

F. 您認為本書的封面：1.□非常出色　2.□普通　3.□毫不起眼　4.□其他

G. 您認為本書的編排：1.□非常出色　2.□普通　3.□毫不起眼　4.□其他

H. 您通常以哪些方式購書：(可複選)

1.□逛書店　2.□書展　3.□劃撥郵購　4.□團體訂購　5.□網路購書　6.□其他

I. 您希望我們出版哪類書籍：（可複選）

1.□旅遊　2.□流行文化　3.□生活休閒　4.□美容保養　5.□散文小品

6.□科學新知　7.□藝術音樂　8.□致富理財　9.□工商企管　10.□科幻推理

11.□史地類　12.□勵志傳記　13.□電影小說　14.□語言學習（_____語）

15.□幽默諧趣　16.□其他

J. 您對本書（系）的建議：

____

K. 您對本出版社的建議：

____

讀者小檔案

姓名：______________ 性別：□男　□女　生日：____年____月____日

年齡：□20歲以下 □21～30歲 □31～40歲 □41～50歲 □51歲以上

職業：1.□學生 2.□軍公教 3.□大眾傳播 4.□服務業 5.□金融業 6.□製造業

7.□資訊業 8.□自由業 9.□家管 10.□退休 11.□其他

學歷：□國小或以下 □國中 □高中／高職 □大學／大專 □研究所以上

通訊地址：____

電話：（H）______________（O）______________ 傳真：______________

行動電話：__________________E-Mail：________________________

◎謝謝您購買本書，歡迎您上大都會文化網站（www.metrobook.com.tw）登錄會員，或至Facebook（www.facebook.com/metrobook2）為我們按個讚，您將不定期收到最新的圖書訊息與電子報。

歷代皇朝風雲實錄

為寵廝殺

北區郵政管理局
登記證北台字第9125號
免　貼　郵　票

大都會文化事業有限公司
讀　者　服　務　部　　收

11051台北市基隆路一段432號4樓之9

寄回這張服務卡〔免貼郵票〕
您可以：
◎不定期收到最新出版訊息
◎參加各項回饋優惠活動

98-04-43-04 郵政劃撥儲金存款單

收款帳號	1	4	0	5	0	5	2	9

金額 新台幣（小寫）

億	仟萬	佰萬	拾萬	萬	仟	佰	拾	元

收款戶名：大都會文化事業有限公司

寄款人 □他人存款 □本戶存款

姓名：

地址：□□□-□□

電話：

主管：

經辦局收款戳

虛線內備供機器印錄用請勿填寫

通訊欄（限與本次存款有關事項）

我要購買以下書籍

書名	單價	數量	合計

購書金額未滿 1,000 元，另加收 100 元國內掛號郵資或貨運專送運費。總計數量及金額：共 ______ 本，合計 ______________ 元

◎寄款人請注意背面說明
◎本收據由電腦印錄請勿填寫

郵政劃撥儲金存款收據

收款帳號戶名

存款金額

電腦紀錄

經辦局收款戳

郵政劃撥存款收據 注意事項

一、本收據請妥為保管，以便日後查考。
二、如欲查詢存款入帳詳情時，請檢附本收據及已填妥之查詢函向任一郵局辦理
三、本收據各項金額、數字係機器印製，如非機器列印或經塗改或無收款郵局收訖章者無效。

大都會文化、大旗出版社讀者請注意

一、帳號、戶名及寄款人姓名地址各欄請詳細填明，以免誤寄；抵付票據之存款，務請於交換前一天存入。
二、本存款單金額之幣別為新台幣，每筆存款至少須在新台幣十五元以上，且限填至元位為止。
三、倘金額塗改時請更換存款單重新填寫。
四、本存款單不得黏貼或附寄任何文件。
五、本存款金額業經電腦登帳後，不得申請撤回。
六、本存款單備供電腦影像處理，請以正楷工整書寫並請勿摺疊。帳戶如需自印存款單，各欄文字及規格必須與本單完全相符；如有不符，各局應婉請寄款人更換郵局印製之存款單填寫，以利處理。
七、 本存款單帳號與金額欄請以阿拉伯數字書寫 。
八、 帳戶本人在「付款局」所在直轄市或縣(市)以外之行政區域存款，需由帳戶內扣收手續費 。

如果您在存款上有任何問題，歡迎您來電洽詢
讀者服務專線：(02)2723-5216(代表線)
為您服務時間：09：00～18：00(週一至週五)

大都會文化事業有限公司　　讀者服務部

交易代號：0501、0502 現金存款　0503票據存款　2212 劃撥票據託收

大旗出版
BANNER PUBLISHING

大旗出版
BANNER PUBLISHING